（摄影：李国平）

遵循天道　探识地史　关爱生灵

服务社会　护卫家园　报恩大千

是做人的基本。

因为人是生态系统中的生物组分，生物组分中的动物，动物中的一种，人种中的一员。

辛娜卓嘎

徐凤翔　拜

二零一二年岁末

作者简介

ZUOZHE JIANJIE

徐凤翔，女，1931 年出生，江苏丹阳人。森林生态、高原生态学家，西藏农牧学院教授，西藏高原生态研究所创始人、第一任所长，北京灵山生态研究所创始人、第一任所长。

徐凤翔长期从事林业、生态的教学、科研工作，终生一贯。但各阶段的重点和地域有别。第一阶段由青年到年近半百，于南京林业大学从教森林生态学，考察了国内除西藏地区外的各主要林区。

年近半百时，由援藏而调藏。创建了中国高原生态研究领域，建立了西藏高原生态研究所（高原小木屋）。以十八载春秋，考察了西藏的主要线路、典型生态类型的植被与资源。在数据收集、资源发现和理念感悟等方面收获颇丰。1995 年，徐凤翔时年 64 岁，“超期服役”的她按例退休出藏。然下了西藏高原的她却上了北京灵山，创建了第二座“小木屋”——北京灵山生态研究所，重点从事生态科普教育，介绍西藏高原，对比考察西部大高原，为生态环保奉献夕阳余晖。她的研究产生了深远的社会影响。

几十年来，出版专著、编著11部，包括《森林生态系统与人类》（中国林业出版社，1982年）、《中国西藏山川植被》（江苏科学技术出版社，1992年）、《西藏高原森林生态研究》（辽宁大学出版社，1995年）、《西藏高原森林生态景观》（中国林业出版社，1997年）、《西藏野生花卉》（中国旅游出版社，1999年）、《灵山野花》（中国旅游出版社，1999年）、《西藏50年（生态卷）》（民族出版社，2001年）、《走进高原深处》（海燕出版社，2005年）、《林海梦回》（凤凰出版传媒集团，江苏少儿出版社，2007年），在其他杂志发表科学论文、科普文章数十篇。

『十二五』国家重点图书出版规划

中国环境文库（第二辑）

高原梦未央

ས་མཐོའི་ཕྱུགས་འདོད་ཚར་རྒྱུ་མེད།

徐凤翔 著

中国环境出版社 · 北京

图书在版编目（CIP）数据

高原梦未央/徐凤翔著. — 北京 ：中国环境出版社，2013.8

“十二五”国家重点图书出版规划　中国环境文库（第二辑）

ISBN 978-7-5111-1510-2

Ⅰ. ①高… Ⅱ. ①徐… Ⅲ. ①徐凤翔－自传 Ⅳ. ①K826.15

中国版本图书馆CIP数据核字(2013)第148646号

出 版 人　王新程
策划编辑　沈　建　葛　莉
责任编辑　陈金华　刘　杨
责任校对　唐丽虹
装帧设计　彭　杉

出版发行　中国环境出版社
（100062　北京市东城区广渠门内大街 16 号）
网　　址：http://www.cesp.com.cn
电子邮箱：bjgl@cesp.com.cn
联系电话：010-67112765（编辑管理部）
010-67113412（教材图书出版中心）
发行热线：010-67125803，010-67113405（传真）

印　　刷　北京中科印刷有限公司
经　　销　各地新华书店
版　　次　2013 年 8 月第 1 版
印　　次　2013 年 8 月第 1 次印刷
开　　本　787×960　1/16
印　　张　23.25
字　　数　213 千字
定　　价　86.00 元

读《高原梦未央》

DU GAOYUANMENG WEIYANG

我清晰地记得，在西藏波密岗乡那座小帐篷中，徐凤翔第一次和我谈起她的梦。她说：她要在藏东南建立小小的木屋——高原生态定位观测站。我陶醉在她的计划中，我觉得，她的梦已经变成我俩共同的梦了。于是我写了报告文学《小木屋》。不久，徐凤翔经过人们难以想象的努力，终于圆了这个梦，建立了西藏高原生态研究所。

不料，这位近乎“贪婪”的女学者，竟然接二连三地做起她的“好梦”来。

只见她的身影奔波在密林雪峰、大河上下、长江之源、青海湖畔……于是她圆了“大高原生态对比考察”之梦、“新疆独特生态类型探索”之梦、西南高原寻找“绿色王国”之梦和在西北干荒之地的“寻绿”之梦。这些梦让她几乎跑遍了整个中国，而且不少是常人难以涉足的地方。

她的梦并没就此“功德圆满”，已经是古稀之年的她，居然把梦做到国境以外去了。于是在我们这个“地球村”的不少地方，留下了她圆梦的足迹。她定下了一个“点、线、面、类型的补充——生态观光”的圆梦计划。

从日本开始，去北美，再到美洲亚热带、热带，在约瑟米蒂国家公园、在科罗拉多大峡谷、在夏威夷……她都将当地的生态与国

内相似纬度和海拔地区的生态进行对比性的考察。

挪威之行让她跨进了北欧，入北极圈、泛北冰洋。而年近 80 岁时，又去到南美巴西、阿根廷，进入了亚马孙的“水中森林”。

似乎可以罢手了吧，但她偏不，她的“地球村”之行仍处于“梦未央”中。

因此又有了土耳其、埃及的“访古”之旅。欧洲 10 国（意大利、梵蒂冈、摩纳哥、瑞士、法国及波兰、捷克、奥地利、斯洛伐克、匈牙利）的沿“阿尔卑斯—多瑙河一线”之旅。

但她意犹未尽，又圆梦东非，飘摇在热气球上，纵览动物大迁徙。东南亚的热带雨林—季雨林也是她梦魂牵绕的地方。年过 80 的她，去了老挝、柬埔寨，那里的生物多样性和生态特异性深深吸引着她。湄公河边、南松河上，观落日、泛扁舟。柬埔寨的“树（根）包塔”更激发了她对生物生命力的崇敬。

这位森林生态、高原生态学家的“圆梦之旅”到此可以止步了吧。果然，她把这些观光考察的经历都撰写成一本书，而书名居然是《高原梦未央》。看来，这位年已八十有二的“年轻人”并不服老，还有些“好梦”要继续去圆哩！

那好吧，就让我这个八十八岁的老婆婆等着看她的那些“新梦”吧……

黄宗英

2013 年 4 月

一个人和两座“小木屋”

YI GEREN HE LIANZUO XIAOMUWU

我和敬爱的徐凤翔老师相识足有30年了。记得当年在拉萨，听她讲解“生态保护”，倡导科学开发利用资源和自然保护区建设，从词汇到理念，多么新鲜。须知那时候，藏东南一带若干县份还在持续“木头财政”，是徐老师发出了最初的呼吁。不光我个人和西藏农牧学院的学生是她的听众，徐老师就像一个布道者，所到之处皆是道场，所见之人，上至自治区领导，下至县乡基层干部群众，无一不是被启蒙者。现如今环保意识和生态文明观念已经深入人心，国家级、省区级自然保护区都在运行中，值得欣慰。

这只是徐老师西藏工作的一部分，作为林学家、生态学家、西藏农牧学院教授，她的主业是教学，是带着学生野外实践。47岁，对于许多内地进藏干部而言，许多人已开始考虑“内调”回乡了，可是徐老师反其道而行之，正是在这个不再年轻的年纪抛家舍业、执意进藏，仿佛在南京林学院任教多年的知识积累和教学经验就是为进藏而准备似的。也正因不再年轻，时不我待，又像和时间赛跑，从1978年至1995年，在藏18年，她做了多少事情啊！从事教学的同时，以她在藏东南山林中亲手所建“小木屋”为起点，为基地，对西藏森林及生物资源进行最基础的本底调查；创建“高原生态研究所”，致力于研究和探讨西藏珍稀植物和珍而不稀的特有物种的资源与保护。从这里出发，一一考察西藏最为典型的植被地区，18年间往返喜马拉雅，远行藏北、阿里，六渡“三江”（怒江、金沙江、澜沧江），十余次进入大峡谷地区。野外考察行程12万公里以上，其中马背行程2 000多公里，步行近3万公里。成果之一是，拍摄并出版了一本《中国西藏山川植被》大型画册，几部专著，体现专业修养的同时，也表达了女性科学家对于研究对象的珍爱之心、诗意之心。

我曾为徐老师写过两篇文字，一篇描绘她的西藏岁月，那时她正值年富力强、意气风发，其中一个情节是这样的——西藏农牧学院和高原生态所就在广义大峡谷范围内，背倚青山绿林。所有考察经历中最铭心刻骨的第一要数雅鲁藏布大峡谷之旅。徐凤翔把深刻感受归纳为大艰辛、大享受和充实感：曾仰望过林芝巴结乡的巨柏王赞叹不已，为刚刚实测的波密岗乡1公顷蓄积量高达3 831立方米的数据欣喜万分，而在墨脱的原始森林中，则是全身心的愉悦和升华——骑马行进在铁杉林中，犹似女王，闪耀着金属光泽的通直的铁杉树干，像极了王宫大殿的根根立柱；当走马打着响鼻，马蹄踏在经年落叶铺就的松软林地，阳光透过林冠间隙，斑斑驳驳倾洒在充满暖湿气味的林间，她觉得自己正在步入某个圣洁殿堂，至高境界。"那是本义的大自然，造化之尊，我只是个虔诚的朝圣者。"徐凤翔说，"我不是女王，不是森林女神，我只是个自然之子，是回归与融入……"

这样的描写过于浪漫，以马代步的机会实在罕见，大峡谷之行其实更多狼狈：日复一日跋山涉水的艰苦劳累不必说了，某一天早蚂蟥附身，数一数，竟有400多条！听起来就够惊悚的。1983年那次罹患恶性疟疾，困在墨脱县城险些丧生……十几年、十多次的深入就这样走过来。徐老师是当年大峡谷科学考察中唯一的女科学家，她的坚毅执著和亲切，给当地门巴族乡亲留下了深刻印象，人们送她一个美誉"辛娜卓嘎"——森林女神。每当重返大峡谷，门巴妇女都会热情拥抱她，说，我们知道你会回来的。

毕竟岁月不饶人，难以再回的时候到了。当她把辉煌金秋奉献给了情所独钟的西藏大地，她开创的事业已后继有人，1995年，65岁的徐凤翔光荣退休——当她说到自己是如何"愉快地交了班"的时候，眼里满含泪水。我理解这句话里的违心成分，是人生对于年岁，对于自然规律的无奈。好在18年无愧无悔，应该满足欣慰地回到阔别已久的锦绣江南，与家人团聚，安享晚年了吧。

其实不然。欲罢不能的事业，尤其是放不下的西藏情结，注定了她还要再创一回辉煌：再塑一座象征西藏的山林，再建一所生态研究所，再造一间“小木屋”——《再造“小木屋”》，正是我为徐老师所写第二篇文字的标题。

远翔之凤，终于栖落于梧桐。几乎是“无缝”衔接：刚刚从西藏退休，就被北京接纳；“高原之梦”之后紧接着“灵山之梦”。第一次拜访京城的徐老师，是在1996年初春时节的门头沟，她的新居里。那时灵山的“小木屋”尚未落成，但生态所已正式挂牌。之所以选择了1995年12月11日这个日子，是因那一天，远道藏东南6 000多公里的花草苗木运抵北京。挂牌仪式的重要内容，就是将这些来自高原的生物移种在温室里。它们之中有高原特有种的巨柏，有牡丹原生种的黄牡丹。它们早在西藏的“高原生态研究所”诞生时，就被徐凤翔老师命名为“所树”和“所花”。

再次创业的徐老师风采依旧，她向我讲述为圆这个“灵山梦”，多少人参与了和支持了她：被她称为“科学知己”的著名作家黄宗英一如既往地为她摇旗呐喊，作家的弟弟黄宗汉则为之奔走筹资设立“灵山生态保护基金会”；支持力度最大的当属北京市委、市政府和门头沟区，从办公场地到居室到车辆，全都予以安排，门头沟还提供了灵山的一整片山坡地，供她建设“西藏博物园”。首都媒体十分热情，连篇累牍发表报道和文章，北京电视台摄制了纪录片《辛娜卓嘎》反复播放，北京林业大学送来了请她作为林大名誉教授的聘书……

徐老师描述了她的“灵山梦”：位于北京西郊的灵山，海拔2 303米，被称为北京的“珠峰”。由于纬度偏北，气候和植被分布类似西藏海拔4 000米山地。许多年前，十世班禅大师曾在那里放养过来自青藏高原的牦牛。徐老师计划将这里建成一个集西藏自然景观、人文景观于一体的袖珍西藏，将设有植物、动物、人文宗教展厅，一条藏趣街，一座藏式林卡，有帐篷篝火处，满山遍野将是从藏东南迁居而来的乔木灌木奇花异草——巨柏、杜鹃、黄牡丹等。而在灵山峰顶，则是外型仿造布达拉宫的多功能设施……她说要把它们作为礼物献给21世纪，那时她正好年满70岁……

再次去灵山拜访，已经迈过新世纪的门槛。美丽灵山已然增添了“小木屋”一道风景。徐老师在不小的“小木屋”里召集了一个有关生态方面的研讨会。但见展示厅初具规模，布设了西藏自然人文的内容，也有灵山本土植物的介绍，接待参观游览的设施大致完备——看来“灵山梦”已经初步实现，按说我们这些看她一路走过的人，敬佩她执著精神的人，应当为之欢欣鼓舞了吧，但就在那时，我听到徐老师的助手们提及隐忧种种，既有民间研究机构一般遭遇的困境，也有经营方面的不如人意。“经营”一词是广义的，说复杂也简单，有些方面是科学工作者难以胜任的。

果然不久，在费尽心力辛苦经营10年之后，徐老师还是没能将“灵山梦”进行到底，这对创建者来说毕竟遗憾。面对多少有些感到失落的徐老师，我这个晚辈学生反倒替她释然：卸去事倍功半的付出，正好可以在夕阳余晖中总结过往，著书立说，重新构建一座精神层面的“小木屋”。

徐老师正是这样做的，这本书的完成就是证明。“小木屋”已成象征，是由徐凤翔老师所标举的一面精神旗帜。听她在书中娓娓道来，看能否把你的灵魂触动。

黄宗英老师30年前为徐老师写下了报告文学《小木屋》，就让我借用该文结束语，作为向两位老师的致敬语——

“我们——一个一个、一群一群、一批一批知识的苦力，智慧的信徒，科学与文化的‘朝佛者’啊，我们也是一步一长跪地在险路上走着。恁是怎样的遭遇，我们甘心情愿，情愿甘心。”

马丽华

2013年6月30日

我们的读后感

WOMEN DE DUHOUGAN

读了徐凤翔教授的新作《高原梦未央》，总的感觉可以归结为一个字：美!

这里有大自然的美。这美涵盖了高原之美、森林之美、繁花之美、草原之美、大漠之美、河流之美、山村之美、走兽之美、飞禽之美……怎一个“美”字了得。

这种美，不是对自然界的客观描述，而是倾注了作者的全部生命、全部激情、全部思考和感悟。有的篇章动人心魄，有的段落则令人遐想，有的字句又使人心醉，还有些章节又犹如嚼橄榄……许多发自作者内心深处的话语，常常让我们纵情大笑，有的地方又往往叫人与作者同感惆怅，有时恨不得与作者同声一哭。

这是什么？这就是这部作品的魅力、一股十分强大、难以抗拒的魅力。

这是一部用人们看得懂的语言，去诠释艰深的生态科学的书；是一部文学性很强的、对五大洲生态做了特色介绍的书；这是一部用优美的文字记录了生态学者们饱览种种美丽景色的书；让人们记住了五大洲的几十个国家风光绮丽的书。

这又是一部生态学家为了人类家园的净化、为了推动人们注重生态文化与生态文明而大声疾呼的吁请书。

这还是一部记下了作者那些由景生情、有感而发的许多佳句，并借以铭志的书。因此她包含的信息量、知识面是那么的广，让人们不由得不喜欢她并读得爱不释手。所以她兼具知识性、文学性、趣味性和可读性。

在不少地方，作者还对那些“约定俗成”的说法，包括一些已成“定论”的观点，发表独到的见解。例如，在考察所谓“生命禁区”时，她从动、植物在那里顽强的生存状况，否定了这一说法。她认为：只有“顽强、坚韧的生命的自由之区”，全然没有“生命的禁区”。而所谓的“无人区”，只能称为“少人区”。

又如她实地考察了“雅鲁藏布江大峡谷”后认为：全球最深的大峡谷是矗立在雅鲁藏布江的大拐弯处，因此准确地称呼应该是“雅鲁藏布大拐弯峡谷”，或简称为“雅鲁藏布大峡湾”。

再如川藏线上，攀“天梯”过程中，有分布在垂直带上部的云杉林，学术界认为在垂直带上应有冷杉带，说这里是“云、冷杉倒置”。而徐凤翔却认为，这里的垂直带上，因海拔带上升相对湿度增加，适宜中—旱生的云杉分布生长，因此发表了一个“颠覆性”的意见，“何来倒置之说”。如此等等，不一而足。

我们十分佩服作者的概括能力。她每到一地，观天测地、饱览胜景，但只用了不多的笔墨就把那个地方的面貌特征和许多细节描绘出来，绝无拖拖沓沓的闲笔和刻画不当的败笔。

所谓“内行看门道”，而我俩对树木花草一窍不通，只能是“外行看热闹”了。上面一些“外行”话如有不妥之处，还望读者和专家批评指正。

陈清泉　陈　蝉

2013 年 4 月 15 日

羊卓雍湖（摄影：陈金华）

前言

QIANYAN

近十几年来，一个负债感始终萦绕于心。它没有随岁月的流逝而淡化，反而与年俱增，愈浓、愈烈、愈急切。

我负了谁的债？负何等之债？因何而急切？

我深感有负于自然、有负于高原、有负于社会、有负于生灵，也有负于我的心灵。这不是故意说得很夸大、很煽情，而是真实的感受。

我人生至今，已经历了80个春夏秋冬，一些感受随时日而伸展、而丰富、而越来越“世事洞明”。

我有幸终生从事林业、绿化、生态、环保事业，受教于大自然，尤其在年近半百之时，往返跋涉于大高原的苍天厚土，沐浴于万千的天象奇幻之中，常见：蓝天似海、风云涌浪、朝霞夕晖、飞雪雹散。更见：日冕佛光，雨帘雾霭，海市蜃楼等奇景，在球幕苍穹的“大讲坛”上，展示予我“百科天书”。

我更有幸探求于祖国的除宁夏以外的诸省之山林水系，也探访了境外的北美、南美、北欧、中东欧、西南欧、东非、东南亚等的典型地段。真可算是拜谒了“海角天涯”（北极圈、南极门户），那形态万千的岩层奇峰、海滩冰川、瀚海流沙等地貌景观，使我领略了世纪演替的“百科地史”。

至于万物生灵、植被类型，随地域、气候而变化的千姿

万态，动物群聚展现的千奇百怪，反映了生物界的生命力与适应性的坚韧与极致，灵动于大地，示我以“活教具”。

因此，我在大自然、大高原的天地间，仰视苍天，俯瞰大地，亲近生灵。真感到大自然的“百科全书”，使我汲取了大道之精华，变潜力为活力，由俗念而升华。

我虔诚地感到：所受大恩，焉能不报？身负大债，岂能忘还？一介书生，只有以文相报，展示与交流，以报恩偿债于万一。

至于本书的酝酿与实施，也有其曲折的思考过程。十余年的偿债意愿不断涌动于心，但总是下笔踌躇，因为大自然的恩赐过丰、过奇、过于厚重，总感到动辄即写，似乎亵渎神灵。而个人虽对大自然遵从膜拜，情浓意深，但因我长期从事科学论述，似乎阐述景中之情，偏离了本业。

而随着岁月匆匆，急切地感到大债不偿，心灵难安。如化作青烟，则永生不安、无法偿还了。

对于本书的命题，核心当然是“高原之梦”、“高原之情”，曾想命名为“高原情未了”，但思考再三，“情未了”还不足以表达我对高原的浓情厚意、情思绵长。因之属意于书名：高原梦未央。

众所周知，古诗中有 “未央宫中日月长”。我感到“未央”很能体现时间上的天长地久，空间上的浩瀚永恒，情谊上的绵绵无尽。

三稿于 2012.8.21

目录

MULU

冰峰玉树

绿树为骨冰为肌，护地撑天入梦时。

清泉源自滴滴露，心系生灵甘作泥。

咏诗：徐凤翔

（摄影：李国平）

第1讲

一个自然之子的生成

YIGE ZIRAN ZHIZI DE SHENGCHENG

幼年兵荒，初识原野

《高原梦未央》似乎主述的是我对高原景观、资源的考察之情，对高原生态的挚爱之意。但任何思维与情感总是有源、有本、有持续、有深化。而我对自然之情、对高原之爱，为何如此执著而痴迷，其源始于少年，其持续在于我所学的专业。

我出生于 1931 年，适逢乱世，六七岁时即在兵荒马乱中，由江南小镇越江至苏北原野，开始了我初识自然的幼年时光。

我有几个断续的记忆，形成了我对自然的初识和朦胧的爱意。我们阖家逃难到一户普通农家，房东家的女孩，大概十几岁的一个大姐姐，名叫莲弟，我叫她莲子姐。当时的我，小脸圆嘟嘟，两眼圆溜溜，酷似小男孩。莲子姐很喜欢我，总带着我到田野去。我还有一个小伙伴叫腊梅，一般叫她小腊子。

一次在打谷场上，莲子姐把我托上一座两米多高的麦秸堆，我经历了印象深刻的“三部曲”：一是当我抖索索地攀上麦秸堆，紧张地匍匐于上，不敢妄动，此时一股麦秸的清香混着阳光的温香扑面而来，沁人心扉，似乎至今余香还在。二是待稍许松弛后，翻身坐起，举目四望，感到房子比我矮了，池塘也在近旁了，而四周的农田似乎伸展得无边无际，感觉很是舒畅。第三个动作就是仰面朝天躺下，我的视线就面向天空，哎呀，就看见天上的云在飘啊，小鸟在唧唧唧地飞过。这些感觉，好像在我的基因里面、血液里面就有了一个对天地、对大自然的亲近感、融入感。我觉得，这座麦秸堆成了我朝拜大自然的一个神圣的金色的“蒲团垫”。这是大自然在辽阔的天地间，特赐予我的一个向天地顶礼膜拜、与天地交流对话的“蒲团垫”。在这个“蒲团垫”上，匍匐，就能闻到阳光、土地和稻麦的芳香；坐着，就能环视阡陌农田和连天的大地；仰卧，就能遥观风云飞鸟。看来这就是我对自然之情的开端。

正当我坐在麦秸堆上，出神遐想时，莲子姐她们把小秋收的成果——一根细细的红薯根和一把混着泥土的落花生送到我手上。

金色的自然梦幻（摄影：陈金华）

小秋收是在收割后的土地上，去捡拾遗留的麦穗、根茎、种子等。这项活动往往是农村孩子愉快的劳动，也能对家庭的食物稍有补充。我本愿参加，而莲子姐出于对我的爱怜，使我虽没有劳动，却享受到了劳动的成果。同时，也让我朦胧地感到原野、土地和所生产之物跟我们人的关系，觉得好像有一点取之于土地，而且取之不尽的味道。

另一次经历也甚为深刻。腊月的一天，我与小伙伴小腊子在池塘边玩耍，看到竹叶还绿绿葱葱，想起我是属羊的，要为房东家养的几只羊摘一些竹叶。有一丛竹子长在池塘边上，我去够竹叶。由于池塘边土质疏松，结果这丛竹子连同我一起塌下池塘。池塘虽然水浅，我也半身浸到水中。有意思的是那个小腊子吓呆了，只顾傻傻地看着我。当时我还算有一点小灵气，就让小腊子赶快回家叫人。叫来了一些人，有的拿着竹竿，有的拿着长柄的水舀子，一幅紧张的水中救人情景。回家后，母亲和姐姐一边给我换衣取暖，一边埋怨我不该为羊摘竹叶。而我却说，羊缺草，吃不饱，我难受。恐怕这就是朴素的对万物生灵的情感最童稚的反应。

回顾童年时代，无拘无束地接近自然的几个片段影像，储存在我的脑海深处。我想，这大概就是我亲近大自然的根源吧。

少年时光，园林滋润

中学时代，相对安居于城镇，我那一颗不平静的心还是向往原野山林。在尽可能的条件下，我一直向水，常随家人去运河两岸。急急地观看岸边居民洗衣、洗菜、淘米、挑水等各色用水活动，也十分羡慕地欣赏小孩子在浅水处嬉戏。我更放眼河中，帆船、汽船，或穿梭往来，或悠悠而过，引我远眺遐思。虽没有现今视水为生命之源、大地之脉的高度认识，但已经感到水是民生的必需之重，是运输的便捷之道。因此，我常常站在岸边凝思，期望着今后随着运河的水走向远方。

少年时，我很愿意跟大人去亲戚家。在亲戚家的花园里游走。江南园林把大自然中的山水、树木、花草、鱼鸟，浓缩于一域，而且艺术地、文化地展现，所以园林往往是包含了绿意、诗意，是生机盎然的游憩之地。我常常站在曲桥上，凝神观看荷花莲叶和荷叶下灵动的金鱼。我也在曲径通幽的假山石中，上下攀援。我还惊奇于树木的多姿，花形花色的各异，叶形或兰叶如丝，或银杏叶如小扇，或田间的荷叶上滚动的露珠。这些都是促使我学习自然、探究自然的原动力。

记得一次暑假，正是虔诚的佛教信徒们朝山进香的节日，我随母辈前往，并非“进香”，而是“朝山”。因我正处于叛逆少年时期，没有宗教信仰，而只寄情山水。去了城郊的观音山上的观音庙，庙中香火很盛。在我以后写的作文中是这样描述的：“信男善女，槛内槛外，或左或右，或跪或起，佛号声声，祈愿喃喃，香烟袅绕，鼓磬悠悠。”我当时是怀着旁观的、甚至调侃的意味来描述的。没想到语文老师把我的作文当做范文在课堂上宣读，而且对作文的评语为：“颇得张岱小品之趣，文笔生动不凡。”就是这位老师的一句评语，引领了我终生爱好文学的情怀。所以我的中学时代是兼有逆反少年、文学青年和怀有游侠之梦的混合型青年。

学教生涯，林院青春

由少年而青年，面临着人生与专业的抉择。我当时有两

人字梯，高枝剪，“高空作业”的学生在采集种籽（黄鹏成提供）

大学时代

条路供选：一是适逢1949年，新中国成立之初，我高中毕业，本决定参军参干，那就是政治型人生之路了。二是报考我早已属意的大学文学专业。但突遇家庭变故，耄耋之年的老父中风卧床，仅我侍病，历时一年多。当时，常抽空去新华书店读书，偶然读到《中国林业杂志》创刊号，首篇即刊登了第一任林垦部部长梁希教授的文章，他用诗化的语言作专业的介绍与号召，其中有“……让黄河流碧水，教赤地变青山，把河山装成锦绣，把大地绘成丹青，新中国的林人同时也是新中国的艺人……”它感召了我由志愿文学转而为投身科学，决定报考林业专业。这看似偶然，其实也是必然，因为我少年时即钟情于田园风光、绿树山花。

学海遨游，蓄积才智

我的专业学习开始于南京玄武湖畔的南京大学森林系，从此投身于“林家大院”，终生林海天涯，献身生态环保事业。

四年的学习，让我对林业绿化的认识与使命感越来越浓厚。这首先要归之于专业课程的设置和野外实践活动。所以我现在作为一个老的教学工作者，回过头来想，觉得接受的教育，与教学的方式和指导思想及内容很有关系。我们那一届，开设了入门第一课《林学概论》。几位资深教师，分别介绍了林业范畴的各个分支学科的提要，我国林业的分布、特点、现状及问题。让我们对林业既有宏观的认识又有明确的使命。此后的数十门课程，我总是带着极大的兴趣，感到老师为我们打开了一扇扇知识的门窗，引领我们进入，让我们汲取，真是其乐融融。

我们这个学科领域是贴近自然、实践性为基础的专业，真正的课堂在大自然。从采种、育苗，调查林分植被，以及测树、树干解析等技能，都是通过野外这本大书来获得的。

我们的校园树木森森，物种多样，是最靠近的野外课堂。在课室回廊外，有挺拔的水杉，这是我们引以为荣的珍稀树种。它与银杏同属于孑遗树种（活化石植物），是我校郑万钧、干铎老师等发现、命名的。这里的树木、花草都是我们随手拈来、学习印证的标本教具。而“近水楼台”的中山陵林区，则是我们常去常新的野外大课堂。

中山陵林区的建群种主要是松（马尾松）、杉（杉木）、栎（麻栎、栓皮栎等）、竹（毛竹、刚竹、淡竹等）等中亚热带树种，间以各色花草灌木，如春梅、秋桂等，形成了婀娜多姿的江南秀林。我称其为秀林，因为在我的青春求学时代，江南烟雨、绿树修竹，诚然秀色可餐，但江南之林，只

→ 春笋茁生

↓ “春江水暖鸭先知”

（江苏林业厅供稿）

是片林、树林，还称不上森林，所以我将这类地区之林，视为林海的“海岸线”。

记得我在灵谷寺周围阔叶混交林中调查时，有感于以栓皮栎为主的林分，生长得苍劲古朴，森森然若寺庙灵塔的卫士。我们在考察完毕后，兴冲冲地爬上灵谷塔内盘龙柱状的九层塔。极目远望，长江如练，正如古人云：唯见长江天际流。而再俯瞰四周，卵形的树冠似绿波漾动，倒也不失秀中有刚的、具有一定规模的古树丛林。

苏浙皖是属北—中亚热带江南秀林的范畴。我们由苏而皖，至琅琊山进行树木学实习。郑万钧教授带领进行钙质土地区的树种识别、标本采集。我对此不但兴奋于学习知识，而且窃喜于拜访宋代大文学家欧阳修著名的《醉翁亭记》之地，那里属低山丘陵岩溶地貌，地域虽不大，但岩层、植被却比较独特，多石灰岩溶洞沟壑，有适生于中酸性和钙质土的物种。我们在醉翁亭周围识别树木，采集标本。岩溶地区有榆科的青檀、朴树、榉树等喜钙树种，形成片林，长成古树。还有当地命名的琅琊榆、醉翁榆等特有的种类，学习收获颇丰。

我们当时住在琅琊寺中，寺庙古老而幽深，庙周山溪古亭，杳无人迹，仿佛进入了古人诗句：“枫叶满林山欲醉，泉声过槛月同流。支离石径孤亭晚，冷落梅花一地秋”的境界。

有意思的是，寺庙的住持原来是一名大学生，解放前因看破红尘而出家。他与我们的郑万钧院长谈得十分投机，还向我们介绍琅琊山、寺的历史和众多诗文典籍，丰富了我们的实习情趣。

那次的野外作业也很辛苦，主要是因为石灰岩山体雨后路滑，行走不便。但郑院长在前引路，还不时回身拉我们攀登陡石峭壁。如此山林之美，师生之情，是我求学生涯中永志不忘的。

还有1954年夏秋之交，干铎老师引领我们在浙江富春江上游的建德林场进行毕业实习。这次实习，学习收获很大，生活情趣也浓。干先生为人正直，讲课时非常严肃，学生们私下称他为“三板先生”，进教室后只看黑板、天花板、地板，其实这是他全心投入讲课状态的一种体现。而在课余，他却很诙谐，与我们很有师生情谊。

在实习中，我们调查了各类中亚热带的林分，曾调查了一处以黄檀为主的天然次生林。黄檀俗称“不知春”，展叶较晚，早春有别于其他树种，似枯树一般。黄檀生长缓慢，但材质坚硬。在我们调查的范围，组成了主林层。生长通直、枝叶扩展，已经“知春”了。正好干先生巡回指导来到我组，我们就现场向干先生汇报说：从林分现场来看，可以把黄檀作为用材造林树种之一。干先生听后，很严肃地说，你们选用造林树种准备作何用途？是用材还是做拐杖？同时重重地戳戳他手中的拐杖。我们一听知道不对，因为用材林要综合考虑速生、优质、高产，生长慢的树种不宜采用。通过这件事，使我感到师教之严，终生受益。

当日调查工作临近结束时，忽逢山雨骤至，干先生带领我们到附近庙观避雨。观中有一户道士人家，也有家眷，对我们很是欢迎，拢火奉茶。此时干先生向该家眷借外衣一套，让我替换湿衣，还说：我们“诸神”回避。男同学们均会心微笑。而我换上大襟的蓝衣黑裤后，俨然成了一个俊俏的村姑。

实习快结束前，县广播站通知马上要发洪水。消息传来，老师要求大家抓紧时间“开夜车”，在一个小学校的教室里彻夜整理外业资料，然后向杭州方向撤离。走出林区后，明显看到富春江水已经上涨，一些路段已经积水。我们不时下车涉水，只见对岸林木葱茏，严子陵钓台就伫立在江边。联想到当前，千岛湖范畴内，这些古迹、树木，或沉入水中，或聚峰成岛，引发我古今悠悠之叹。

我们带着丰厚的专业收获，越过积水区，抵达杭州。在等待中转返校时，“偷得浮生半日闲”，游览西湖。晚霞中的西子湖，波光粼粼，柳丝拂水，纤草如茵，格外柔美。我们全班同学登舟游湖，开始时游兴很高，但由于野外实习的疲劳，一个个竟在游船上睡着了。

返回南京时，市内也遭了水淹，除鼓楼的小高地外，街道大部分已经积水，汽车都在水里行驶，校园里的同学也卷起裤腿，往来于水中。面对此景，我们对野外实习能安然而归很是庆幸。

此后，我毕业留校任教，对干铎先生仍以师事之，在学识和人格上都尊崇有加。不意于 1961 年暑期，我在教学楼实验室内，整理考察资料时，听到走廊上有交谈声，似有不幸之事发生，出来询问，得知尊敬的干先生在黄山休假时，登山途中，开始还谈笑风生，后来默默走路，然后坐在山路边石头上小憩，面对迎客松及周围峰林景观，讲了一个字：“好！”即此溘然长逝。

得此噩耗，不但震惊悲痛，也感到他老人家在大自然中，特别是在奇山、苍松中，驾鹤西去，走得神奇而潇洒。真是自然之子皈依仙界，俯瞰众生。

四年的校园生活结束时，有一个毕业典礼、公布分配方案的活动。当时适逢农、林学院分别建院，林院定于玄武湖后锁金村，已建成两座教学楼，需要有人看守，我们班 6 人（4 男 2 女）分担此任。那天，我们回丁家桥老校区参加毕业典礼，时值仲夏的清晨，穿行玄武湖，由后门而前门。当时的玄武湖，除我们外，空无一人，天空澄蓝，水汽氤氲，满湖莲叶，荷花婷婷，粉白杂陈。那么宁静而生机的氛围，使即将跨入新阶段的年轻学子心境极为振奋而愉悦。记得我当时穿了一件粉底色衬衫，上着小绿叶和小花。平时不舍得穿，专门留待今朝。当时的情景酷似一张苏联女大学生联袂走向前方的照片，信心满满地准备走向绿色天涯。

我们都怀着各自的愿望等待毕业分配的揭晓，我当时最期盼的是分至遥远的边疆、深山密林，设计着绿绿的、森森的、贴近大自然的浪漫人生。这恐怕是 20 世纪 50 年代青春灵魂的真实写照。但是，出乎意料的是分配我留校任教。

教学相长，师生浓情

在“林家大院”的“教”的过程，主要是 1955 至 1978 年（赴藏以前），23 年中，是持续地“学”、“教”、“研”的过程。真正的教学相长，收获与感受颇丰。

我的主教、主攻方向是森林生态学。对此，我既高兴又有压力，高兴的是：森林生态学当时是一门新兴的学科，而其内容属于宏观的、动态的、指导实践的理论范畴，我庆幸于能投身探究。压力在于：这是一门多学科、综合分析、实际运用的学科。既要知识的广博，又要思维的深邃，还要指导实践，承担的责任很重。但我一经接受分配，就决定终生奉献，做一名生态科学的学习者、跋涉者、探索者、传播者。于是，我就开始了广泛汲取知识，积极投身实践，认真思考辨析的教学准备过程。

在教学生涯的开始阶段，有5年未派我授课，只是给老先生做助教，带领教学实习，辅导课外答疑，此外，还被分配担任土壤学的实验。而这些环节，是很检验知识水平和科学性的。于是，我苦读恶补，以求不辱使命。未想到，这个“进修”过程，为此后奠定了坚实的基础。在第一次授课时，听到学生们议论：“这是第一次讲课吗？讲得这样好。”

20多年的教学，我始终遵循“三基本”的原则，教学中贯穿“基本知识、基本理论、基本技能（实践操作）”来组织教材内容，合理安排理论教学与实践的比例。而且，由于生态学科的宏观性、联系性和动态性，我更重视在教学过程中，启发学生们的思考、探求和辨析的能力。这绝非空洞的教条，而是有影响生产与绿化的现实教训的。如林业界奉为基本准则的：“适地适树”。这个“适”是如何认真、准确地分析“地”的综合状况，“树”的基本需求，使树木真正生长于适宜之地，使该地域真正体现其因地制宜。其中的科学性、综合性、相关性是绝不可等闲视之，而是应该深入探究，方能有良好的现实效果。更是指导生产者必需的科学思维与良心的决策。我在教学中，就期盼学生们做科学的践行者，理智的思想者。

在我的教学过程中，总不愿仅仅是好为人师，而是好为人友。所以，我和学生的关系大概称得上亦师亦友。

记得1964年暑期，我带领学生进行紫金山南北坡林分调查，由南坡而北坡，翻越山脊，调查相应海拔的林分植被。一些地段坡度较陡，乱石起伏。而我那时已怀孕6个月，但为了自行完成教学的全过程，未透露实情。只穿了一件宽大的衣服，照样带领学生野外调查，只是暗自小心地走在乱石陡坡间。

调查结束返程时，女同学有所发觉，我才公布了我的“秘密”。这些女同学恨不得要抬着我走了。她们讲，难怪徐老师原来那么的苗条，现在有些臃肿了。还抱怨我不该如此大意，太危险了。我说：“我已早有准备，以往家中不常拖地板，为了野外活动，我变得勤快了，常常拖地锻炼。”我还轻松地说：“如果说有险，已经安然度过了。而对小生命来说，随着我一起翻山穿林，经受了大自然的考验，倒是早早地锻炼了一番，未尝不是好事呢！”师生们在说笑中相拥着踏上了归途。

科考探索，纵横山林

回顾“林家大院”的20余载春秋，我把它视为人生和事业的第一度青春。概括起来，就是绿化、生态、教学、科研。历程不短，行踪广域。以南京林学院为绿色的原点，向绿色的“海岸线”以及绿岛、绿地辐射。逐步深入，反复探究，丰富活化了教学内容，积累了生产和科研的收获与成果。尤其，在我的心目中，增长了对林、对绿、对大自然的崇敬与浓情。我对祖国绿色“海岸线”的考察，东西南北，分片分带地跋涉前进。

北—中亚热带的江南丘陵低山，是针阔混交林和修竹、茶果的块片林区。位于太湖西侧宜溧山区的宜兴林场、老山林场、下蜀林场，是我们的定点实验区。这一带覆盖着著名的“下蜀系黄土”，是我国第四纪黄土分布的最南界。由于自然和人为的因素，马尾松常枝干扭曲、生长孱弱，难成标准用材。而杉木虽是亚热带地区速生针叶树种之一，宜溧山区是我国杉木生产最北的中心之一，常呈“小老树”生长孱弱，发育早熟。而当我们在山区沟谷地带调查到树干通直、树高逾 20 米、胸径 100 厘米左右的马尾松，耸立于林冠层之上。在阴湿坡地，也有成丛的粗壮杉木，树龄 20 余年，树高近 20 米，枝叶葱茏，毫无“小老树”的模样，是自然界“适地适树”的写照。

宜溧山区还是江苏主要的产茶区，茶叶品质中上等。我们也曾对茶叶的生长、生物量、经营措施做过调查。记得在清明时节，在绵绵细雨中，看茶农们采收嫩叶，焙制新茶。茶场职工还泡上初制的毛尖茶供我们品尝，真是清香四溢，口齿留香。

长江两岸的平原水网区，四旁绿化（村旁、路旁、田旁、水旁）栽植着独特的耐水湿树种，如水杉、池杉、池柏等。我们也曾对水网林的生物特性、生态效益进行了调查，对水网林的护坡、保土、固堤以及美化水乡的作用，构成的“农、林、水、禽、村、路”的田园风光，留下了愉悦的印象。

在水网地区的考察中，还有一处给我以诗情画意的记忆。那是在苏北洪泽湖区的柳树林场。对于柳树，我原本就有非常亲切的感情。它发芽早，落叶迟，柳丝依依，适应性强，是江南烟雨景色的重要组成部分。这一处成片成畦的水网柳林，我初遇而惊艳，弃舟登岸，在地下水位几与地平的柳林中，察看树干上的气生根及其分布高度，观察出现于林缘的由种子萌发而长成的柳苗和幼树。因为常见的柳絮实际是种子和附着在其上的纤毛，所谓飞絮，可将种子传播至100千米的远方。飞絮着地后，纤毛吸水，种子接触土壤，即可萌芽生长。所以，大自然中的天然柳树，总是沿着水线分布。

浙江奉化毛竹林，杆径20余厘米

我们沿着柳畦，穿过纵横的水渠，荡舟考察。面对天蓝、水清、蛙鸣和似乎漂浮于水上的柳林，真有宁静而出世之感。

海滨归舟

同时，我联想到莎翁名剧中女主人公奥菲莉亚沉水时，那种人在水中宁静皈依的情景。也叠现出我国历史上水泊梁山的草莽英雄和现代芦苇荡中的抗日英雄群像。金色的夕阳照射在洪泽湖辽阔的水面上，给我以无限遐想的空间，专业收获与思维的净化均达到了一定的高度。

中亚热带的浙江林区，与苏、皖有纵贯相连的山体，如西天目山。针阔混交林中的樟科和常绿壳斗科的成分增加，针叶树的古树巨木挺拔，如大柳杉树成行成片，调查到一株胸径达 2 米的大立木，传说被乾隆帝封为“将军树”，有治病消灾之效。据此，该树常遭剥皮之灾，伤痕累累，长势衰微。

我们曾于此进行细致的林分调查，由于谷深坡陡，荆灌丛生，我不慎摔跤，左腿膝盖扭伤，红肿严重。月余后返校

黄海之滨

治疗，方知半月板损伤、副韧带拉伤。但茂密的森林植被，吸引着我们这些野外工作者，无暇顾及这些“小伤小痛”。

浙江的竹林素有“竹海”之称，莫干山、奉化、石门等林区，均久负盛名，由于气候温润，竹种繁多，既有高大的散生竹林，又有茂密的丛生竹林，并与常绿阔叶树混生，绿波起伏，景色宜人。尤其莫干山林区，在竹丛茶园中，掩映着村庄和中西式别墅。20世纪60年代初，“山青水清竹树碧，小径归人炊烟稀。”我们陶醉于密林竹海，看似幽美轻松，但却也饱尝蚊虫叮咬之苦，我常被咬得肿块成片，自嘲为“斑竹一枝千滴泪”。而心里倒是温柔甜美的，总期盼着他日再访。

皖南山地与天目山脉络相连，其植被和森林类型基本一致。而著名的“黄山归来不看岳”的黄山，之所以有名，主要是花岗岩构成的突兀的山体。岩层节理纵横、断裂深刻、风化强烈，形成多处奇峰怪石景观。与峭崖裂隙上扭曲多姿的黄山松构成了变幻莫测的画卷。再加上温泉飞瀑，晨雾云海，真是大自然造物的精品神贡。

黄山劲松

我曾两上黄山，一次个人直攀莲花峰、天都峰，看中亚热带山地垂直带的松林及其他植

被类型。另一次是陪北京林业大学的两位树木学教师采集标本，纵观生态。面对着云海日出，我由衷地脱口诵道：“日出江花红胜火，”北京林业大学的火老师则吟：“霜叶红于二月花。”我们的野外考察常常是艰辛的体力活动，丰足的知识汲取，醇醉的心灵享受。

50年后再访仙人洞

对于中—南亚热带的江西林区，我曾带教学实习和项目调查，赴井冈山林区、大茅山林区、金山林区、庐山林区等考察。井冈山林区的绿野恢弘；大茅山林区的生物多样性，以致与毒蛇“五步倒”近距离“接触”；庐山的润泽奇秀等，都令人难以忘怀。尤其是庐山，耸立于鄱阳湖与长江汇合处，也是山体与平原的交汇处。具有：“一山飞峙大江边”的孤峰气势。

庐山的自然景观和物种组分丰富而兼容，既以亚热带区系成分为主，又含有暖温带成分，也有一定的山地气候的垂直变化。唐代大诗人白居易曾经写下：“人间四月芳菲尽，山寺桃花始盛开。长恨春归无觅处，不知转入此中来”的名诗，更有李白脍炙人口的：“飞流直下三千尺，疑是银河落九天”的名句。写尽了庐山峰奇、坡绿、谷深、水瀑的飘逸之势。

庐山的古寺、古树和谐相映，那胸径两三米，树高50米左右的大柳杉和古银杏把庙堂殿宇映照得庄严幽深，令人澄静。那错落有致的别墅，也都是曲径通幽，树木森森，更有白居易的草堂书屋，都是我们科研与人文调查的景点。

时过47个春秋，我再访庐山，山水依旧，植被蓊然。我以怀旧的心情走过山径，爱抚古杉，如见故人。我还再访了庐山植物园，不意与几位植物学老前辈的墓碑相遇：胡先啸、秦仁昌、陈嵘，他们的墓碑并列比肩于林缘一隅，墓碑上仅冠以“植物学家”头衔，既无官名的烘托，也无铭文的标榜，干干净净，庄严大家！我久久地肃立墓前，此时寂静而无风，但墓后的一株化香树的枝条却在轻轻摆动，我想：这是先辈在与我作心灵的交流。

湖南的丹霞地貌及其植被，我也曾借会议之机，作短期考察。我攀上海拔1 100米的天子山岩层顶部，巡视壮观的紫色砂岩地貌，只见岩顶层似乎被大自然的天刀削平（实际是脱海成陆的水平岩层），俯瞰天缸般的深谷，其中似乎装

观奇峰峻树于
天子山峭壁

满了一座座奇峰独岭，瘦削俊俏，甚至“腰细肩宽”，反映了垂直岩层节理发育，在崩塌和流水的作用下，千峰壁立，千姿百态。

在紫色砂岩的山体上，覆盖着常绿阔叶的乔、灌、花、草，

构成了土石艳、茂林绿、溪流涌、峰林峻的硕大的天然盆景。我边走边看，如痴似狂，叹大自然的鬼斧神工。直到驻地，还浸沉在奇妙的思绪中。以至于冲凉时，滑倒在浴缸中，左侧肋骨被缸沿重重地一击，剧痛而呼吸不畅。待月余后，检查出四根肋骨受伤，其中两根完全骨折，两根不完全骨折。但时过境迁，已自然愈合，只是略有畸形。医生直埋怨我为何不早来诊治。

在南亚热带与中亚热带的过渡地域，还有类型丰富的闽东—闽北林区，东濒台湾海峡，海岸港湾—平原丘陵—闽北中山，物种多样，区系交错，我们主要科研基地在闽北武夷山区，主要研究的目的树种是杉木，兼及南方的常绿树、果、花。杉木在闽北山区的生长远优于江浙一带，曾见有胸径 2 米、高 40 余米的“杉木王”。

我们还考察过一片被称为“万木林”的常绿、落叶阔叶混交林，生长茂密，呈现较好的原生状态。传说是过去有一个财主，让农民交租时，每人种一株树而成。我们曾慕名而去，不意出了一大险情。通往该林的路上，有一条小火车道，汽车也可沿轨道开行。我们当时所乘的中巴车正在上行，我坐在副驾驶座，只见迎面一辆无人驾驶的运输车沿铁轨而下，眼看两车就要相撞，我立即用一件单布外衣挡住头面，以免形象过惨。所幸的是：就在两车即将相撞时，运输车侧翻在铁轨外，而我们的车也已刹住，有惊无险，继续林区之行。

我国的台湾岛及其林区，是我青年时代十分向往之地，早在 20 世纪 50 年代，大学毕业的志愿中，就填报了一处是阿里山林区。历经半个世纪的林海生涯，年届古稀之时，天缘巧合，终于踏上了台湾宝岛的山林，亲眼看到那里的森林树木、山潭美景，也从专业的角度考察了台湾的生态景观和山川林海。台湾被称为宝岛，的确是因为她有着得天独厚的自然条件。全岛像一只绿丝缠绕的纺锤，横卧在碧海之中。环岛一圈，一山一湖，虽惊鸿一瞥，但生态之旅收获颇丰。

久闻东海岸景观之美，美在清水断崖。据说，葡萄牙海船初临台湾时，首见清水断崖，船员大呼“福摩萨”（即“太美了”之意），台湾的“福摩萨”之名，由此而来。

我慕名造访清水断崖、太鲁阁，但天公不作美，海天不够蓝，未能激起我的惊喜。而当进入太鲁阁峡谷，山弯路险，沿“立雾溪”过“九曲洞”，断层裂隙，洞壑相连，天堑一线，浓荫叠嶂，由衷地感受到太鲁阁峡谷之美。

海岛最南端的“鹅銮鼻”，是一片裙状珊瑚礁抬升和深切而形成的海岸带，小径隐于气生根中，礁石上化石点点，使人恍若行进在远古的海域中。

我急切地向心仪已久的阿里山林区而去，对搞生态的人来说，阿里山之“灵”，灵在密林古树。阿里山的红桧，历经磨难，在日本侵占期间，林区密林巨木近1万公顷、千年以上的红桧几乎被砍伐殆尽。我印象极深的一株树龄逾千年的“三代木”，在祖代被伐的残桩上，子代艰辛地生长，而后又遭砍伐，孙代又在子代一息尚存的躯干上生长。这一株残木，既是对盗伐的揭露，又是顽强生命力的体现。至于阿里山神木是一株有3 000多年树龄的红桧，高53米余，树围19米余。在1956年遭受了雷击，成为枯树，后经嫁接，重现新姿。

更令我慨叹的是在神木广场有一座庄严的“树灵塔”石碑。是日军霸占台湾省时，掠伐了上百万株千年古桧，人员伤亡很大，疑为树神震怒所致，建塔谢罪。其实，岂止古桧

台湾槟榔林

被掠夺，著名的古樟树也遭厄运。180万株百年古樟被盗伐，只剩下一株孤立木了。而今，风景区休憩品茗之处，见许多以桧柏树根做成的茶桌，台长一两米者比比皆是，滥伐之多，可见一斑。

日月潭是台湾省内与阿里山齐名的一处湖区景观，由玉山和阿里山之间的断裂盆地积水而成。湖面455平方千米，烟波浩渺，潭水深深。拉鲁岛居于湖中，将日月潭分为前后两潭，前潭如日初升，后潭弯月一轮。湖周山峦叠翠，绿树修竹。我们登船绕湖，近观拉鲁岛。漫步湖滨，观赏白鹭或翔或憩，渔舟入水，划皱了一池秋水。台岛生态之旅，我们还专程参观了生态教育内容多样的士林官邸。

我们流连于台岛的自然山水与绿树烟云之间，面对初次晤面的一草一木、一峰一潭，却有着“似曾相识”的认同感。因为海峡两岸地缘相连，（生态）类型系统一致，（生物）种群亲缘同宗。而我在暮年踏上宝岛，实现了间隔半个世纪的绿色之梦。

位于南岭以南的桂林山水与桂北森林是独具特色而丰富多样的景观资源之地。我们曾数次沿融江流域上溯至丘陵山区，探访孑遗植物——银杉、桫椤、红花油茶等。同时，更属意于岩溶地貌的奇山秀水与植被类型。在考察中，也游览了千姿百态的桂林风光。“拈花惹草（识别、采集）”，“指点江山”，更加丰富和诗化了考察内容。如在形象逼真的象鼻山处，欣赏着山、洞、水、林相映照的如画景观。并调查了石灰岩地区的青冈、青檀、黄角树等的林木和灌、草、花。岩溶区的地貌和水文现象，也特别引人入胜。如芦笛岩地下河长达600余米，七星岩的地下河还分上、中、下3层。岩溶作用和形态各异，植被各具特色，组成石灰岩地区独特

台湾大学标本馆校友合影

的景观。

俗话说，“桂林山水甲天下，阳朔山水甲桂林。”我们在阳朔河上，看两岸峰林起伏叠翠，深信此言不虚。但有人说，桂林山水实际上是“穷山恶水”。而我看其山穷则穷矣，但其水则不恶。穷在石灰岩山体的石多、土少、钙性，只能生长适碱性的疏林灌丛，而不能作为农林业生产规模性的土地资源。但从地史景观与旅游角度看，则是山清水秀的绝佳之地。真是“山若碧玉簪，水是青罗带”。我目不暇接地、贪婪地在观赏、在铭记、在记录、在拍摄，恨不得将它永志于心。

桂林市内，有一座独秀峰。独秀，真是名不虚传，既秀而孤，能够傲视全城，放眼峰林。记得我们的马先生讲过一段佳话：民国初年，一对恋人，受家庭干涉，打算先游独秀峰，后双双殉情。但当他们登临绝顶时，看到如此多娇的江山，决定放弃轻生，勇敢地面对现实，争取新生。可见，山川美景的感召力之神奇！

在南亚热带—北热带一线，我们考察地之一是鼎湖山林区，它位于北回归线附近的北纬 23°10′处。纵观全球北回归线一带，多属干荒地区，如北非荒漠、北美荒漠等，而东南亚地区因受太平洋和印度洋季风的影响，在向北延伸的暖湿—湿热气候下，发育了热带雨林、季雨林。物种丰富绮丽，生长优异，被誉为全球北回归线上的绿洲，是我国的第一个自然保护区。

20 世纪 50 年代中期，我们考察了这片奇花异叶的南国植被群落。对于主要工作于中亚热带的我们，犹如刘姥姥进了大观园。好在有当地同行请教，才逐步识别了主要树种的特点与名称。如有一种常绿树——木麻黄，乍看被误认为是中亚热带的马尾松，而实际上是华南一带为建造海岸防护林从澳洲引进的树种，其树叶退化成鳞片状，附着在绿色的小枝上，细枝悬垂如针叶。

南国森林，除组成复杂、生长优异外，特点是垂直郁闭、老茎生花、板根似茎、藤蔓低垂，还有明显的“绞杀”现象。这些生物界的特异现象，反映了高温、高湿的优越生态环境。为我们展开了一幅幅新鲜、奇异的大自然画卷。在这类林分中考察，体会到生物多样性不仅在植物组分上体现，也反映在动物成分上，常常不经意间窜出毒蛇，好在南方同行捕蛇的身手敏捷，为我们排险压惊。但是，蚊虫和小咬却常常对我们发起集团性进攻，令人无法躲藏，我们被咬得遍体鳞伤，但是专业的丰收却使我们忽略了身受的痛痒。

我也曾多次登临海南岛。海岛西南的尖峰岭林区是中国林科院热带林业研究所的基地。尖峰岭保存着较为完好的热带季雨林和热带山地雨林，其中，珍稀濒危的热带树种如青皮、坡垒、格木（比重大于1，沉于水），以及药用藤本植物鸡血藤等，均属山林珍宝。林中胸径2米以上的大树参天耸立，我几次试图仰拍未果，干脆躺在林地上拍摄林冠。中国林科院热带林业研究所的同行对我的外业工作态度甚为感佩，连说："山地条件差，委屈你了。"其实对我来说，"委屈"自己而适应各种野外环境，既是工作，已成习惯，而且视为享受。

我们环岛而行，由尖峰岭的西岸东行至南端的天涯海角，对海岸带的椰树临风，红树林的随潮涨落启示良多，滨海水生物种自有其适生能力与方式。成熟的椰子落于海滩上，在随海浪漂流的过程中，即可萌芽扎根。而红树的"胎生"（即种子在母体上就萌出胚根）现象，入土成株。同时我们在海角天涯观海绕石，那独特的"石蛋地貌"景观，使我仿佛进入远古恢弘的地史。在湿热的气候条件下，花岗岩被风化成一个个大小不等的巨球（蛋），是多大的天工之力啊！天造地设地矗立于海边，两座巨大的石蛋上，刻有郭沫若先生书写的"天涯"、"海角"。我每次至此，都像会见老友一样，暨首膜拜，久久不愿离去。

令我不解的是：据说仕途之人不来此处，似乎"天涯"、"海角"预示了，他的前程至此为止。联想到山东荣成的"天尽头"也遭此冷遇，我真为他们遗憾！迷信毫无科学依据的传闻，却失去了品赏海阔天空、地史悠长、椰林摇曳、石蛋群聚的科学的、文化的、自然的、前程似锦的天之涯、海之角。

东北林区的考察经历也是令我终生难忘的。北温带—寒温带针阔混交林是我国主要的林区和森林类型，我曾数次前往考察。一次在小兴安岭帽儿山、带岭林区考察红松林，见

鸟瞰天池
（摄影：沈孝辉）

识了天然红松林多世代、异龄林的庄严气势。我们还攀上50米高的瞭望塔，只见红松林连绵起伏，树冠如绿波轻荡，延向远方。体会到北国林区的壮美景色和树木的苍劲生机，与江南的“秀林”相比，又是另一番景象。

我还考察了小兴安岭西麓的“五大连池”与“地下森林”。大约在两百多年前的一次火山喷发，熔岩流堵塞而成的串珠状的5个湖泊，森林、湖泊、瀑布、火山构成了丰富的火山区景观。一些地段，更有残存的火山灰、火山砾石，以及熔岩流形成的绳状地壳。火山地貌也形成了大小不等的凹陷盆地和洞穴，实际就是老火山颈口，已经被森林覆盖，形成地下森林景观。我绕盆、下洞，识别寒温性针阔混交林的优质建群种，云杉、冷杉、水曲柳、黄菠萝等。也考察了天然次生的中龄白桦林。树干粗壮、立木修长，块片状剥落的树皮，随意而均匀，露出青灰色的嫩皮，光洁而平滑。使我联想到俄罗斯民歌《小白桦树》演唱时，一群白衣少女的婀娜舞姿。

我还曾两度深入到长白山林区，森林生态定位站的同行带领我步行上山。边走、边看森林垂直带的各种类型，由于长白山受海洋季风和“阿留申低压”天气系统的影响，降水丰沛，山体垂直气候变化明显，从山麓到山顶，呈现半湿润温带—湿润温带—湿润寒温带—湿润寒带的递变，分布生长

桦木林倒影成双（摄影：沈孝辉）

了相应的植被。在途中，专业介绍的过程，给我印象最深的是林下植被有一种“林奈草”，让我不由地想起了这种不起眼的林下小草的命名过程。大植物学家林奈，一生鉴定命名过无数物种，当人们希望他用自己的名字命名一个种时，他却选择了这一平凡的小草。反映了大科学家不计名利，视自己平凡如小草的崇高境界。

海拔上升至 2 000 米左右的林缘，分布着岳桦矮曲林，树干扭曲，近似匍匐，是在严酷生境下的适应，也反映了其本身的生命力之顽强。当我在 2000 年再次攀登天池时，云雾飘忽，岳桦老树苍劲，似与老友重逢，我也年近八十，不胜沧桑之感。回忆 20 年前，我穿过高山苔原带，被五色斑斓的苔原山花所陶醉，也被澄蓝的天池和远处的白头山所吸引。记得在那里我还拜访了设立于天池边的高山气象站，站内同行热情欢迎我们，品茗欢谈。我深为他们常年坚守岗位、生活简朴的精神所感佩。

我按纬度带由中而南，再上溯“北国”林区；也按经度由东而西，由“林缘”而“林海”。东边的滨海地区，有喜暖湿和抗风的树种——赤松、黑松与阔叶树组成的针阔混交林，块片状地分布在海滨的石山区。黄海之滨的云台山，是断块抬升的山体，海拔虽不高（仅 625 米），突兀于黄海之滨，颇有海上大山的气势，因此有神话花果山的传说。“水帘洞”前，实际仅有一汪清水，但却有被命名为“美人松”的古赤松，树高 10 余米，同根双干，枝叶深绿，在 20 世纪 60 年代尚呈现勃勃生机。

由黄海之滨北上，到山东半岛的崂山林区，这是一座风化剥蚀强烈的花岗岩山系，峰峦叠嶂、怪石嶙峋，赤松、黑松耸立在山石岩缝之中，气势苍然。尤其在所谓秦始皇登临

“鸢尾花园”（摄影：沈孝辉）

过的成山头（“天尽头”）一带，当时既无人迹，也无现代建筑，一派自然野趣、海阔天空的景象。面对浩瀚的黄海和似卫士般疏生肃立的岩隙劲松，心境很是豪放。

海湾滩地，往往是避风向阳、晨雾凝雨的温润之地。崂山太清宫是掩映在茂林之中的一座园林古刹，观内有多种古树，其科学价值及观赏价值均甚高，如古桧柏树龄达 2 100 余年，胸径逾 3 米，树高 18 米；古银杏、古榆树树龄均达千年以上。还有许多高龄的观赏花木，如 100 年以上的辛夷（紫玉兰）、300 余年的桂花、梅花、牡丹和 600 余年的紫薇等。尤其著名的是在《聊斋志异》中被描述为美人的耐冬，所谓“耐冬”，是在崂山地区唯一能在隆冬时节开花的红花山茶，若花期逢降雪，红花上覆盖白雪，故耐冬又名“绛雪”。

东北林区
针阔混交林秋色

当时我在太清宫内遍访耐冬，小院深锁，只在门缝中看到几株高三四米的山茶，寂寞自在地生长。但在20世纪90年代，再访崂山时，游人如织、香烟缭绕，山茶、桂花等已被烟熏得近乎枯萎了。

由东向西，地势由滨海丘陵、低山、中山而朝向高海拔，由绿色的海岸线而绿块、绿带逐步向林海深入。云贵高原是林海的重要组成部分，我自 20 世纪 50 年代末开始，多次跋涉于这一片绿色斑斓、绮丽多姿的碧水青山之中。贵州属于高原的东沿，记得我首次探访黄果树瀑布时，数公里外，就听到大瀑布隆隆的轰鸣之声。临近时，水花飞溅如飘忽的雾岚雨帘，宽 20 余米的瀑布群，从 57 米高的断块岩层上飞流入潭，甚为壮观。当我再次造访时，还深入至瀑布层内的水帘洞，隔着漫卷的“珠帘”，洞外的葱茏的林木和云展云舒的天空被蕴染得一片朦胧。

贵州的梵净山，是武陵山系的最高峰，海拔 2 494 米，久闻其植被多样、垂直带鲜明，我心仪已久。正巧，一次专业会议后，受在梵净山工作的两位校友之邀，同机前往。飞行中还有过一次奇遇。我看到机舱外有一束很完整的佛光，七彩清晰，浑圆无缺，把我们乘坐的飞机的机头和机翼罩在其中，较长期地共翔。我真不知是飞机随佛光，还是佛光随飞机相伴而行。我傻傻地、愣愣地、静静地看着，唯恐惊着我们机内的朋友，甚至担心惊着这神奇的天象而幻化了。

我们到达了梵净山所在地的铜仁县，迫不及待地调查、拍摄、收集资料。从水边滩地的枫杨、柳树，沿溪而上，常绿阔叶林中，颇多珍稀树种，如鸽子树似白鸽飞于树梢。路边林缘，各色山花摇曳，直至海拔两千余米的杜鹃矮林。路转景移，各色水平岩层，垂直节理，大小断块，形成了形态特异的“鹰嘴崖”、“蘑菇石”……尤其是多层页岩酷似一册厚厚的、展开的大书（天书），这就是久负盛名的“万卷书”景观。我真叹服古人是那么的有文气、有寓意、有诗情画意地来看待我们国家的山川植被。

山体顶部名为凤凰山，似一座高耸的巨型石碑，而中有一条垂直节理通直而下，天公巨劈，宽不足1米。小径石阶，艰难攀登，顶端以“天生桥”相连。当我到达顶峰并攀上独立的巨石时，纵观峰林云海，又酸性大发，赋诗一首。遗憾的是被当地朋友索走，仅记得最后两句：“若非高原已相许，梵净山中伴晚霞。”我这个人，绿色天涯，四海为家，常常傻乎乎地幻想到处建小木屋，相伴终生，皈依自然。

云贵高原的主体是云南林区，上接藏东南，三江（怒江、澜沧江、金沙江）纵贯，西、南与缅甸、老挝、越南等东南亚诸国山水相连。所以，植被类型极为丰富，既有印度—马来区系成分，又有高海拔暗针叶林，我们把它视为绿色宝库。从20世纪60年代，我就数次考察

梵净山雾笼奇峰

贵州梵净山顶

↑ 棕榈林（西双版纳）
↓ 榕树气生根形似小象

↓ 西双版纳植物园中
蔡老的无字碑

于云南的各大林区。其中，对于我国三大热带雨林、季雨林之一的西双版纳的考察过程，印象深刻。那独木成林的大榕树，气生根不但生长粗壮，覆盖面广，既有包容、绞杀寄主植物形成镂空的雕饰，也有酷似长颈鹿和大象的根茎。甚至形象逼真到粗腿、长鼻、象眼（伤瘤——树干受伤愈合后的疤痕）圆睁。至于各色奇花异卉，触目皆是。

我专程朝觐了葫芦岛的中国科学院西双版纳植物园，它是植物学前辈蔡希陶先生历尽艰辛创办的。他把半个世纪的岁月，奉献给了云南西双版纳，用心血浇灌培植了这座神奇的热带植物园。他过世后，骨灰就葬于他亲手栽植的龙血树下。我伫立在蔡老先生的无字墓碑前，心情复杂，难以言表。数十年后再去凭吊时，虽然墓碑已有铭文，但那座无字丰碑，始终铭刻在我的心间。

在云南境内，我们既寻访水系、平坝，也考察南盘江、思茅等林区，植被各有特色，人文风情各有千秋。当然，也遭遇险情。适逢澜沧江涨水，水面宽达 50 米，须涉水而过。只见对岸傣族妇女怀抱小孩，头顶货筐从容过水，边走边将筒裙向上挽，近岸水浅处，又将筒裙渐渐放下，轻松而熟练。但对我来说，却成了难题。河底沙石硌脚，不穿鞋几乎寸步难行。我见傣族妇女有拖鞋，就用刚学会的傣语，“卟哨”（音近“菩萨”，意即小姑娘），与她们打招呼，借用拖鞋。她们愉快地答应，使我得以过河。我真觉得她们就是菩萨了。

继续北上至滇西北的丽江、中甸地区的亚高山暗针叶林区，林分极为壮美，与我此后考察的藏东南林区近似。其时是 20 世纪 50 年代末，藏区有小规模骚乱。当时因是与前苏联专家合作考察，所以有藏族同胞护卫同行。当他们枪口朝下时，预示“平安无事”，我们正常考察。如果他们端枪弯腰而行，似乎周围有情况。

一次野外工作中，起初晴空万里，突然下起了冰雹，小如胡豆、大如乒乓球，更有拳头大的，我们紧抱着仪器设备站在大树冠下躲避。不一会儿，雹止雨停，又云淡风清了，人与仪器均未被淋湿，但在林外草地上的牛羊，则有被冰雹

迹地伐桩（摄影：杨勇）

砸伤的。时隔 47 年，我再访滇西北，就在该地段上，仅剩一片片的采伐迹地，枯朽的伐桩历历在目。

出滇西北，进川西，经两省交界处的泸沽湖，湛蓝的湖水、宁静的山村，仿佛为我们洗尘，劝我们休憩。我们沿湖而行，几株初秋的杨树正在“换装”（绿叶变黄、变红），即将脱落。我联想到摩梭人独特的母系社会，“走婚”习俗，吟诗曰：“泸沽湖畔姐妹杨，拭去汗水换秋装。绿屿轻舟鸣声悦，女儿国中有故乡。”

回想我“林家大院”的 20 余载的教学、科研历程，野外实践的所行、所见、所学、所思、所悟。真是：得自然之真传，受天地之教化。一个虔诚的自然之子由此而生成，这就是我的人生和专业的第一度青春。但是，对我的一生而言，仅将其算作“打基础”而已。

独龙江小村与纹面女合影（摄影：王方辰）

泸沽湖上绿丝带状的小岛

（摄影：李国平）

第2讲

朝圣高原

CHAOSHENG GAOYUAN

天降重任

我的一生，从年近半百开始，似乎方算真正进入人生和事业的曲折、但通向科学圣殿的大道，即攀上西藏高原，走进林海深处。

人生的历程，真感到偶然与必然交替，机遇惠顾勇于践行的人。当我人到中年，已属安居乐业（家居江南、高校就职、儿女双全）。1977 年，适逢援藏任务，需要我校（原南京

雾霭笼罩中的雅鲁藏布江大拐弯

黑鹰直升飞机上俯瞰大拐弯急流

林学院）的森林生态学（我的专业）教师。似乎是天降此任于我。

而我对西藏之情由来已久，1955 年，大学毕业时，志愿到边疆去、到林区去、到艰苦的地方去，是我们那个时代的青年人的豪情壮志。而我就是积极、坚定的一员。虽留校任教，未能如愿，但心中一直向往西域边陲。

1959 年，考察云南的过程中，认识到川西、滇北、藏东南在地域上是一体的，植被类型上也是地带性一致的。山地温带以上的中、高海拔山体，暗针叶林绵亘。而西藏林区由于人迹罕至，天然状态保持较好，可能比川西、滇北林区更属于核心、原生地段。我常常伫立滇西林区，而神往藏东南。

因此，当援藏任务下达时，我不但坚定，而且坚持，几经努力，终于申请到了这项对我而言是神圣的、期盼已久的并决定奉献终生的事业。从此开始了我的人生与专业的第二度青春。

赴藏前夕，告别金陵，有几次惠我温情和激情的活动。一次是系内部分教师的欢送，鼓励与关怀备至，尤其熊文愈老师的长诗，情真意切，溢于言表。

诗曰：

送徐凤翔老师赴西藏任教

熊文愈　1977 年

人生如行客，匆匆数十年。
或为蓬间雀，跳跃几回旋。
或为长空翼，遨翔天地间。
君心向革命，立志红与专。
探讨马列论，改造世界观。
教授生态学，刻苦事钻研。
科技文章在，琳琅珠玉篇。
劳心复劳力，不计名利权。
正值党号召，欣然应支边。
急急备资料，忙忙捡衣衫。
辞夫别幼子，强病事征鞍。
迢迢崎岖路，艰苦只等闲。
山花红似火，芳草绿如兰。
汉藏皆兄弟，万里共婵娟。
再试园丁手，培植好接班。
滴滴辛苦汗，浇灌桃李园。
故乡父老在，殷殷念高原。
江南春虽好，请勿忆江南。

愿君常健饭，体志益韧坚。

待到归来日，相迎庆凯旋。

在南京市教育工会的欢送会上，进修于南京气象学院的藏族学生还赶来相送，并代表西藏致热诚欢迎之意。

在家中，我和我先生都有一个表达心意的特有方式，以诗寄情，以诗告别。我作七绝四首，其中两首是：

川藏之行始于成都

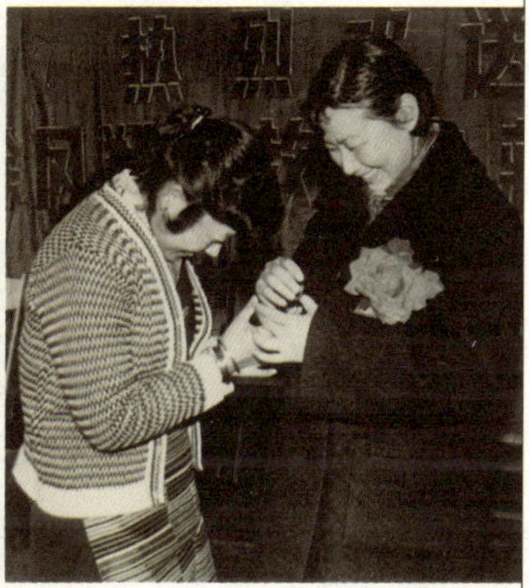

金陵送别

暮春三月江南绿，东风和煦花锦簇。

柳丝千条绾不住，壮心飞向珠峰麓。

任重道远赴边疆，夕照征途鞍马忙。

毋需返顾江东岸，留得余晖育栋梁。

反映了我急切赴藏，赴珠峰之“麓”（有林、有鹿的林区），同时也表达了我终生奉献于西藏的心意。

而我的先生范自强，也和诗四首。其中两首是：

立地艰辛出坚材，气候乖戾炼魄骸。
人生白驹间隙过，以苦为乐高境界。

别时容易见不难，春风又度玉门关。
他年再登江南岸，神州绿意展笑颜。

我不但有感于他对我的支持与鼓励，还高兴于他把我的生态内容用之诗中，更欣喜他将古诗的“别时容易见时难，春风不度玉门关”用少有的阳光与浪漫的情怀，反义而赋诗相送。

攀登天梯

我的赴藏过程，我把它视为攀登天梯。由金陵而成都，由成都而目的地——林芝。行程共 4 000 公里，也可以说是“八千里路云和月”。此后我不下十数次地往返其间。

成都是川藏线的东端，是我正式攀登天梯的最低一级。每次进藏，对我来讲，这里是中转站，更是起点站。这里海拔 500 米，是盆地之盆底，气候属中—南亚热带。桉树、樟树绿意团团，从生竹把农舍、田地、水渠围成一个个自由而写意的“林盘”。使我感到进藏开始，就吸满了浓浓的清气。更有多处历史人文遗址教我以文气。如拜谒杜甫草堂，有感于杜工部的人文“广厦”情怀；仰止武侯祠，感佩于诸葛公

加拉白垒峰（海拔 7 294m）

川藏线上的
“三苏祠”

鞠躬尽瘁，安邦定民（族）的胸怀大略；我还专程敬访了“三苏祠”，那座生动的苏轼石雕像，一手拈须，一手执卷，面容平静地遥望远方。这哪里是历尽人生冤屈坎坷的状态啊，完全是一派“大江东去”的豪放心情！

汲取了古人先哲的文气与豪气，披着盆地的雾岚，我开始了“登天”之旅。一天清晨，出车时浓雾笼罩，能见度四五米，路侧的油菜花田上形成了一层鹅黄的氤氲之气，使我有飘忽入梦之感。我更受高原山川之灵气的感召，胸怀个人“老骥伏枥”的志气，向着天梯攀登！

我曾从各路四方攀登，川藏线的南路、北路、中路、西南高原的由南而北的高黎贡山一线，也从秦岭—黄土高原—青海—新疆一线入藏。但主要的、经常的是川藏中路。

邛崃山脉以绿坡、碧水、雾岚、夜雨相送。那鸳鸯岩的夏季飞瀑、冬季冰钟乳的壮美景观至今记忆犹新。海拔高3 200米的二郎山，是我攀登天梯一线的14座山峰的“幺弟”。我也曾夜闯二郎山，银装素裹的冷杉林，在车灯的照射下，枝叶上的冰晶闪烁着莹光，恍如进入了童话世界。而我们更多的是白天翻越二郎山，由东坡而西坡，被温柔的浓雾拥绕而下至一定海拔处，顿时雾气消失，沟中的大渡河清明如银练，这就是“瀑布云”奇观。

著名的泸定桥横跨大渡河两岸，桥上铁索摇曳，木板稀疏，河水激流飞溅、吼声如雷，的确有“大渡桥横铁索寒”的悲壮气势。我专程往返桥上，既是参观，更是凭吊。

沿大渡河西侧进沟，小村宁静，芭蕉、柑橘、樱桃等果树遍植，这里是著名的康定情歌的原产地——康定县，·古名“打箭炉”，我们的汽车绕城上坡，豁然看到一马平川的疏林草地景观，真是到了“跑马溜溜的山上”了。可以想象到藏族同胞们围着篝火，欢歌笑舞的热烈情景。

4 200 米的折多山，原来暗针叶林茂密，草场丰美。我曾多次在阳光明媚时行进于山中，看林海如墨玉闪烁，草场似锦绣花毯，真令我心醉。而也有一次是雨中过折多山，车窗上那一小片被雨刷刮出的扇形玻面，清晰地看到右侧天空中有一带酷似乌龙的积雨云，云层下，还有几处云丝，像极了乌龙在张牙舞爪。此后不久，我又看到另一处奇异的天象，前方似乎出现了一处村落，梯形的房屋，屋顶上还有妇女走动若晾衣状。我们正打算进村小憩，但忽然景象消失，原来是海市蜃楼！当时真不敢相信，以后才知道，山区也有海市蜃楼的天象。珍贵的记忆让我在 2009 年再过此地时，流连忘返，还自我驾车（初学、“无照”驾驶）于开阔的草原上。

我们还经过一片高原湖区——新陆海，海拔近 4 000 米，这也是我攀登天梯过程中所见的第一个高原湖泊。雪山环抱、森林绕湖，湖水湛蓝而平静，清晰地把地上景观倒映在湖中，对应成双。公路几乎环湖一周而行，我既饱览，又意犹未尽。当时就打算专程来考察新陆海周围的森林。支帐篷、作野炊在湖边。但是这一设想始终未能实现。

雀儿山是此行中最高的山峰，海拔 5 047 米，花岗岩的山脉，连绵峻峭，似起伏的龙脊。角峰林立，还形成一些天洞、天生桥等峭壁景观。在多次的往返中，曾亲见并列的一双天洞，有白云穿洞而过。也曾在夜行中，看硕大的明月悬挂在紫蓝色的天空中。慨叹：谁说月亮也是外国的圆？在山区、在高原、在大气度高澄洁的地方，圆月，都是大而明亮的。又有一次，我有感于山口附近道班工人的平凡而伟大，常年修路、铲雪、救助陷于雪中的车辆、行人。专程造访致敬，不意突然头晕、眼花、心慌等高原不适症出现，同行人急扶我告别上车。但见道班上几位女工边唱着歌，边铲雪修路，而身边躺着用棉衣裹着的幼儿，又令我慨叹：长期在高原、高山生活的人，其生命力和适应性之顽强！而且，从幼年就开始适应。

由川进藏，有人称，要越六脉六江：岷山—岷江、邛崃山—大渡河、贡嘎山—雅砻江、沙鲁里山—金沙江、宁静山—澜沧江、他念他翁山—怒江。而我主要视为跨越横断山脉的“三江”（金沙江、澜沧江、怒江）。

越雀儿山后，于德格、冈拖一带，跨金沙江进入西藏地域。金沙江水的确橙黄浑浊，但冈拖林区支沟流出的山溪水却清澈碧蓝，汇入金沙江，形成了“泾渭分明”的景象。澜沧江流经昌都，我沿江而行，看到沿岸紫色砂岩形成的峰林景观，也看到峰谷间古冲积扇上的小村农田，平静安然得如诗如画，但也联想到此冲积扇的形成，现今与将来。大自然如何“摧枯拉朽”，如何铸造了当今，又不知何时再重塑未知的面貌。

我们经过海拔 4 200 米的邦达草原，感到这是藏东南地区少见的具有藏北高原典型的自然景观与人文风貌之处。矮草疏疏，雪岭荒坡起伏，在辽阔的草原上，曾经建造了邦达机场，一次我与宗英姐同行，在荒寂无人的机场跑道上，我

与宗英姐为“小木屋”选点

们放车奔驰，伴着高原的疾风，那种豪放的快意，是内地任何旅途所感受不到的。

邦达草原上，一座座藏式的毛毡帐篷，炊烟缭绕，牛羊闲散。康巴汉子高大魁梧，豪放彪悍，大辫子上扎着红穗，盘于头顶呈英雄结。身穿皮衣，腰带一扎，腰刀一插，很是威武。这就是传说中褒扬的“康巴的汉子，安多的刀”。但是他们的性格侠义而热情，主动送我们一些土特产，我们也把随身带的小礼品相赠。

进入西藏的最后一段天梯，就是俗称的“怒江山九十九道拐”，被司机视为畏途。这里是植被稀疏、较为干荒的宏观的山岭沟坡地带，道路呈大“之”字形上下盘旋。那次我和宗英姐单车攀登，司机至此，聚精会神、一言不发。我和宗英姐在认真地数属于180度回头弯的路，共有54道，真是名不虚传的“九十九道拐”。

怒江山位于“三江”西侧。经过八宿，即到达闻名的“老虎嘴”，每每到达时天色已晚。老虎嘴上悬垂的岩石酷似狰狞的虎牙，我们出入“虎口”，豁露天光，到达了藏东南林海之滨的然乌湖区。虽然湖区四周影影绰绰，未见湖山真面目。但是运输站的一大锅然乌湖鱼汤迎接着攀登而来的远方朋友。鱼汤的鲜美和主人的热情，既解除了我们远行的饥渴，更慰藉了我们这些科学朝圣者的心灵。次日清晨，我们才得以见到德姆拉雪山簇拥下的、苍劲的暗针叶林和碧蓝的然乌湖，我想，我从此进入了真正的林海，我心中的圣殿、我永久的家。

攀登天梯，除川藏线的中线是我常走常新之路以外，还走过北线和南线。北线主要经类乌齐、丁青、索县而至那曲。类乌齐的森林草原景观；丁青的红土与怪石地貌；索县的古老而袖珍的“布达拉宫”等，反映了苍凉而恢弘的山塬气势。

川藏南线，经芒康、左贡、东大山一线，印象深刻的是芒康的宁静山并不宁静，山体陡峭崩塌，松、杉、阔等树木杂陈。左贡的“国画山水”，在峭壁千仞的裂隙中，一丛丛的川西云杉笔立，深感古人定有实地观感，方成美画。我们在攀向 4 700 米的东大山时，汽车油竭，似人在高原缺氧，我们险当“山大王”。尤其道旁的岩石上，站着一只身躯硕大、毛色油亮、双眼炯炯发光的秃鹫，觊觎着、等待着我们这些“山大王”成为它的美餐。幸好附近有一座道班，不久又有一辆车通过。在川藏线上救助意识、友情关怀是美德，无偿地给我们加了两桶油，还伴我们同行。我至今还记得这是拉萨水文站的工作车，救生之恩，永铭于心。

此后，我还沿黄土高原过黄河壶口，越秦岭太白山、上青海湖至鄂陵湖、扎陵湖源。也由云贵高原的梵净山、梅里雪山、高黎贡山等线路上溯到怒江第一弯至察隅地区。

东西南北，四周各线，攀登天梯、拥向高原。

然乌双瀑

但是，“天梯”之所以能攀登往复，忘不了一次次各方的友情支持。我印象最深的是两位载我攀登的汽车司机，一位姓冯，名随科，他说，我这人就是随随便便，我说，你不随便，你是追随科学。他听后哈哈大笑。曾载我和宗英姐单车三人夜闯二郎山，地面薄冰如油，他认真驾驶，满头汗水蒸腾。说：我载了你们二位，加起来 110 岁（我当时 52 岁，宗英姐 58 岁），我的责任太重了。

还有一位师傅，自报家门是“姓党不党”，是一位性格极为豪放的师傅，沿途谈笑风生。但是在怒江大回旋途中，比较沉默，我原以为他是因为路险，而他忽然说，“我要写信给中央电视台，你老徐沿路看山观水采标本，如此认真地为西藏做事，要建议他们邀请你参加春节联欢晚会。这样的人不请请谁？”我说，生长季节我在西藏，春节期间我才回家与家人团聚，最愿意和家人一道观看春节联欢晚会。

我还多次搭乘成都军区的军车往返天梯，部队司机照顾食宿，关怀备至。一次，冰雪行车，险些滑下深沟，战士们用军大衣垫坑，我也把借来的军大衣作垫坑之用。那时川藏一线不少人都知道有一个“熊掌牌”(途中招手搭车)的教授，也有称之为“咕叽”（藏语“求求”之意）的教授。我就是这样一路艰辛一路豪情地攀登天梯。

回顾攀登天梯的过程，感触多方而深刻：

第一，因为行进在由四川盆底而川西盆沿，而攀峰下谷，越水涉冰的垂直高差达 4 500 多米的地块。汽车贴地而行，实际是沿梯壁而攀，因此见到多类型、多变化的景象。由“巴山夜雨”的雨城，到干热河谷的仙人掌丛林，又见坡中部海拔 3 500 米以下的干荒带和坡中部以上至 4 300 ~ 4 500 米的暗针叶林带，而组成树种为中—旱生的川西云杉。学术界还有人称之为云杉、冷杉“倒置”。似乎垂直带上就应该云杉带之上是冷杉带。据我个人观测，“三江”流域下荒上林，是因海拔带上升，相对湿度增加，适宜于中—旱生的云杉分布生长。但其湿润度还不足以供冷杉的生长。反映的正是“适地、适树、适生”的规律。因之，何来“倒置”之说？

第二，当我横渡“三江”时，深深地惊叹于在东西走向的昆仑山、念青唐古拉山、喜马拉雅山等诸大山脉的东侧尾闾，突来由北向南纵贯的“四脉”（沙鲁里山、宁静山、他念他翁山、伯舒拉岭山）、“三江”（金沙江、澜沧江、怒江）。难以想象，这种陆海升降、融流固化、强褶皱、大断裂、深切割的地史变迁过程，形成了当今的横亘与纵贯的碰撞和交汇，真是造物主的大手笔！

第三，当我们行进到怒江山“九十九道拐”区域时，盘桓于群峰万壑间，那曲折的道路似黄色的丝带，柔美而刚劲，由地及天，引领着我们攀登。

第四，天梯的低、顶两级，繁华与宁静之差，极为显著。盆底的世俗与高原的铅华洗净，是一个涤荡尘念、净化心灵的过程。最后一关真如佛经上的“舍身事虎”一样，我们进八宿的“老虎嘴”，而当出“虎口”时，我们皈依高原了。

援藏春秋

援藏教学是我进藏的主要使命，当我攀上天梯，“三江横渡，危崖登攀，无论征途艰。”（个人词阙中所述）进入藏东南林区时，眼前是摄人心魄的山水森林景观，海拔由然乌湖滨的 3 900 米，穿林下行至海拔 2 700 米的波密，山地温带的森林，青翠壮美，我心驰神往地期盼着到达援藏目的地——林芝的西藏农牧学院。此时有消息传来，著名的大塌方处，桥毁路断，据说十天半月也难通行。我们急于前行，由波密移至海拔 2 300 米的山地暖温带易贡林区。这里湖光山色、森林景观更美，但留不住我们焦急的心。

当我们得知易贡茶场即将架溜索，过大塌方，我们立即随行。穿飞石区，跨越桥毁处，一段“梅花桩”式的险路，只见刚建成3年的泊隆大桥被拦腰砸断，两岸倒木狼藉，塌坡连连。刚刚架起的溜索长约80米。茶场的朋友以半截大汽油桶作为容器，人坐在其中，一个个被晃晃悠悠、起起伏

→ 易贡湖出水口
（海拔 2 100m）
↓ 易贡湖
（海拔 2 100m）

伏地拉过去。茶场的人过后，鸣枪通知对岸，收掉汽油桶。第二拨过去的是几位藏民，他们的腰上有一个木制的大钩子，挂在溜索上，手脚并用地溜了过去。而我们既没有汽油桶，也不会自我溜过去。正在发愁之际，不知道谁从哪里找来了一个很稀疏的铁丝网的大菜篮子。一个细弯钩挂在钢索上，我第一个坐进大菜篮，旁边的朋友给了我一根白鞋带，把弯钩扎得牢靠点。就这样，我平生第一遭乘上最原始的、最危险的，也是让我感到最新奇而兴奋的交通工具。当被拉至中途时，我忙不迭地观望四周，藏东南峡谷林区的植被真是绿得滴翠，激浪滔滔，尤其在河中心的冰漂砾撞击下水花翻飞，我想这真是“二

尼洋河
中流砥柱：冰碛石
（海拔 3 700m）

水中分白鹭洲”啊！

到达对岸，立即被农牧学院的一位年轻司机格桑搀扶，而农牧学院的段书记亲自来接我们。险境过后，如此热情相迎，备感温暖。藏东南一线，山道土路，小险不断，但处处密林山花，生物多样性丰富。我当时就感觉这就是我理想的野外教学大课堂和科研实验基地。

我们翻越海拔 5 400 米的色季拉山，由东坡而西坡，当时虽已 6 月下旬，但山区杜鹃花开遍野，五彩纷呈，再加上云、冷杉林中长松萝（树胡子）飘逸，我感到真正地到达了我心中的林海圣地。接近尼洋河谷时，滩地柳林、山桃成丛，农舍掩映。段书记问我：“这是我们的西藏江南，你这位来自江南的老师，感觉如何？”我说：“仅仅初识，已经醉了。江南虽然秀美，但这里在蓝天、白云、雪山的衬映下，西藏江南极为壮美！”

临近我的援藏目的地——西藏农牧学院时，由北向南的尼洋河水淙淙流过，那河水之清澈、之碧蓝，真的是“春来江水绿如蓝”。学院坐落在远山积雪、近山密林的环抱中。院内平房为主，绿草如毯，给人以边疆地区的朴素、亲切之感。我经过了 20 余年的向往和争取，终于进门了，归家了！那种急切的、铆足了劲的、准备全身心投入的心情，使我潸然泪下。

行装甫卸，有个分放布局的过程。因为我带藏的行装，除了个人的衣、被之外，还带了一些教学用具（测树、测土、林分调查、气象观测、显微镜等）和专业图书。是我进藏前向南京林业大学的有关教研室和中国林业出版社募集支援的物品。被戏称为“科学的文成公主带着嫁妆进藏了”，真有一点“车辚辚、马萧萧”的味道。

→ 尼洋河之春：油菜花铺金（海拔 3 500m）

↓ 尼洋河谷山桃怒放（林芝，海拔 3 100m）

我在援藏和调藏期间，所教课程以森林生态学为主，还教过：植物生理学、果树生态学、日语语法以及珠峰保护区干部培训班等课程。为何授课既杂且多？因为学校新建，教师奇缺，又有各方面的需求和邀请，我勉力地、竭力地备课，希望能保质保量地完成教学。

其中有关植物生理的教学，还真具有挑战性。当时距上课时间仅有两个多月。而植物生理学是我1952年学生时代学过的一门课程。有幸的是植物生理学的老专家朱先生亲自为我们授课，他手持两张教学卡片，侃侃而谈，插以板书、图画，带领我们进入了植物生理学科的宏观与微观的世界。教得精彩，学得专注，这是我敢于承担这门课教学的基础。我又遵照教学的“一桶水”与“一瓢水”的关系，广泛汲取相关知识，浓缩其精华与实用部分，以一瓢馥郁的书香之水交付于学生。同时也力求生动比喻，例如讲到树叶的蒸腾效率问题，其中的“小孔定律”和“边缘效应”，也就是气孔总面积等同的情况下，孔小量大的叶片，蒸腾量大，蒸腾效率高；孔径边缘水分子散失得快。学生不理解时，我突然想到一个实例，我说：“咱们学校放电影散场时，你们从门的什么位置出来得快？”学生讲：“擦边，擦门的两边”。我说：“对，这就是边缘效应”。此后，学生们每逢出门，边笑边讲“边缘效应，边缘效应”，相拥而去。

植物生理课我强调实验实习的环节，对生长、发育、光合、呼吸等内容都安排实验和野外实习观测。所以学生反映学习内容丰富有趣，老师讲课透彻流畅。而实际上，我的备课过程极为辛劳，每天工作达十四五小时。但自我学习的收获也极大。

还是那个班，在上森林生态学课程时，我们师生之间已经相熟了。学生对我的教学严谨、严格，有所领教，如上课时间，准时充分，既不拖堂、更不提前下课。所以教务处对我的两次课，一次排在周一的上午第 1、2 节课，一次排在某日的上午第 3、4 节。这就让学生在一周的开始，精神饱满地准时上课。而上到我的第 3、4 节课时，学生们为了能吃到较好的饭菜，都预先托他班同学代买。至于对待藏、汉同学，我一视同仁，我认为正规的、严要求就是关爱。宁愿为一些学生“开小灶”补课，也绝不“送分”给学生，尤其对藏族学生。

学生很喜欢上我的课。我始终坚持“三基本”的原则，还结合西藏现实的生态与资源，更给他们介绍国内、国际的学术新动态，以激发他们的学习热情和思维能力。所以学生们上我的课都特别积极。

我在重视课堂教学的同时，更重视运用校园以外的大自然课堂。藏东南林区，是举世无双的野外大课堂。我带领学生们远、近、高、低，考察各类植被类型，采集标本、调查标地、分析组分结构、解析生长节律、观测季象变化。课堂与野外，互为印证，使学生基础扎实，掌控技能。

我还建议并建立了校园内的苗圃和树木园，也收集资料与实物，逐步建立了标本室及展览室。

此外，我还充分利用“单休”日，组织学生的“兴趣小组”去野外活动。在附近的林区里，考察过程中，既学知识，又观山赏水，“拈花惹草”。中午时分的野炊，篝火一堆，灌木枝条插上馒头，垂挂熏烤，我称其为“钓鱼”，师生们其乐融融。以后每逢周末，学生们都争相问我：“徐老师，这次去哪里‘钓鱼’？”从此，周无虚度，轮番排队参加这种寓教于乐的课外活动。

→ 老虎须，墨脱，海拔850m

↓ 羊肚菌

学生们在行进途中，有时还采野蘑菇（如曾采到重达1 100克的玉髯菌，也曾遇到一株倒朽的青冈木上遍体金耳——银耳属的一种），学生们还“顺手牵羊”，采摘了大田中的豌豆尖，我批评他们，他们反而振振有词地说：“徐老师，你讲掐尖打头、促进分蘖，我们把理论用之于实践。”师生之情，溢于言表。

在珠峰自然保护区培训班的讲学过程中，我胆结石症急性发作，住进部队医院，需要立即手术，摘除胆囊。我要求延迟两天，因为我的课程还有十几个学时未完成，利用这两天，我忍着疼痛，做了录音。在无主讲、只有当时的年轻教师小郑在录放并适当地加以解释（因我有南方口音，学生容易误解），课堂上，气氛颇为悲壮。课后这班学生全体去医院探视我，说从未见过这样的老师。

手术过程，我需要输血，而我的血型是较稀有的AB型。当学院广播站播出消息后，立即有数十名年轻师生登上两辆卡车去医院化验，准备献血。结果，仅有3名学生（两藏一汉）

与我血型相同，无偿地为我献血，给我以年轻的生命动力。而部队医院也是全力以赴，使我半个月后，即健康出院。我真情地赠以锦旗，上书：“服务为人，刀下有神。”据说这面锦旗，至今还悬挂在部队的荣誉室内。既反映了军民之情，也展示了医术之精。

我从援藏到调藏，第一阶段十八载春秋，重点任务是教学，可以说是竭尽全力、全身心投入。学生（年轻教师）远离家乡父母，在藏学习工作，我把他们视为子侄，师生情浓。对学院同事、领导，我们互敬互爱，亦亲亦友。对校园及其周围山林，我由一见钟情而视为家园。因而我常常享受、沉醉在：觉木山下，尼洋河畔，自感既是辛勤的园丁，也是自然的骄子，真是“不羡封侯只羡仙（科学山人）”。我的心平和而宁静，跃动而年轻。苏轼有诗云：“莫道人生无再少，门前流水尚能西。”深感这就是我心境的写照。西藏的教学生涯，更坚定了我“毋需返顾江东岸，留得余晖育栋梁”的相许终生之情。

几十年过去，当年的学子早已成长、成才、成熟，在学术上，有多名专家、教授；在专业管理上，有的已成为所、院乃至省部级的领导人才。栋梁辈出，堪以告慰。

科研天地

我从进藏伊始，就衷心怀着两个打算，一是认真完成援教任务，二是奉行自我使命。其使命的由来是：风闻国外想在西藏建立高山定位研究点，但未被我国官方接受。我仿佛感觉又是天降此任于我。当时通过资料分析，我已初步确定，应该创建我国的高原生态研究领域，把我的森林生态研究扩至高原生态研究，落实在无垠的西藏高原上。

所以进藏以后，我一面致力教学，一面着手规划考察，以农牧学院为原点，逐步放射于藏东南的山林沟壑。

首先，结合教学，实习考察于色季拉山东西坡，由宽阔的干温河谷地带，越岭至温润、茂密的峡谷支沟地段。既教学生在实践操作中，认识海拔、坡向与生境、组分、生长等的关系，又为我此后的高原生态定位站的布局做初步踏察。

次而，我从尼洋河流域的上段开始，沿河及沟考察，反映海拔高差、支沟特色与植被状况的相关性。巴松错林区是尼洋河中上段的一处独特的沟谷系统，冰川形态齐备，冰川堰塞湖（巴松错）和冰川羊背石（湖心小岛），形成了奇美的高原湖区风光，湖水深达 70 米，湖滨的沙棘丛林和云、冷杉暗针叶林，拥绕着深邃而澄蓝的巴松湖。是我们教学、科研的“常设”基地。

有人称这里是“西藏的瑞士”。我说：“何来瑞士？这就是西藏的巴松错。”我还把支沟入口处的峻峰奇树称之为“西藏的梦笔生花”，把附近的尼洋河段中的一座巨型冰川漂砾称之为“西藏的中流砥柱”。

在尼洋河中游的西岸，曾经建立过更张林场，也是我们

巴松措湖心岛（海拔 3 460m，1980 年摄）

经常实习研究的基地之一。这里两岸开阔，但河道略弯，河岸深切，土路颠簸，曾出现过几次险情，一次是一位女记者龚巧明，人车落水。一次是土壤学家卢跃增过小木桥时，为抢救土壤样袋，跌入水中。令我们深感痛惜。我们也曾有过亲历，弯道处车速过快，撞上路内侧的坡面，反弹至坡外侧的河岸边，幸好扎在一堆填路土上，小车三轮脱空，有惊无险。同车的人说："有幸有幸，河边开车，宁可上山啃草，不要下河洗澡。"我想，这一句俗语，真是至理名言。

尼洋河全长 305 公里，流经我们学院门口，流向下游的河漫滩三角洲地带，汇入雅鲁藏布江中下游。此段辽阔江天，滩平草茂，柳林依依，是农、林、牧综合发展的富饶的三角洲。我曾在两江汇合处较深入地考察，在雅鲁藏布江大拐弯外侧的直白村调查到千年以上的古桑树，主干双叉，树冠幅 1 亩以上。还见冰漂砾群，一块巨石，中有裂隙，野桃树扎根生长于内。20 年后再访，此处已是旅游景点，野桃树当然已成长蓊然，遗憾的是导游没有将这些伟大的地史变化、奇妙的生物景观作科学的解说，而是为迎合旅游的需要，牵强附会地描述成爱情故事。

尼洋河南沿的米林县，有一条森林资源丰富的南伊沟，其中暗针叶林生长高大茂密，也有珍稀树种垂枝柏成丛生长，婀娜多姿，林下还有木兰科的含笑等暖湿性物种，沿溪秋色宜人。我们在山坡沿垂直带进行林分标地调查，顺序向上，临近山顶。午餐时，按惯例，在林缘生火“钓鱼”。不久就见有两位边防战士，气喘吁吁地爬上山来，严肃地查问我们。当时，我立即想到，因为地近边界，被误认为是特务了。经介绍后，战士们方知我们是住在兵站的科学工作者。反而帮助我们一道调查了几块标地，由上而下，凯旋而归。

南伊沟还有大片的湿地，在一丛丛塔头甸子上，生长着灌丛或树丛，我们对这类原生的植被类型的分布与生长进行了调查。有一丛柏树 40 余株，密集生长，外形却如同一株，颇为奇特。调查返程时，有一段“路”需在塔头和石块上跨越前进，同行的两位藏族年轻人顺利过去，而我却不慎跌入沼泽，背水向天。只见湛蓝的天空乱云飞渡，其时我却平静地想起，苏联电影《这里的黎明静悄悄》中，女兵陷入沼泽的情景。当然，两位藏族青年立即救我而起，又是一次有惊无险。

高原的河谷地带，别有一番水天开阔、林茂粮丰、村舍宁静、人畜安然景象。而高耸的雪峰，更装点着这西藏的江南、尼洋河三角洲。

色季拉东坡是典型的峡谷地貌，越 5 400 米的山口，遥望 7 784 米的南迦巴瓦峰。汽车在杜鹃、冷杉林中穿行而下，

南峰高耸 山村宁静
（米林派区直白村，海拔 2 900m）

沿路云杉林、高山栎林、华山松林次第分布，林下灌丛、林缘野花纷繁。东久沟在路的北侧，这也是一条天然林较为完整的支沟。我们进得沟中，迎面就见一条碧蓝的溪流围绕着大片的滩地，高山松中龄林生长得均匀而葱茏，是一片绝佳的高山松用材和松脂的后备资源。而据说沟内要建林场，村民希望林场建在对岸，就可修桥，但这片中龄林必然不保。我为抢救它免遭砍伐“夭折”而奔走呼吁，最终得到了自治区林业厅领导的支持。

时过20年，再访东久沟，见这片高山松林依然森森耸立，似乎向我致以老友的问候。前行至林场，场领导和工人们围拢而来，并说已经听到你徐教授进藏的消息了。正在欢叙时，一只全身灰脏的白毛小狗远远地向我奔来，躺在我的脚上，我备感温暖。树迎、人迎、连小狗也神

↑ 林中小村雪后初霁（鲁浪，海拔 3 500m）

→ 烟雨朦胧中的亚热带常绿阔叶林（雅鲁藏布江大拐弯，海拔 2 300m）

奇地迎接我，我的情真是留在了西藏高原的山山岭岭之中了。

海拔 2 300 米的易贡湖区，山地暖温带的树、灌、花、草，以及连片的茶树，笼罩在霞光薄雾之中。尤其在清晨，湖面上雾气飞扬，似乎飘忽着柔曼的轻纱，映衬着对岸峻峭的铁山和坡面上高耸的藏柏、润楠等针、阔叶古树巨木。

易贡湖也是一座冰川堰塞湖，连年冰融泻水，几乎年年雨季发生冰川泥石流，塌坡堵路，与著名的大塌方区连体性地遭灾。而这一带的植被却极为丰富多样、生长极为优异，是我们钟情考察之处。每年多次巡回往返于此。

我除进藏时首次在此过溜索，其后又经历了两次，一次被视为炸药包运过溜索，一次在 1986 年，泥石流大爆发，毁桥断路，积水“造”湖，据说有 98 辆汽车被卷入激流。那次，我们曾守在岸边，等待架桥过索，其时有一名内地工匠被围在水滩中，我们的年轻人持小树干相救。被救上来的他面色如土。只听如雷鸣般的巨石在浊浪中滚动，四周坡塌树倒，真似天崩地裂。我们就一个个地在长约 120 米的溜索上通过，一块宽 15 厘米的木板，两根铅丝一只小弯钩挂在溜索上。我首先坐上木板，溜到河中时，上下起伏达 80 厘米左右。若稍有不慎，两腿离开木板，必将随着这一股泊隆藏布江和易贡河的汇水流入雅鲁藏布江，呈“零部件”经大拐弯出境了。

藏东南峡谷，由于地质构造的强褶皱、大断裂、深切割，稳定性很差，形势极险，但生态极优、物种极丰。我常常立于藏东南的峡谷、河谷，神驰藏西、藏北的羌塘草原、高寒草甸、干荒瘠岭，还有南沿喜马拉雅山脉一线的东坡诸大沟谷，其类型的丰富度、兼容度真是达到极致。更坚定了我在这一片神奇的高原大地块上，创建高原生态研究领域的决心。我愿像苦行僧那样三步一叩首地，在行、在做、在用心灵和双手把它奉上科学的圣殿、坐上早已虚席以待的宝座。

木屋情缘

两年援藏，期满出藏，我赴京汇报。

一是向林业部作汇报，援藏任务，不辱使命。同时，介绍了常人未知的西藏林区优异的森林资源和生态环境。唐副部长代表林业部肯定了我的教学和科研考察，并再三向我致谢。

二是向国家科委汇报我国高原生态研究的意义，申请创建高原生态研究领域和高原生态研究机构（即始终拥绕于怀的“小木屋”情缘），甚至还汇报了我对全球高山生态定位布局的设想（从纬度带和大山脉来看，欧洲东西走向的阿尔卑斯山脉的 4 810 米的勃朗峰、高加索山系的 5 642 米的厄尔布鲁斯山、美洲北南走向的落基山脉的 4 992 米的雷尼尔峰、安第斯山脉的 5 230 米的基多桑盖火山以及赤道附近的 5 895 米的乞力马扎罗山，而我国的 8 844 米的珠穆朗玛峰是群山之首，是全球高山生态“网络”的核心）。科委的童大林主任、吴明瑜副主任和黄宗英同志饶有兴趣地听取了我“天方夜谭”式的设想，还非常支持我请调西藏、创建高原

梦中心上的小木屋
(海拔 2 980m)

生态研究领域的申请。

又经过 6 年的多方呼吁和林区考察，方遂攀云之志！

我怀着一腔依恋，无限憧憬，决心重返。赋诗一首：

人回江南心未返，梦魂萦绕云树间。
功名得失慵挂齿，事业长存勤登攀。
松涛声声迎远客，雅江滔滔洗征帆。
重上高山归林海，面壁十年也心甘。

1985年正式调入西藏后，首先着手建立西藏高原生态研究所。此所的建立颇费周折，由西藏农牧学院申请报文，经西藏自治区政府办公会讨论，郑重决定建所，并任命我为所长。

为了争取建所资金，我连续3天等待在自治区副主席拉巴平措家门前，终于见到了百忙中的他。他感动地对我说："感谢徐老师如此执著地为我们西藏辛劳。"特批了60万元建所费。当时的60万元，含金量甚高，建了一座2 600平方米的科研小楼，观测站、苗圃、宿舍、围墙兼备。使得这座科学的"小庙"矗立在雪峰高耸、暗针叶林环抱的尼洋河畔。

西藏高原生态研究所规模虽小，人员亦少，但却是我国高原生态研究起步的地方，也是我梦想成真的地方。我更把她当做热爱西藏高原的科技人员之家，我爱称其为"高原小木屋"。多少次外业考察归来，多少个暮鼓晨钟，这座小木屋是我净心洗尘、专心研究、潜心思考、皈依自然的温馨之地。

这座"高原小木屋"，倾注了我的满腔激情和十分的努力。

我借赴京予会之际，去全国人大向大书法家周谷城老先生求墨宝，希望他的书法高悬在海拔2 970米的西藏高原上。周老先生欣然命笔，第二天即把"西藏高原生态研究所"的苍劲的大字赠与我。

在生态楼的大厅里，我把高原生态研究所的宗旨大书于上："努力揭示西藏高原生态优势，合理开发西藏高原生物资源。"书写者是书法远优于我的夫君范自强教授。其中，"合理开发”是我衷心的期盼。由于此宗旨始终在心，故2005年再进西藏时，我提议对其完善，改为：“努力揭示西藏高原生态特色，合理开发西藏高原自然资源。”

我还为了充分利用这个小小的生态楼，不但有展览室展示西藏高原的景观、资源的图片标本，还利用所有回廊，广布有关科教的图片资料。同时，还建立了分析实验室，请范自强先生布局设计，而且边建设、边利用。进行了几项成分分析，以科学的数据揭示西藏高原的自然资源优势与合理开发利用的价值。如尼洋河、雅鲁藏布江及山泉水的水质分析；高山松松脂、松节油的成分分析；几种食用菌的成分分析；沙棘果实的维生素C、油脂、糖分的分析等。操作科学细致，结论很为理想。证实了水质优异，更首次分析出高山松脂松香的色泽、透明度属特级标准，脂松节油的各项指标达优级标准。同时，为使沙棘果实“变废为宝”，试生产了系列饮料。

这座小小的生态楼，似乎“引进”了高原的广阔天地，汇集了高原的精华资源，也使我们度过了辛勤而充实的日日夜夜。当我们连续24小时观测，回归寝室时，感动得党委汪书记炖好一锅热腾腾的稀饭，给我们作宵夜。在这繁星满天的夜空下，实际上也深深地感动了我们自己。

我们的野外考察工作，当然是主体。除了继续做各地域、各类型的森林植被考察以外，还重点从事了高原森林生态的定位研究（半定位、季节性定位和定位），在所内设了一个常年定位站；学院内山坡上设了两个不同林分的逐日自记观测点；更在色季拉山东西坡，按相应的海拔，设置了7个定位点，进行季节性定位观测。观测项目有：林分的生长、生物量、树冠径流；林内小气候综合指标；地被物及土壤的物流、能流等。

范教授到西藏参加高原生态研究所实验室的建设

在西坡河谷地带，海拔 3 000 至 3 500 至 4 000 米，越山口至东坡的海拔 4 000 至 3 500 至 3 000 至 2 500 米设点。从西坡海拔 3 000 米的巨柏古林向上至山地温带云杉林、寒温带冷杉林，东坡相应的冷杉林、云杉林以下，由于是峡谷下段，海拔 3 000 米的针阔混交林生长优越，而海拔 2 500 米的山地暖温带的阔叶树种和温性针叶树生长更为茂密。

我们本拟从不同坡向、不同海拔高度的生境差异，分析对林分的综合影响，以期较细致地反映高原生态的优势特点及其变化。但是，定位观测工作单调而艰险，春、夏、秋、冬四季，每季 15 天，每天往返于一个坡面的 3 点之间。

为何东坡的 4 点变为 3 点了？因为夏季大塌方，我们眼见东坡的 2 500 米点被对岸的塌坡跳跨溪流，冲毁定位站，真有泰山崩于前之势。而西坡的 3 500 米点的路段，山道弯曲，目睹了一次翻车事故，林业局的小车，一伤三亡。与我相识的蒋局长，就在此次殉职。

至于冬季的观测，又是别样的艰险。1 月的西藏山区，常常雪深过膝，在西坡 4 000 米点，我们一步一陷地去收集

雅江大拐弯峡谷
云雾中的常绿阔叶林
（海拔 2 300m）
（摄影：李渤生）

数据，但一经踩踏的雪地，立即成冰，我只有一步一跪地向坡上爬去，每跪的一瞬间，裤腿就被冰面冻结了，再想挪动时，必先扯开裤腿，与冰面分离，方能前进。定位工作虽然艰辛，但这是我们生态所的主业，因此，一直坚持，最后集中至东坡 3 500 米处，规范、增项、完善。

高原生态研究当然是以野外实践考察为主，何况我们似乎被大实验基地所包围，处处有探索对象，处处有珍稀资源，处处有美景，处处有惊喜。所以，我们一年中多在外（生长季节）少在所（内业整理）。

有人问我，徐老师，你不寂寞吗？我如实告之：寂寞，也不寂寞。第一是野外工作时，面对如此丰富多样的景观与资源，没有时间寂寞；回所后，内业整理，工作繁忙也没有时间寂寞。但略有闲暇，也有寂寞。俗话说："人非草木，孰能无情。"我有家有子女，也非常想念他们。但是客观距离存在，无法沟通。于是自我排解，自找"伴侣"。

大自然就是我的一位大"伴侣"。当我站在"高原小木屋"

的屋顶时，远眺绿如蓝的滔滔的尼洋河水和五业兴旺的尼洋河三角洲；近观觉木沟雾林带（海拔 3 100 米以上）上的一处“飞虎下山”奇景，其实这是一块暗针叶林中的空地，疏草岩石，构成了酷似老虎的景观。而且随季节“毛色”变化，春为绿老虎，秋为黄老虎，冬为白老虎，须眉毕现，神态逼真。这处小小的奇景，颇为吸引眼球，使人忘却乡愁。

树木花草也是我的“伴侣”。当清晨无眠时，我也怀乡、怀家，也有寂寞之感。但随着晨曦起身，走向薄雾、露珠装点中的花草树木，拍下她们的娇媚，拍下她们的生机，我的心也宁静而温柔了。尤其是一次，我还在校园后见到桃花映雪的奇景，那绽放着的野桃花（光核桃）被夜间的薄雪包裹着花冠和花蕾，结成了冰晶和冰凌，面对着这一朵朵“冰桃花”，我想：“你大概是宿醉未醒，就被冰住了吧？”这又让我联想到，在哈佛大学玻璃花标本室里看到的各种冰晶的花朵，但是，在我们高原，冰花就在自然中。面对如此奇景，我还会寂寞吗？

我更有一伙为我排解寂寞的灵动、依人的“伴侣”。如一只西藏画眉的幼雏，跌落在我院中，路过的董老师，送给

农牧学院后山的林中草坡——形似白虎（觉木沟，海拔 3 700m）

我喂养。小鸟依人，我深切体会了。我在书房工作时，听到轻轻的敲门声，开门一看，无人，低头再看，小画眉来找我。午休时，虚掩的房门似乎为它留了一条通道，它跳跃地、踱步地来到我的床前，扬着头、啾啾地唤醒我。更有趣的是，一次《中国日报》的一位朱记者与我对坐交谈，只见小画眉跳出它的鞋盒纸“家”，跳上我的脚，沿腿而上，跳到我的手心中，在适意的啾啾声中，安然入睡。记者被此情景所感动，说，徐老师，看来你在高原也寂寞啊。我说，我和小画眉相互依偎（慰），何来寂寞之有？

我还喂养过一只小熊，是老乡从觉木沟中捕到的，送来生态所，以800元买下，我命名它为“鲍比”（八百的谐音）。住在我的卧室兼办公室中，夜来睡沙发，白天喂牛奶，经常衔着罐头盒改制的小碗，围着我讨奶喝。我下楼去餐厅时，它随我而奔跑，其行动与大熊无异。它也伴随着我度过了一段温馨的时光。

还有几只小狗，也分别做过我的忠实的朋友，与我同喜同忧，在我因工作被人有所误解而独自垂泪时，小狗“阿信”伏在我的膝盖上，用柔软的小舌头轻轻地舔我的手，来宽慰我。我真感到，生灵朋友，情感相通，甚至胜过某些人类！

我们这座小小的生态所，也不时有各方同行和游客造访。除了学术交流、参观展览外，也留下了不少趣事和友情。例如，有一位年过六旬的老先生单人骑自行车进藏，来我们生态所想请所长留言，我有感于他年龄与我相仿，勇气可嘉。我即兴写下了：“单骑度关山，年长只等闲。高原万里风，祝君旅途安。”让年轻人交付于他，老先生看后甚为高兴，一定要求面见所长。当我下楼时，只见他面带惊讶地说：“没有想到原来是一位女士，而且头发花白。”

徐老师和小熊
（摄影：郑维列）

有一位王记者与我一道进藏，又在生态所细细参观，她走后，我们发现展览室的留言簿上，她书写下“侠骨柔情，写天地之至美。”我想，“至美”是当之无愧的，但我岂敢自认“侠骨”，只是一个普通的科技工作者，做了自己应该做的事而已。

“高原小木屋”中的十载春秋，有繁忙之时，也有宁静之日。我往往静静地楼门深锁，独自论著，两耳不闻窗外事。一天傍晚，牧医系的小阎老师来所找我，见楼门反锁，楼上灯光一束，知道我在工作，悄然离去。事后告诉我，原来中央电视台播放的“中流砥柱”节目中，大概是介绍了李四光、钱学森、邓稼先、陈章良和我。学院里看到节目的人都很振奋，就我一无所知。她对这种心静如水，闭门钻研的精神，感慨万分。

林海弄潮

我从滨海平原经丘陵山系，虽然处处寻树探林，但攀上藏东南后才感到投身于真正的林海了。于是我攀峰下谷地在这无垠的、深沉的、多样的、壮美的林海中，起伏弄潮，如痴如醉。什么艰难困苦，我都视其为甘甜享受；什么女士不宜，我忽略性别，我想：痴情于科学者，可算是“中性人”；什么人到中年，对自然而言，我永远是青春学子。

藏东南的林海，我印象最深的、探索最深入的有：波密岗乡林区、墨脱林区、雅鲁藏布江大拐弯林区和察隅林区。

岗乡高蓄积量林分的探测

波密岗乡林区，我连续 7 年在生长季节驻地考察。那一片神奇的高蓄积量林芝云杉林，吸引着我年复一年、越做越细地去揭示特异的林分与优越的生境之间的相关性。

但是，这 7 年的进入过程，极难、极险。既有踏雪过沟，力求避免“一失足”之虞；也有车过朽桥，几乎车毁人亡之险。情况是：那座桥由七八根原木搭成，铁钉钩连。由于年久多雨，原木朽，铁钉锈。当车过桥时，我下车在前方观察，眼见车在桥上走，原木两边分，寸秒之差，就可能连车带人坠入激流，真是千钧一发！

还有一次进岗乡时，货车油尽熄火，司机在车头前的一根细管中注油时，猛然起火。当时我在驾驶室中，学生们一边用棉大衣扑火，一边将我拉出车外。 至于过独木桥的情景，那走着的、骑着的、跪着的、爬着的等形式，就视情况而定了。但蚊虫、小咬的晨昏侵袭和“草耙子（螨）”的扎入皮肤吸血的经历，倒是令人难忘。

岗乡之难进，并未影响我们对他朝觐的热切之情。首先，我们经过一个小村，这个小村及其周围的景观，立即触发了我以诗表述：

小小的村庄，
静静的池塘，
杨树挺拔柳丝长。
这是我心仪的江南故乡吗？
不，
这里有壮美的苍松拥绕，
连天的雪峰环抱，
这是西藏的岗乡，
人间的“香巴拉”，
我终生魂牵梦绕的地方。

村旁有1公顷1 000多立方米蓄积量的华山松林，有1公顷900多立方米蓄积量的高山松中龄林，还有栖息于阔叶混交林中的千万只绿毛鹦鹉，当我们行经林下时，群鸟轰然起飞，就像一大片绿色的云彩鸣唱着飘忽而过。

我站在一株野杏树下，山谷中的轻风把花瓣吹得飘摇而下，落在我的身上、落在地上，真是落英缤纷。我被这一份宁静、这一种天籁之音、这一种自然纯洁之美，震慑了，陶醉了，潸然泪下。面对如此温润、和谐、宁静、多样、高产的自然福地，我更加决心要细致地研究、真情地展示、极力地保护，以期传诸后世。

这座山村对我们也很为欢迎和支持，先后有两位护林员阿布和阿弟为我们引路，陪我们日日工作于林中，还带自制的烤饼、酥油茶与我们共享。

曾经有几批人来林中探访我，询问村民时，他们都手指林中小路，轻声细语地说：“辛娜卓嘎！辛娜卓嘎！”就是指我这个在林中的女士。后被黄宗英同志的《小木屋》演绎为“森林女神”，我是绝不敢承当的，普通之人尔，岂敢称神！

在岗乡，除了对几种不同建群种组成的林分调查外，集中对林芝云杉为主组成的山地温带暗针叶林进行了调查分析。7个生长季节调查的过程是：1980年，首先踏察高蓄积量云杉林。因从资料得知，此地域内曾有1公顷2 500立方米左右的林分。在海拔2 700米的大卡湖边（帕隆藏布江弯流）看到了湿地宽阔、湖水浅浅、岸边开满了星星点点的委陵菜的黄色小花和紫菀花，水中游弋着长三四十厘米的鱼群，茂密的云杉林缘，几匹马在闲散地吃草。仰视蓝天、白云、飞鸟，俯观鱼翔浅底，我在感官上、思绪上、心灵上均美不胜收。

其时，恰逢一放牧老乡，他告知我们，附近的几处“弄巴”（支沟），有“忙咕、忙咕”（很大）的森林。我们逐步进入了巨木参天的密林，密到胸径1米多的大树，三五集群，株间相距仅数十厘米，树冠郁闭相连。这样的林分，在我以往调查的各地区的森林中，从未见过。真是惊艳、惊奇、惊叹！

从此，我连续六载，就为调查这片高蓄积量云杉林而来，安营扎寨（小帐篷），埋锅造饭。标准地的调查面积，从600平方米1块，扩大至0.25公顷、0.5公顷，乃至实测1公顷。调查内容，有每木检测、林下植被对角等距样方、树干解析（分别径阶）、生长量和生物量测定以及根系的分布与生物量。真可算是“上穷碧落下黄泉”。为的是：将这片海拔2 750米的谷底缓坡、气候温润、土壤肥沃、土质疏松、微风和煦的优异的综合生态条件下的高产、优质、长寿的天然林，分析其形成因由，反映其实际状况，预测其发展趋向，将其展现于世。期望共享、共珍与共保。

这块林芝云杉林测定结果是：1公顷蓄积量达3 831立方米，为高大（主林层平均高65.1米，平均胸径114厘米）、高龄（主林层平均年龄250年）、高蓄积量的藓类—云杉林。

林分的垂直层次完整，共有7层：林木层、更新层、灌木层、草本层、苔藓层、藤本层（层外植物）、凋落物层。尤其是苔藓层、藤本层发育充分，颇有温性雨林的特征。

至于林木层还分为3层。其中的第一林层是从胸径80厘米以上的立木算起，平均胸径114厘米，幅度从80至186厘米，平均树高65.1米，幅度54至71米的立木98株；第二林层平均胸径60.6厘米，幅度50至72厘米的立木，平均高度45.0米，幅度38至53米的立木30株（仅此一层，如在内地，就是少见的大林了）；第三林层平均胸径39.5厘米，幅度28至48厘米，平均高度35.0米，幅度32至38米的立木所组成，在其他林区，也算是整齐的林分了吧。

此林分整体的粗、高、密的程度，对于未亲眼目睹、亲手测算的人来说，难以想象。但现实是此林分的存在，在全球云杉属的林分中，可以说是举世无双！（详见《西藏高原森林生态研究》书中《西藏波密林区高蓄积量云杉林的结构、生长与生物量研究》一文）

我在《中国国家地理》杂志2005年10月号，选美中国——中国最美的十大森林的介绍中：在壮观的林木层蔽荫下，林内温凉湿润，灌木和草本均匀分布，苔藓层发育良

好，形成几乎遍布林地的绿“毯”。林内的藤本植物茂盛，藤粗三四十厘米，而且可蜿蜒至树冠层，加上松萝飘弋，形成湿润暗针叶林的典型景观。如此壮美的高原山地温带暗针叶林，恐怕在我国乃至全球，均属罕见。

对于这座优异的林分，其资料和结论的取得，真算得上吃遍了人间自然之苦。几个人沙丁鱼式地挤在小帐篷中，甚至小山洞中；吃的是冷热无常，饥饱不定；行中常遇深沟、倒木纵横、独木桥湿滑，若失足则不是落水就是被倒木刺穿；至于小动物，从毒蛇到蜱螨，眼见它们索索地朝着人的气息而来，而我们这些“庞然大物”的人却避之唯恐不及地仓皇逃窜。

我们的野外测量过程，为了测定各龄阶的生长量，需伐解析木。曾做了胸径 134 厘米、树高 71 米的大解析木。伐倒时，要控制倒向，避免伤人，但也要争取采样完整，力求数据准确。树倒时地动山摇，枝杈四溅，也会伤人。所幸我们工作过程无人受伤。有意思的是，当倒木时，大家叫：“徐老师，你跑得慢，你先跑！”我说：“你们先跑，顺着树倒方向去找树梢，尽量找齐，准确反映树高。”伐倒的树干分区段，取圆盘，背回驻地，进行内业。而树根部的圆盘（0号）要就地由圆心向外查数树龄，四面方向四人同数，要求同“数”。

这道工序似乎简单，但两百多年的树龄，年轮致密，跪在阴湿的苔藓地上，数小时的工作，使我们头昏眼花、腰腿酸痛。但我们仍然苦中作乐，我请年轻人吃硬糖块，后来变成了“专利”，说是徐老师的“糖衣炮弹”。抽烟的朋友，平时不太敢于在我面前抽烟，当时也神气活现地抽起烟来，因为烟雾缭绕可以驱赶蚊虫、小咬。我们的藏族朋友岗珠，即将结婚，看到我带的女式手表，问：“哪里可以买到？”这是我先生范教授首次去美国考察，用有限的零花钱，买来送给我的。我当即褪下手表送给他，作为送给他结婚的礼物。

我们每天在林中工作到夕阳西下，背着树木、土壤标本和仪器设备，虽疲劳，但愉快地唱着：“日落西山红霞飞，……把营归，把营归。”回到宿营地。这些过程和情景，我至今印象鲜明，历历在目。

岗乡的这一片林芝云杉林，使我戴上了“大森林的情人”这顶既浪漫又容易被误解的帽子，赠送者就是我称她为“科学知己”的黄宗英同志。

我在考察这片森林时，赢得了很多友情的关怀，每次考察有同行、有藏族朋友，我们同甘共苦。甘在欣赏山水树木，甘在精神的脱俗净化；苦在钻帐篷、吃冷餐、攀险路、挨虫咬。方能为这片神奇的森林，做成了一点探索、展示和呼吁保护的工作。

这期间，最使我感佩与感激的就是黄宗英。她不但3次伴我于岗乡野地，而且“见庙叩首”式地为我向有关业务部门呼吁，争取高原生态环保机构和措施的落实。可以说，没有她的跨行业的理解支持和鼎力相助，我的此番事业能否顺利进展，很难预料。而她进藏活动时已属于老年女士（她比我还年长6岁），体弱多病。进藏后，又得了严重的高原综合不适症。所以，我对她既有由衷的感佩、感激之情，也有深深的愧疚之意。

我与宗英姐相识、相知的过程，偶然、浓情、持恒。

1979年，在成都的一次科学大会上，我作了介绍西藏、呼吁建立高原生态研究领域和长期定位的报告。她作为一名文艺工作者，却敏感地对我伸出了支持科学、支持生态环保事业的绿色的巨擘。初次见面，分别时，她说了句：“我们西藏见。”我当时并不以为意，而且似乎对文艺圈的人还有所偏见。

1982年，当我在藏南沟谷考察返程时，日喀则的广播站中，正在播送一条黄宗英、王若望等文艺界人士在藏考察的消息。我想，她还真的进藏了，似乎还包含着来与我践约的因素。在拉萨相遇，我还是念我的高原生态、定位研究、环境保护之“经”，她居然不顾自己年长体弱、不顾领导反对、不顾为她的夫君赵丹的周年祭和女儿赵青的舞蹈专场演出，毅然决定退掉机票，随我去藏东南岗乡考察。还说：“这是一个踏破铁鞋无觅处的人和事。”我甚为吃惊，不敢想象！

这是她第一次伴我于岗乡野地。她为我们做后勤保障，做饭、晒被，使我们享受了过去没有的热汤、热饭、热被窝。夜里，我和她在小帐篷中，在两人都无眠的情况下，她谈她的经历和家事，以及文艺界朋友在“文革”中的种种遭遇。

我印象最深刻的：一是赵丹的两次坐牢，第一次是被军阀盛世才囚于新疆，为党坐牢（当时他还不是中共党员）；第二次是“文革”期间，被党坐牢。两次共达11年！二是讲上官云珠拒演“唱堂会”的剧目，“文革”中被逼跳楼自杀。这些交谈使我感到，无论科学界、文艺界，人品均有清、浊、高、下之分，而感情都是相通的。

我也敞开心扉，谈我对高原生态之情和曲折、受挫之感。还说，高原生态定位研究只要在森林中建一座“小木屋”，我愿奉献终生。但是，如若不能建成，则“小木屋”将永远在我的梦中，在我的心上！

当时，一缕晨曦照进我们的小帐篷。只见她，两眼炯炯发光，抽着的一支烟也红光一闪一闪。她说：你这个“小木屋”之梦太好了，我和你一起做，先把它搭在纸上。这就是“小木屋”（高原生态研究所以及后来的灵山生态研究所）之名的由来，也是我称宗英姐为“科学知己”的由来。

宗英姐除了为我们做后勤以外，还要随我们过沟爬坡到工作林分去，说，一定要看看你所说的多大、多美的森林。她亲眼目睹后，说：“难怪你如此痴迷、陶醉，连我也醉了。”她还为我们作标杆目测胸径，两手侧平举，说：“我身高1米67，展开也是如此，这棵树真粗壮啊！”同时，高兴地大叫：“我被徐老师钉在大树上了！”

外业结束时，我们来到达卡湖边。在温柔的、金色的夕阳的散射下，湖区更加静谧，仿佛听到了遥远的天籁之声。她与我并骑缓行，环视密林群峰。感叹道：“凤翔，你钟情的地方，真是人间的香巴拉！我预祝你的‘小木屋’由纸上扎扎实实地落到这片大森林中。”于是她下马临水，心灵手巧地折了一只小纸船，要我许愿，我的“一息尚存，不落征帆”

和几支小黄花就随船飘向帕隆藏布江。

野外生活中也曾出现过重大险情。一次返程中，所采的野蘑菇汇入罐头肉，做成了一锅汤。晚餐时，大家还评论今天的汤格外鲜美。入夜不久，便不断有人呕吐腹泻，折腾了一夜，次日大家都绵软无力，外业工作难以进行了。此次考察，有幸得到野战部队的支持，派了两名战士，一位是排长格桑，一位是战士小尼玛。那天小尼玛出沟到团部取信归来，惊奇地看到我们未出外业，方知我们蘑菇中毒了，还说："今天你差点就只看到已经'睡去了'的我们。"小尼玛对我们说："如果你们死了，我也一定去死！"说着，眼眶里积满了泪水。此后，宗英姐身体更加虚弱，大家劝她先回团部，等待我们。临行时，她仰视山林，对我们说："天冷了，雪线就像裁缝师傅用的粉线袋向下掸了一条线，你们也尽快收工吧。"

十数日后，外业结束。联系了相识的冯随科师傅，希望载我们经川藏线回内地。时届深秋，按惯例，川藏线已经结束了一年繁忙的运输。车队特批冯随科司机为我们单车出藏，载着两位合计 110 岁的中、老年女士，以及采集的枝叶标本、土壤样品等。

途中最险的一段是夜闯冰雪二郎山。当时，冯师傅紧张得脚踩刹车、半坐半站、满头大汗，热气腾腾。而我忙着左右观看冰凌枝叶的奇景，同时还布置坐在右侧车窗边的宗英姐，报路况标志。她忠于职守，但其中还报了一个"儿子"，冯师傅立即纠正是窄路（亅L），我说，我还以为你想儿子了，三人哈哈大笑。此后每逢窄路，她都大呼"儿子"！就这样，她历时 72 天的随队考察采访，艰辛而愉快地结束。到达成都后，她大病了一场！

我想，大概很难有人像她如此地深入生活，真诚地被事业所感染，而竭力投入。联想当今，也有人稍访即写，草草发表。相比之下，职业操守的差别，一目了然。

1984 年，她撰写的报告文学《小木屋》发表。随后，她带领电视片《小木屋》摄制组进藏，这是她第二次伴我于岗乡密林。她真的把儿子赵劲（电影工作者）也动员进藏参加拍摄，白杨的儿子蒋晓松是该片的导演。他们把岗乡自然环境的优异和高蓄积量云杉林的伟岸、壮美、多姿、多彩反映得细致而淋漓；把我们外业工作的艰辛与享受也反映得具体而生动。我代表这一片国宝林分由衷地感谢他们将其呈现于世，这部电视片在 2008 年获得国际科教片铜奖。

1994 年，她的年龄与身体均已不适进藏了，但她为了支持我们的雅鲁藏布江大拐弯考察，第三次进藏，辗转又进入岗乡。

在我们的原宿营地上，已经树立了“岗乡自然保护区”的石碑。我和宗英姐站在石碑前，看着碑文，热泪盈眶，欣慰不已。我对宗英姐说：“这其中有我们大家的呼吁和劳作之功，更有你宗英姐对高原生态事业、对这片岗乡密林的浓情厚意啊！”

对于这段刻骨铭心的友情，我曾在岗乡的野地帐篷里，著文赋诗。

值 1994 年春夏之际，我率队探幽于雅鲁藏布江大拐弯，为高原生态、西藏珍宝的科研考察作最后一搏时，我的科学知己、生死之交宗英姐不顾七旬高龄、金秋燕尔，三赴西藏，义举援我。高原不适、病榻缠绵，均未改其初衷。待大病初愈，即与我过塌方、渡险滩、跨危桥、重聚于岗乡。露地甫至，下车纵观，宗英姐疲惫无迹，笑靥星灿！窃思凤翔，何德何能？遇知音、承暖流。面对山川之隽秀，人物之英才，思绪潮涌，慨而感之，短文小诗，寄感抒情！

十载重聚在岗乡，雪峰白首遥相望。
溪流淙淙诉别情，古树野花送幽香。
细雨润发晶莹露，晚霞照影人成双。
密林巨木千秋护，科学知己天梦长。

摄制组的朋友们也每天随我们攀坡入林，在这片美轮美奂的天然林中，他们既像孩童般天真地惊羡不已，又不惧艰险地上树下沟，拍摄作业现场，还帮我们做一些测量工作。日暮回归，常在营地后的溪流中洗尘嬉戏。他们还要求我给他们起藏族名字，称之为“水边命名大会”。我只会反映自然现象的简单词汇，如尼玛（太阳）、达娃（月亮）、拉巴（风）、嘉措（大海）、格桑（花）等，他们一一认领，大呼小叫地泼水助兴。而我则在水边洗脚，口中念念有词：“濯足万里流。”旁边的初小玲，问：你在“促促”什么？我故意取笑她：什么大记者啊？“濯足”都不知道。她也回敬我：什么大教授啊？“濯足”讲成“促促”！我们就是这样有辛苦，更有快乐地活动于山林野地。

考察结束，即将离开岗乡，我们组织了一次野外联欢会，北京电视台的几位朋友、《北京日报》的记者初小玲同志、护理宗英姐的西藏军区医务人员，还有林芝地区科委的技术人员，以及我们高原生态所的科研人员，约有二三十人之多。与以往的三五人小组相比，可算是人丁兴旺了。演出节目中，震动我心灵的有两个，一是初小玲同志的“长城外，古道边……”这首往昔的艺术歌曲，在这种柔和、宁静的原生态环境中，在夜晚轻轻的凉风吹拂下，在一堆篝火、几盏汽灯的微光中，初小玲那柔曼的、抒情的、好似娓娓道来的歌声，把人引向了苍凉、引向了怀古。第二首歌是我推荐我们生态所的郑维列同志唱的，是一首把人融入自然的歌曲。我只记得有：“我是一条山间的小溪……”是他经常边走边哼唱的一首歌。我常常感觉似乎这就是我的灵魂，我就是那流动不息的小溪中的一滴水珠，汇入水系、汇入群山、汇入大自然怀抱的一个小分子。我常常边听边无语凝咽。这首歌与当时的环境氛围极为贴切，我推荐大家共同欣赏。

对于岗乡高蓄积量林芝云杉林，我著文阐述，向学术界和社会郑重介绍。但是反响却不一，主要是对高蓄积量之高，存在异议。在我国西南林区长期工作的同行，多较认同，而且还对工作的细致、翔实很为赞赏。国外的同行，尤其是美国、法国的学者，不但没有异议，还曾想用其与美国红杉作对照，分析发表。也有一些区内外同行持有异议，好在有人亲临岗乡，在我们的调查标地中复查，此后未有反映。我理解为是未查出显著差异的表示。我向这些同行致敬、致谢，因为亲临现场验证是最科学的态度，眼见为实嘛。

在这项工作报奖的过程中，也有曲折。在西藏科技奖评审时，有人认为林分生长、生物量的研究多多，对我们的项目不予重视，经我向评委会介绍项目内容、考察过程以及展示西藏的资源珍宝后，当场不少评委脱口而出：“一等，一等”。会下，尤其是藏族同行，对我把西藏这处宝藏，通过努力揭示，展现于世，充分肯定，当面致谢。

当时，奖金 5 000 元。我自思，资源出自西藏，工作集体出力。其时，正值 1998 年大洪灾，我国发言人宣布接受国内外捐赠，我想将此款全部捐赠，经自治区科委主任建议，应该给参与工作的人员留点纪念，于是，我向江苏省捐了

4 000 元。

此后，在申报国家奖时，也曾有同行专家质疑，本项目的结论与国际上相应的公式是否一致，我告以“都是实测，是具体地块的数据”。我感到，这是因为此林分的生长量过于优异，而未实地考察者，难以想象，可以理解。这就成了一段“科学的公案”。

未曾想到，时过 20 余年，《中国国家地理杂志》的一位朱记者，在西藏高原生态研究所采访。他曾告诉我，高原生态研究所的后继者，对我的创建之功、科研实绩、严谨学风是记忆深刻的。尤其谈到我所的方江平同志，近年测定了一株林芝云杉立木，认为 1 公顷蓄积量的确超过 3 000 立方米。这一段“科学的公案”，似乎要逐步浮出水面了。

墨脱物种的多样与珍稀

20 世纪七八十年代，对于墨脱的重视与考察，除了中科院的有关专业团队以外，不但世人知之甚少，更是绝少有人探访。我从有关资料得知，墨脱是藏东南林区极为幽深繁茂之地。她位于喜马拉雅山东端南坡，为峡谷之下段，雅鲁藏布江出水口的地带，印度洋暖湿气流长驱北上，是低山热带雨林发育极佳之处。被业内人士认为是“极美、极丰、极难、极险”之域。对于如此之神秘而极具魅力之地，我久已仰之。于是我三探墨脱。

1983 年，我只身进藏，路经昌都，当昌都林业局的同行得知我将进墨脱考察时，义举助我。无条件地派 3 名年轻科技人员同去考察，还说：“谢谢你，培养我们的科技力量。”其中林晓平、岗珠是农牧学院我的学生，另一位是仁登嘉措。到达派区（地名）时，准备随同进沟的解放军官兵同行。他们首先很感好奇，营长用浓重的四川话问：“你老婆婆了，还吃辛吃苦进去干啥子哦？”我告以为了考察墨脱的珍稀物种、优异的生态环境，他们热情支持。

进沟过程既无车辚辚，也无马萧萧，而主要是负重步行，翻山越岭。首先是要在中午狂风大作前，翻过海拔 4 200 米的多雄拉山。当时，6 月下旬，开始解冻，而山顶部还有一个运动场大小的冰帽子，呈冰波浪状，是翻山越岭的必经之地。这样的路段对我来说，举步维艰。部队官兵两人一组，左右扶持着我，半走半溜地前行。更险的是，有一段似乎是环“冰圈椅（冰斗）”的圈沿而行。还有战士在前面先刨好脚蹬，扶持我的战士气喘吁吁、嘴唇青紫，每行 50 米就需轮换！直到下至海拔 3 800 米无冰的小路上，他们才放手并叮嘱我们安全慢行，而自己却跑步下山赶路了。当时我真感到这些身着“国防绿”的天使，助我于举步维艰之际，实际上就是助我的墨脱考察成行。

墨脱桫椤大树
（海拔 1 100m，1982 年摄）

喘息之际，我看到树线范围的冷杉均呈偏冠——旗形树，这反映了常风方向抑制了迎风的枝干生长，实际是畸形树。随着海拔逐步降低，我们衣服上的薄冰融解雾化，似水汽包被，在阳光的照射下，构成了朦胧的光圈，真有似人似仙的感觉。

在海拔3 500米处的拿格兵站，有两名战士接待我们。他们倾其所有，热汤、热水、热面条，更是热情地交流家乡、家人、风土人情等，直至灶火熄灭、寒气袭人时，我们方才和衣而卧。而当第一次墨脱考察返程途经此地，我们还想再与两位小战士欢叙时，却只见一堆被暴雪压塌的残迹了。

一路下坡，至雅鲁藏布江，跨长约300米的解放大桥，南眺下游的巴昔卡，湛蓝的天空中乱云飞渡，雅鲁藏布江碧水滔滔，即将由此出境。那一派恬静而生动、梯田层层而绿意盎然的景象，使我恍若回归了江南，而这却是雪山环抱下的典型的热带风光的江南啊！

我们沿路拍摄独特的景观，采集微型标本，探访各类地段。记得曾经进入一处格林盆地，是半世纪前一次地震塌陷而形成。在沼泽湿地上，乔松林生长孱弱，我们进行了对比性的考察。工作量虽然不大，但湿地的蚊、蚋等嗜血生物，却极为扰人。手面上1平方厘米被咬成14个血点，奇痒无比。

联想到当地的乡民和兵站的战士，尤其在执勤时，虽暴热难当，也必紧扣领、袖，防虫胜于防暑。但是无论战士和乡民，对少有的外来者都极为热情。倾家中所有，无论瓜果蔬菜，一应待客，部队更是拿出库存罐头。这里交通极为险阻，日用物资稀缺。我们无以为谢，只有以备用的袜子、手绢、牙膏等相赠。

我们还进到海拔1 200米左右的布琼湖，进行湖区的森林植被调查。此处是原生的山地热带常绿阔叶林区，进入湖区共9人（民工5人）11条狗，浩浩荡荡、热热闹闹，狗朋友们脚前脚后、跳跃欢叫。傍晚的布琼湖，水汽把火山口形的山体笼罩在一片氤氲之中。湖滨的地下水位高近地面，我们的小帐篷下，用芭蕉叶铺垫隔水。我联想到《聊斋志异》中的一篇《晚霞》，描述了在荷叶铺垫下交谈的浪漫情景。

我们4人仅有一顶双人小帐篷，仅能似沙丁鱼式的和衣躺卧，还难免受缝隙中钻进的小咬的困扰。以致我破例鼓励一位吸烟者吸烟，以驱小咬。当然，湖区的考察也有“副产品”，民工捉了一些小鱼，烤后送与我们共享。

我们在向墨脱县行进的途中，还调查了著名的德兴乡藤网桥附近的植被，此处海拔800多米，两岸的常绿阔叶林，树荫浓绿，草灌藤蔓，山花密布。

更有一些特异物种，如一科一属一种的老虎须，以它特有的长长的须和不对称花冠，展示了它生长的特异和对生境的特殊要求。

这里还有罗汉松、小董棕和多种丛生竹、蛇蔓形的榼藤子等，把我看得如痴如醉，忙不迭地又摄、又采、又量，还要亲自走一遭长150米左右的颤悠悠的藤网桥。此时藤网桥下的雅鲁藏布江水，碧浪翻飞，涛声轰鸣。我不知畏惧，只有激奋的思绪随着奔腾的江水远去。

我在沿途边行进、边考察的十多天中，体力有所透支。而墨脱县政府所在地，位于海拔1 100多米的低山的台地上。遥望坡上，开始有所不解，因何不近水而居，以利生活？但后来悟出潮起潮落，冰川洪水无情，只有山坡台地，方能避水安居。

待我步履维艰地爬上小山包时，我见到一座竹木结构的、朴素无华的“县衙门”，宛如村庄、山寨之门。但是县党委、县政府、县人大、县政协4块牌子俱备，亲民之风沁人心扉。我想这样的“县衙门”恐怕是独一无二、空前绝后的了。县政府机构也是几排竹木结构的平房，我们所住的县政府招待所是竹木结构的高脚房，底层养着鸡、鸭、猪崽。

建筑虽然简单，但地势与景观却极为壮美，立足于海拔1 100米的低山热带林区，环视四周，碧峰环绕，雅江曲流，梯田层层，即虽在茅屋厕所中临窗遥望，也能看到近景的芭蕉丛，果序悬垂，蕉叶呈卷筒状昂然耸立。远观山坡，常绿阔叶林和刀耕火种的田地，垂直成带。如此原生独特的山野风光，令我一见倾心。

当时3位年轻人已早到达，县里也已经知道后来者是徐教授，但他们见到的我却是一个衣冠不整、绑腿又泥又灰、肩上背着、腰上挂着设备仪器的、面孔被蚊虫咬肿的、拄着一根拐杖的“祥林嫂”式的人物。在欢迎我们的人里面，有一位农牧学院毕业生（时任墨脱县县长）的家长，叫红莲，

横跨雅鲁藏布江的藤网桥（海拔850m）

对我特别热情关怀，后来我们成了好友。

我们首站考察了越江对坡的仁钦棚，海拔1 500至2 000米的南亚热带，常绿阔叶林中榕树、壳斗科的栲、椆等巨树，绿荫蔽日，甚至连蕨草都高达两米！我们在草丛小径中，分草拂叶而行，仿佛进入了《绿野仙踪》里小矮人的世界。

首次敬谒简朴的
墨脱县政府
（摄影：林晓平）

这里有一座喇嘛庙，仅有一位喇嘛。考察收尾时，我拖着疲惫的身体进入小庙，感到全身寒冷，难以支撑。稍事休息，下山返程，途中又不慎迷路，其时我全身剧痛，处于半昏迷状态，思维游离，一是想“长眠就是幸福”，就此躺下；另一个想法是一定要把考察小分队（4人加向导两人）安全带出。幸好沼泽丛中，有一株乔松，我叫人上树寻路，方才安全返回。我一路呻吟着回到招待所，感谢红莲，端来一盆热水，我强撑着洗尘更衣后，便昏迷过去了。

大家立即将我送到县医院，这个医院也是一座小木板房，只有3位门巴族的护士，初步诊断我为重感冒。在医院里，我曾高烧达41.5℃，并有几天失忆。幸有独立营的周军医，赶来为我诊治，认为我是无规律的恶性疟疾。把部队里仅剩的一点药品全都提供给我治疗。数日重病，我精神恍惚，曾出现过“飘飘欲仙”，飞越暗针叶林，回归金陵的幻觉。

大病初愈后，我想这一次差点就“骨埋青山，魂归江南”了。我更悟出经历过生死关后，人还有什么浮名虚利值得斤斤计较呢？除了生态事业，我对其他都归于平淡了。

县里的朋友对我的大病痊愈也甚为欣喜，说：这是当地患恶性疟疾而生还的第一人！我心中暗自庆幸，亏得沿途边进入、边考察，还调查了一些组分、类型，收集了一些图像、实物资料，但仍感到远远不足，还计划着再来。

所以，我对墨脱的第一次考察，仅能算是踏察、初探。出山时，正逢县里派出一匹接干部进山的马，就让我半骑半走地告别墨脱。途中也是险象环生，在高海拔地带穿越冰胡同、绕行深邃湛蓝的冰窟窿，差点被冰漂砾的棱角撞倒在马下。低海拔地带，在多雨泥泞中跋涉，还遇到倒毙的马匹，我的坐骑大概是物伤其类，惊跳直立，几乎把我掀翻下马，我一把抱住马脖子，马就跳跃跨过同胞的遗体，继续前行，我真庆幸未被摔下马来，不然当时我真连爬起来的力气都没有了。

当我们翻越山岭，眼见到雅鲁藏布江河谷天高地阔，解放牌大卡车行进在沙石路上时，年轻人高兴地说：终于安全地出山了！而对我来说，这“安全”二字，其分量之重、内涵之深、亲历之险，更非同一般。

小诗一首：

九死一生，墨脱庆还。
雅鲁江畔，傍水面山。
云朋松友，深情召唤。
一息尚存，不落征帆。

1983年的初访墨脱，其山川之情，战友之情，老乡之情，尤其是冥冥之中，天意让我九死一生的恩情，真叫我终生难忘、昼夜感怀。所以，时隔3年——1986年，我以西藏高原生态研究所工作者的身份，并邀请了西藏农牧学院电教的老师，对墨脱山水、植被做了一次空中考察。

林芝军分区极为支持我的空中拜访墨脱的科考之旅。让我得以乘坐“黑鹰”直升机，遨游于藏东南“绿宝石项链”的上空。对我来说，民航飞机乘过数十次之多，但乘直升机还是第一遭。飞机先南向经多雄拉一线，当我俯看到多雄河汇入雅鲁藏布江、解放大桥横跨两岸时，我按捺不住激奋，拉开机窗，准备航拍。这时一阵浓雾冲进机窗，镜头立即模糊一片，同时强风把相机吸出窗外，好在相机挂在我的脖子上，我立即将其拉回。而此时机上的一位战士似乎是专职照顾我，手持氧气喷雾器，随着我的转动为我供氧！

航行沿线，我贪婪地从半空中仰望苍穹，云卷云舒、变化万千；平视南迦巴瓦峰、加拉白垒峰，两列雪峰，绵亘起伏；鸟瞰暗针叶林、常绿阔叶林，垂直分带、绿浓绿淡；更俯看雅鲁藏布江两侧，梯田层层，小村悠然。我的心啊，似乎飞上了九霄，又返回了人间！这时我们摄像的同志给我拍下了一张向机外遥望的照片，这是唯一的一张孤本照片。

当直升机停在墨脱县一方新平整的停机坪时，机门甫开，我的好朋友红莲立即上前拥抱了我，说：“徐老师，我就知道你还会来的。”我利用卸货、休息之际，在村前、坡后抓紧拍摄取样。什么丛生竹、鱼尾葵、鸟巢蕨，更有那坡埂下的各色野花野果、坡面上的林分和次生群落与高草等，通通记录在相机中，储存在脑海里。那个亲切啊，好似面对久别重逢的老友一般。

飞机返航的线路是沿雅鲁藏布江大拐弯峡谷而北上，我陶醉地、目不暇接地观察大峡湾两侧的峭壁、奇峰、密林、飞瀑，还有滩地桤木、林中木棉（火炬花丛），曲流击石等的奇观异景，更使我回想起3年前重病中魂归江南的过程。这难道是我曾经归去来兮的路径吗？梦耶？真耶？我的思绪既恍惚又清明，恍惚在我仿佛是一片绿叶，被轻柔的山谷风所托举，被浓郁的林海绿波所拥抱；但是，我又很清晰地感到，如此奇珍异宝，我不但是平面地观察了解它，还应该深入揭示其蕴涵与价值，力求准确地阐明和充实。所以我第三次探访墨脱及其命题就是在大拐弯的上空酝酿形成了。

时隔5年，我于1991年组织了高原生态所、农牧学院电教室、江苏植物所的专业人员和两位援藏记者，进行墨脱珍稀濒危植物及自然保护区布局的课题考察。记得农牧学院领导专门开会相送，会上我赋诗致谢兼及言志：

↑ 乘直升机于大拐弯峡谷上

→ 林区瀑布（易贡沟，海拔2 200m）

花甲之年，深山探宝。
珍稀瑰丽，墨脱三召。
盛情相送，无以为报。
奉献夕照，青山不老。

此次由东线翻嘎隆拉进墨脱，6 月中旬，嘎隆拉山体冰雪初融，我们随着开山破冰的队伍，首批跟进。在面对着大规模的冰川塌坡、堵路的情况下，我们曾经夜宿在海拔 4 200 米的嘎隆拉山口，薄薄的小帐篷，寒气袭人，又加之高原反应，大家都无法入睡。

第二天清晨，有人在融冰造饭，而我们几个专业人员，被周围的景观所吸引。在雪峰的映照下，红色的平卧杜鹃，贴地附石，花开得如火如荼。粉色钟报春、粉花杜鹃、全缘叶绿绒蒿（花黄色）和紫花龙胆等高山花卉，成片成丛，把寂寞的山岗装点成天然的大花园。更似乎是为欢迎我们这批迫不及待地朝圣墨脱的人而绽放。

我们忙于拍摄、采集，几乎忘记了缺氧、气喘等不适症状。女记者小罗，采了几朵红杜鹃花，簪在我头上，还说："白发红花，美极了！"我说："白雪红花，五彩花毯，是真正的自然之大美！"

由于冰雪塌坡太严重，冰墙高近 5 米，眼看等了两天，道路都没有疏通，我们只有穿过冰胡同，放车下荒坡。沿途既险又美，小冰碛湖、冰瀑布随处可见。植被类型分带分层，由海拔 3 900 至 3 000 米的苍山冷杉、墨脱冷杉林、落叶阔叶林到海拔 2 800 至 2 200 米的铁杉林，至亚热带阔叶林、芭蕉丛林。

接近珞巴村时，遇到两位青年坐在路旁蕉叶上，我们得知他们是刚分配进墨脱县的大学毕业生，似乎要知难而返。我们深表理解同情，赠以食品，更鼓励他们坚持去墨脱这个既艰苦又极有价值的地方工作。此后，还支援他们一些设备，在墨脱县建立了一个小型的气象站。

我们沿雅鲁藏布江由高向低直至海拔 900 米附近，由高寒冰雪林区至极为湿热的山地热带季风雨林地区，温湿度的变化，差距之大，既带来诸多的困难与不便，如寒冷、缺氧的不适，到多种嗜血动物（蚂蝗、蚊虫等）和湿热区的多种蛇类的侵扰，非亲历者难以想象。但是，大艰辛带来了知识上的大丰收、观感上的大享受，这也是唯有亲历者才得有诸多的奇遇和“艳遇”。

在海拔 3 900 至 3 000 米的范围内，胸径 2 米、树高 50 至 60 米的墨脱冷杉巨树林立，而此地带内，却未见云杉生存分布，这却是昭示了我们冷杉与云杉的适生生境的区别。冷杉宜冷湿，而云杉宜低温中湿，因之墨脱的高湿、寒冷气候型就使冷杉分布、生长适宜，而云杉则退出此范畴。这与藏东“三江”流域坡上部所谓的云、冷杉“倒置”（即冷杉不分布）等同一理。也就是说，没有必然的系列分布，而是适者生存。

山地暖温带铁杉林，也往往巨木森森，且多纯林，行进其中，犹如进入殿堂，置身伟岸宏柱之感。而海拔愈下，物种之多样与蓊郁，真使人时刻惊艳。无论乔、灌、草、藤，其印度—马来区系成分之多，生长之旺，难以尽说。如阿丁枫、小果紫薇、榕树、墨脱石栎、海南粗榧、小董棕、桫椤、榼藤子、多种丛生竹、多种兰科、多种芋科、多种天南星科等，巨树异木、奇花异草，目不暇接。

墨脱芭蕉林（海拔 1 100m）

我往往有欲将其拥抱入怀之感。这些自然的珍宝，寂寞地、自由地生长于此，发展于此，世代轮回于此。是它们接纳了我、拥抱了我，似乎也希望我将它们的价值、作用、效益深入探索、展示、介绍于世。尤其当我面对荒坡、滩地上勃勃生机的尼泊尔桤木丛林时，我急切地要将它的生态效益、先锋树种的价值郑重地阐述，因之，我仔细思考所谓珍稀、濒危的概念。

一般常把“珍稀”视为一词，似乎“珍”即是“稀”。而实际上，“珍”是指“质——质量珍贵、作用特定”，“稀”是指“量——原本数量少、分布局限，濒临危亡”。一些物种，既珍且稀（墨脱冷杉、墨脱石栎等）；一些物种，珍而不稀（尼泊尔桤木、高山柳、杜鹃等）；一些物种，稀而不珍（对环境影响不大、作用不明显、其有无不影响生物链接的草类等）。

而对“珍”的方面，也应仔细划分，如树种在作用方面，有材用、药用、食用、特用等。在价值方面，有硬材、软材、析出物等。在生态效益方面，多种先锋树种，具护土、保水、修复生境的作用，如尼泊尔桤木等。

至于科学意义，一些物种有指示环境、研究系统缘由等的价值。还有一些区域性特有物种，分布局限，数量稀少（有墨脱特有种，中国仅产墨脱种，西藏仅产墨脱种，察隅—墨脱特有种）。就我们的考察与资料分析，墨脱的特有种即有261种及变种，远大于以前的名录已公布种，有待今后深入研究界定。至于数量问题，还有因人为与自然因素，分为“渐危”、“濒危”、“危亡”。

据此，个人深感自然恢弘、物种庞杂、生态多型，需要探索、沉思、剖析、修工等，真是无垠无涯，非个人所能澄明之万一。同时，我们基于墨脱范围的集众多珍宝于一体的状况，呼吁建立不同层次与类型的自然保护带、块、点。如山地热带雨林、季雨林区，此带的特有珍稀种较密集，但遭破坏亦甚为严重，以“带”的保护为主；在山地亚热带常绿阔叶林区，以“块”的保护，如布琼湖保护区等；还有一些以特定种如米日的小果紫薇林分等，作“点”的保护。当然，我们希望对墨脱林区划定较大范围的，甚至总体性的保护。

雅鲁藏布江大拐弯系统的考察

对于藏东南林区与植被，我们既考察了色季拉西坡的尼洋河流域林区，也考察了色季拉东坡的鲁朗河、东久河、易贡湖、帕隆臧布江、察隅河等水系的林区，还考察了大拐弯下游的墨脱林区。但对于藏东南的核心地带、水系网络的中枢，一条尚未串联起来的祖母绿的项链——雅鲁藏布江大拐弯，有待我们通过考察将其串联展示。我经常往返大塌方、通麦地段，于帕隆藏布、易贡藏布汇流处，遥望南方，那令人神往的雅鲁藏布江大拐弯，寄托了我多年的期盼和情思。

考察计划的实施面临着经费与人员的困难，又是科学知己黄宗英同志帮我多方奔走、呼吁，最终在 1991 年由黄宗汉同志争取到香港的陈树铠老先生鼎力相助，计划提供 10 万元科研费。我们仅接受 5 万元，完成了首次外业工作。科考人员由高原生态所、农牧学院的农学系、牧医系和林芝科委、农业局等派员组成。

此后我们又连续考察了两次。三次的大拐弯考察，既有纵深探新，又有系统的网络化连接，可以说基本上把那一块块祖母绿般的林区，串联成了一条珍稀、瑰丽的绿色“项链”。

三次考察过程中，令人难忘的是，行进在江畔小道上，

真是紧贴峭壁，进出“虎口”，攀爬塌坡，而沟下激流涌动，不能有丝毫疏忽。但是沿途的山体之壮观、奇美，植被之多样、伟岸，又使我们常常驻足叹赏，拍摄采集。有几株胸径2米左右，树高50米左右的西藏柏木，耸立在江畔峭壁间。还有一段神奇的传说，每年江水涨潮，当地老乡认为是神牛

发怒。而粗壮的西藏柏木是拴发怒的牛鼻子的神木。因之，古树得以保存。

沿途我们曾夜宿在跨江的木板索桥上，虽有江风为我们驱赶蚊虫，但晃动的索桥，桥下雷鸣般的涛声，也让我们无法入睡。3 天的行程，到达雅鲁藏布江大拐弯顶部海拔 2 300 米的山地亚热带的扎曲山村。安营地仅有一座四面通风的茅屋，以及我们搭建的几顶帐篷。这里是著名的印度洋暖湿气流的通道，浓雾夜雨，经常光顾。我曾即景赋诗，反映露营状况。“岩旁露宿残月伴，扎曲芭蕉听雨眠。”（注：①岩旁，途中宿营地之一；②茅屋和帐篷均用芭蕉叶遮雨）

↑ 江畔古桑（雅鲁藏布江中游，海拔 2 600m）

→ 江水滔滔，顶礼膜拜（雅鲁藏布江大拐弯，海拔 1 600m，1993 年摄）

身居大拐弯顶部的山村，生活虽然简朴而艰苦，却使我们享受到了无与伦比的绝佳美景。清晨，朝阳把海拔 7 784 米的南迦巴瓦峰照射得金光闪烁，飘忽的瀑布云使对坡葫芦形山体上的常绿阔叶林时隐时现，恍若人间仙境、海上仙山。坡下的雅鲁藏布江拥绕过“仙葫芦”，澎湃而去。

两岸常绿阔叶林中，既有原生林，也有次生林。原生林木均异常高大粗壮，林内多层荫蔽，藤本植物不但悬垂，而且匍匐蜿蜒于地，酷似游蛇，灌木更有木兰杜鹃的玉色的花钟成丛绽放。次生林是刀耕火种后的迹地上自然形成的芭蕉林，高可达 10 余米，以及野生花椒也密集成丛林，枝干上遍生皮刺，形成独特的景观。

我们还重点考察了海拔 1 500 米左右的临江水边的南亚热带山地常绿阔叶林。每日清晨，我们攀峰下谷，绕坡沿江，看不尽的各型各色的山花，如黄蝉兰朝露晶莹地怒放在迎江坡面上。我们年轻的朋友，边走边环视群峰说，真的美如黄山！而我却说，虽然古人云“五岳归来不看山，黄山归来不看岳”，似乎黄山位居榜首。但西藏山体除了岩层山系的风姿独特外，上有雪峰，下有湿热的森林群落，既有冷，也有热，既有险也有繁花似锦，一般的山岳是无法比拟的。

我们边走边看边议，起伏攀爬了七八百米高差的山道，到达大拐弯临江之处。这里有一片层外植物更为茂密的原生林，由于水汽甚为充沛，形成了垂直郁闭度极高的林墙，近 50 米高的树干上，几乎通体藤蔓，在侧方光照下，层层枝叶闪闪发光，真如天宫垂下的一片帘幕。而林内附生的多种蕨类，密布于树干或垂挂于枝条上，好似一条条绿色的丝带。

为了更好地考察此林分，我们露宿于林缘牧场。这里仅有木屋一座，木梯一架，男士们爬上小阁楼，我们撑起小帐

↑ 色季拉远眺南迦巴瓦峰（海拔 4 500m）
→ 冲积扇上的农田

篷。这种工作、生活环境，似乎唯美而浪漫，但小屋周围遍布牛粪，是跳蚤等嗜血动物的培养基，粪堆上遍布黑点状小生物。我们跳跃着前进，但仍难免其附身。入睡后，还有跳蚤、蚂蝗钻入睡袋。

虽然夜间备受嗜血小动物的骚扰，但当我们越过二三十米高的冰漂砾堆积的消落带，临近江面时，帕隆藏布江与雅鲁藏布江的双流汇合、绕山激石，两岸乔、灌、草层层叠叠，浓荫蔽日。面对如此丰富、多姿的壮美景观，那种豪情、激情和对大自然的感恩之情，充盈于心，涌动于怀。

我看到《北京日报》的初小玲同志，站在礁石上，对着远山近水连连拍摄；北京电视台的黄辉同志躺在一块光滑的流纹岩上闭目养神，极为享受着难得的野趣；《西藏日报》的藏族朋友情不自禁地跪了下来，向着大江、向着激流、向着天空，虔诚地朝拜。我及时地拍下了这些珍贵的镜头。而我则和生态所的科技人员，观测分析两岸的林分类型、分布与生长，沉醉于罕见的专业收获，指点着如诗如画的江山。

面对如此摄人心魄的江水，我浮想联翩，文胆诗心大发，作文写诗如下：

几番曲折，几番惆怅，几番惊喜，雅江大峡湾生态、生物多样性考察终于成行。渡隘关，历“炼狱”，雨汗交融，大艰辛，赢来大享受，大陶醉。

曲江、湍流、苍林、峻岭，奔来眼底，震撼心胸。一访恋恋，再访依依，三访尚意犹未尽。叹造物天工，变幻无穷，常探常新。

作诗三首：

《记三次莅雅江大峡湾水畔之感》

1994.04.29

一

雅江峡湾举世惊，三临水畔景色新。
巨石垒岸沧桑证，吊桥高悬峭壁青。
更叹二水汇合处，雪峰溅玉媲晶莹。
绝险绝美遂宏愿，此生不虚雅江情。

二

雅江骤弯怕水曲，环山穿谷遍坡绿。

飞瀑珠光湿幽苔，玉峰碧水胜丝帛。

云幛开合显神峰，薄雾千姿绕苍松。

轻纱柔曼禾木壮，归途暮霭映飞虹。

三

雅江峡湾群峰立，宛若石墙亦似笔。

南峰金辉哈达飘，白垒青杉云波淼。

为探珍宝进密林，物种多样叹葱郁。

造化奇工惠苍生，揭示保护天人悦。

经过10余天的考察，我们对大拐弯之山形地貌、水系激流贪婪地将其尽收眼底，记录在案。但感觉仍远未能领略其奥秘与内涵。只是比在空中飞越时较为深入，揭开了她神秘的面纱之一角而已。

亲历亲探，直面山水，更加体会到雅鲁藏布江这一神奇的大拐弯，激起了多么宏观的内外应力与地层的重组过程啊！全球最深的大峡谷就真真切切地矗立于此了。大拐弯造就了大峡谷。因而我个人认为“雅鲁藏布江大峡谷”的准确全称应该是“雅鲁藏布大拐弯峡谷”，或简称为“雅鲁藏布大峡湾”。我们尊敬的刘东生院士和杨逸畴研究员也是这样准确地全称之。

离开大拐弯顶部的扎曲山村，我们既对这里的山川流连忘返，也对这里的乡亲依依不舍。临别前，我又深情地环视了小山村，只见一缕霞光笼罩着山坡、绿林、小屋、田野，我由衷地赋诗寄情：

木屋虽然小，雅江深情绕。

晨曦度关山，露润高原草。

山川钟灵秀，斯人应征召。

迢迢风雪路，地长天不老。

这首诗后来被一些朋友传读，除了赞赏外，还开玩笑地向我提出：毛主席的诗里有“天若有情天亦老”，你是发展它还是反对它？我说，我写诗是抒发切身的感怀，既不涉及政治，也不与古人对比，如白居易的“天长地久有时尽”。我从科学的角度来看：地长——环弧无疆；天不老——苍穹无尽；宇宙无限。

告别大拐弯时，那座笼罩在霞光中的小屋的女主人，热情相送，并捧着一个装满香喷喷的爆米花的小瓮，向我们的口袋中猛塞。出沟时，请了十几位民工，为我们背仪器设备、标本土样。未想到的是，其中有一位刚刚生了孩子三四天的藏族妇女，怀抱婴儿，也来作背夫。我非常同情她，把自己稀缺的“战备物资”——桂圆肉，取了几片给她，想让她贴在太阳穴上，以提神补养。而她立即放入口中，我真慨叹山区藏族妇女的吃苦耐劳精神和顽强的生命力。

大拐弯系统的考察，既进行了上下串联，还想进行一些寻源上溯。当我们逶迤出沟，暂歇于帕隆小镇的中转站，我和初小玲同志还另有“重任”，就是去林芝部队医院探视并接出黄宗英同志。进藏后，她因高原不适反应严重，于拉萨、林芝两度住院。身体稍有恢复，便急切地要与我们同行。对于如此不顾个人安危，支持科考的知己，我只有在途中采了一大捧杜鹃花，以山花赠知己为报。

我们的考察队在增加人员和给养后，穿行于大塌方泥泞

巨柏古树爪状根（林芝，海拔 3 050m）

的险道，调查了沿途险峻多变的山形地势和通麦林区的山地亚热带茂密多姿的针阔混交林。峭壁上悬垂的“一线瀑”和激涌的温泉，还有西藏柏木巨树等，处处令我常探常新。

一株西藏柏木，胸径 1.9 米，树高 50 余米，伟岸地耸立于帕隆臧布江边。我们连接起几条绑腿布，相互扶持着，攀下 10 余米的峭壁陡坡，对它进行了测量与拍摄。出于对它的保护，我们决定不向外界公布其具体位置。

由通麦大塌方拐向易贡沟，是一段随时可断可续的山道。道旁树木森森，更有各色山花和多种大叶及多刺蜇人的草本植物，还看到多条毒蛇盘绕在灌木枝上享受阳光，可见沟内温湿条件的独特。

海拔 2 300 米的易贡湖，周围茶园遍布，铁山（山名）峭立，既有农舍，也有一栋栋颇具规模的小楼，如果不是常在雨季堵塞封闭，真是个上好的休憩、疗养之处。我们曾多次把这里当做考察的营地。这一次为了使“大队人马”稍事休整，以及补充溯源的粮草和雇佣马匹，于此驻扎 3 天。

实际上，大家都未老实休息，而是清晨即起，沉醉于晨雾飘忽、轻纱飞舞的湖区和绿叶滴翠的茶园之间。这里之所以如此摄人心魄，是因为100年前，此沟发生了一次特大的冰川泥石流，形成了约25平方公里的冰川堰塞湖。由于此地属于山地亚热带季风湿润气候，温润高湿的环境使这里宜林、宜农、宜果、宜茶。

在此期间，还有一个轻松的插曲：北京电视台的阎记者无意间提到次日是他40岁生日，我说，“四十不惑”，我们要庆贺庆贺。阎记者笑着说：你的南方普通话真糟糕，“四十不惑”听起来成“誓死不活”了，此话后来被传为笑柄。碰巧的是，我们团队中，居然还有三人的生日都在此时，于是我与伙房商量，蒸了一只直径40厘米的大馒头，权作生日蛋糕，热热闹闹地庆贺一番。

进沟途中，前段尚可通车，进入山道，只有宗英姐乘了一匹老实的白马，另一匹马驮着较大型的设备。行进30余公里，到达鹅普村。这是一个林木森森、古树成群的半封闭的沟源区，曾听说有通麦栎巨树。当我到达鹅普村头，一处稍大的场地和一座方方的木屋，向导告知这是村小学，就安排我们驻扎于此。其时，宗英姐迟迟未到，而她的坐骑却被电视台的小肖骑来。我急问宗英姐情况如何？得知进村上坡时，她过于疲劳，难以支撑骑马，坐在路旁了。我们又急切地赶去搀扶宗英大姐，她才步履维艰地到达宿营地。

此后考察期间，我们一伙人就“占领”了教室，致使学校停课几天。20余平方米的教室被一分为二：一边是男士的地铺；另一边是宗英姐和我、小玲等女士的领地以及“餐厅”。我环视四周，只见到一块长度不足1.5米，高不足40厘米的木板，上端写着语文题、句，中间一行是算术题加减法，下端写了对某年级的作业交待。这就是村小学 1 ~ 4 年级复式教学的黑板！几排矮矮的长木凳，一张小课桌式的讲台，山区小学如此简陋，是我未曾想到的。我们寻访老乡，希望采购一些土特产，以补充给养，却未能如愿。

但是这里的确沟深林茂，我们调查了整齐、茁壮、葱绿的华山松中龄林；胸径 40 厘米左右的高山松林很为茂密，显然是一片天然更新极佳的林分；沿沟的青杨、槭树、桦木等，都长成粗壮的优势木。我们沿路寻宝探奇，直至鹅普老村，调查到胸径 2 米、树高 54 米的通麦栎巨树。难道这就是传说中的“通麦栎之王”吗？

此后，我们还行进在高 10 米以上的杜鹃丛林中，扭曲的主干，苍劲而生意盎然。反映出在优越的生态环境下，灌木也能呈现出中、小乔木的势态。至于村前湖畔，还有群聚的巨柏古树，这反映了巨柏适生分布区的下限，以及与西藏柏木的镶嵌交错。

对于易贡湖区和沟源的植被考察，我深刻体会到生态环境的优越，促使了物种之间生长分布的既有规律性，更有超限性，真是藏珍蕴宝之地啊！

但是，交通不便，信息封闭，使得村民的生活过分原生、艰苦，也应该在保护资源与环境的基础上，合理开发，逐步改善当地村民的教育水平和生活质量。

我们怀着对完成雅鲁藏布江大拐弯峡谷的系统性考察之欣慰，对当地珍稀资源的感恩之情，对当地村民综合差距的愧疚之意，既亢奋又疲惫地跋涉出沟。而体弱病痛中的宗英姐都难以稳坐马上，在两旁扶持下，缓慢而行。至于我，利用最后一点体力与寻珍探宝之趣，行走于鞍前马后，左顾右盼，为发现林内混生有红豆杉而欣慰，见巨型断层石面上呈滑水状的瀑布而惊叹！

及至可以行车之处，终于坐上了吉普车，在山间土路上颠簸。我已经累得全身疲软、昏昏欲睡、思维几乎停滞了。忽听得年轻人大呼“停车！”原来是远方峭壁上，挂着一串串冰钟乳，也就是悬垂式冰川。他们爬上车顶，长焦镜头不断拍摄。而此时的我，连拍摄的力气也没有了，至今还遗憾不已。

察隅沟谷与阿扎冰川探奇

在藏东南林区的东沿，还有一条也被称为“西藏江南”的著名的察隅沟，是念青唐古拉山东侧尾闾与怒江山西沿的纵横交接的半封闭沟谷。进沟前的然乌湖区，是典型的藏东南山林水系地貌。海拔 3 900 米的高原湖泊——然乌湖畔，海洋性冰川德姆拉像一座巨大的“天椅”（冰斗）护卫着湛蓝的湖水。湖周暗针叶林密布，山口峭壁劲“松”，瀑布双流。

越过山口，进入嘉峨拉山，东南向而下，由海拔 4 200 米一泻千里地直达 1 300 多米的察隅县府所在地——吉公。这里，垂直分层同样鲜明，而独特之处在于山地温带至暖温带，主要是云南松林分布，这是由于察隅沟的下段察瓦隆与云南的怒江山纵贯相连，云南松得以北上扩展分布。而且，据说察隅沟内的云南松生长优于云南，1 公顷蓄积量达 2 700 立方米。

尤其在一处洪积台地上，粗壮高耸的云南松单层林，林下清明无杂树，绿草如毯，真是一处绝佳的风景旅游林分。原来是当地有放火烧山求雨的习俗，其实，此举没有依据，效应很少。而一些村民却信其有效，那是因为火烧以后，空气里灰尘粒子较多，短期内水汽凝结较快，偶尔局部出现小

进察隅沟，人车堵路于德姆拉冰川（察隅，海拔 4 100m，1982 年摄）

雨。幸而云南松的树皮较厚，火烧对主林层损伤不大，而林下的幼苗、幼树和灌木被烧毁，林分透亮。

海拔 1 500 米左右的山地亚热带季雨林区，常绿阔叶林樟、楠、栎等树种巨木森森，我还调查到有适生于温热地段的云南黄果冷杉，胸径 2 米以上，树高 50 余米的大树，真是稀有的山林之宝。

而材质优良的樟树，由于宜做箱柜家具，却被任意砍伐。一位林业科技人员薛先生，曾经如数家珍地说：原来樟树成林、成片，现在仅存 39 株了。时间又过去了 30 年，未知尚存几株？

这里还是多种农作物的优质高产区，既有水稻，梯田层层，也有品质优良的红皮花生和优质的玉米、芝麻等，更有亚热带、南亚热带的水果如柑橘、野生芭蕉、西瓜等，村前屋后地边，随处可见，一派半封闭的山地沟谷田园景观。

我们继续南下，到达实际控制线的边境——沙马兵站。部队官兵热情地接待我们科考人员，还提供高倍望远镜让我们环视山川，甚至遥望“印方”的森林山景。这连绵的绿坡林海，实属我们先民安居繁衍之地啊！

察隅林区有主流水系两支，东支贡日嘎布曲，西支桑曲，汇合于下察隅。我们沿桑曲上溯，往阿扎冰川而去。深沟小路，我们或骑马或步行。当我穿行于云南铁杉纯林内，陶醉于绿色的宫殿和粗大的庭柱之中，正在神思遐想之时，山道拐弯处一株倒木横于马前，略高于马头20厘米。我的骑马技术仅限于能坐马、勉强下马，而不会独立上马，更不会驾驭马匹。面对此突发事故，我本能地随势躺倒在马背上，倒木距我的帽檐仅有3厘米。当时，我的脑海中，忽然想起电影《冷酷的心》中，女主人公的一条腿未能脱离马鞍，而被活活拖死的情景。幸运的是，过了倒木后，我竟然一个仰卧起坐，又稳稳地随马前进了。当时，已经50多岁的我，自已都没有信心能平安度过，真是大自然又一次对我的护佑。

到达本堆村已近黄昏，我急于拜访传闻中的穿林下沟的阿扎冰川。我们兵分两路：我和南京林业大学森林组的小孙同志及战士小李赶往阿扎冰川，昌都林业局的宋局长和南京林业大学的老张同志等几位安排住宿。

前往阿扎之路，既要穿行于丛林和沙棘果枝悬垂的林缘树下，更要攀爬起伏的冰碛坡。眼看天色已晚，终于见到了阿扎冰川穿越云南松林、常绿阔叶林，冰舌下沿至海拔2 500米处的景观。真是不虚此行！

回到本堆村，受到村民倾其所有的热情接待：酥油茶、青稞酒和自制的小面点。夜晚宿营时，他们说给我们盖“新”被子——实际上就是虽已较脏，但从未拆洗过的被子。这一夜，我们备受跳蚤的干扰。小孙的腿上，被咬得成串的红包水疱，我也是如此。因此我戏称之“斑竹一枝千滴泪”，苦中作乐吧。

出沟时，我又遇到过一次小险情。那是雨后初晴，山道湿滑，马失前蹄，跪倒在地。而这里内侧是峭壁，外侧是滔滔的激流，我无法下马脱身，只有顺其自然。真正是老马识途，老马救人，它挣扎着站了起来，继续稳当地前进。

对于下察隅的植被，我也是爱不释怀，又一次进入考察，宗英姐还曾随我们进沟。当时，正值林芝军分区领导深入基层，也是野地帐篷，极为艰苦。他们不但支持我们的专业考察，派员护卫，还对宗英姐和队员们提供了周到的生活保障，军民之间情深意长。告别时，孙师长对我说：徐教授，你真不像教授。我连连致谢，心中甚感温暖，因为理解到这是他对我的最高褒奖。

在沟口地带，我们还访问了僜人村，这是一个仍保留“一夫多妻”制的原生部落。一户的建筑格局是：居中较大的村屋是男主人和正妻的卧室，两侧一间间用蕉叶和蕨草搭建的高脚小屋，组成了一个草屋群，居住着整个家族，反映了多妻的生活方式。由于通婚范围小，所以多属近亲结婚。对于这一部落的习俗，我们仅仅是新奇与尊重的一瞥而已，好在还能被友好地接待，拍下了一张僜人妇女戴着一副沉重的喇叭形银耳环的照片。

告别察隅沟，听说，嘉峨拉山口已被雪封山。我们急急地攀山上路，至海拔 4 200 米处，只见近百辆运送物资的军车因大雪封山被迫停靠在路侧，在厚厚的雪层中，似一条绿色的长龙。战士们往往一堵就是三五天，每天一包方便面或是一块压缩干粮度日，甚至断炊。

我们也被堵在山口的道班处，一间小屋，两位道班工人，除了一堆木材、一具火炉外，别无他物。年轻人找到一张坐椅给我，其他人围炉席地而坐。开始还谈锋甚健，赵劲等讲述他们吃过的美味佳肴，真是一席精神大会餐！这大概就是饥寒交迫、非常渴望饮食时的一种乌托邦式的慰藉。但是，渐渐地，精神会餐已经枯竭，炉火也渐渐熄灭。他们都七倒八歪地进入了空腹的梦乡。甚至连木材堆上都睡了人，也不怕咯得慌了。而我却坐在椅上难以入眠，想起古人云："斜倚熏笼坐到明"。我无熏笼可倚，只有听着他们的鼾声，怀着对察隅考察的既满足又不足的多重心情，坐等天明了。

回顾藏东南的考察过程，远非平淡的、简单的一席话可以概括。因为，这里的天地生灵太过特异了。

藏东南的天，何止是蓝天白云。而是蓝得澄明、朝霞橙红、晚霞绒紫。由于大气的澄洁度高，星星似乎随时可坠落于地，月亮则大而透亮，直至白天，常常日月同辉！藏东南多夜雨和阵雨，骤雨过后，天晴如洗。我经常欣赏到大跨度、多层次的彩虹，或横跨江面或连接山谷。也曾见到双重，甚至三重的彩虹，而且更稀有的是：不但见到虹（外圈红色），还见到过霓（外圈紫色）。至于风云变幻，更是多形多姿，卷云飘忽、积云深沉、雨云浓重、雹雨霰雪。如此壮观而奇异的天象，常使我难以入梦，亦常伴我进入梦乡。

藏东南的地，千沟万壑、姿态万千，板块的碰撞重组，地层的褶皱断裂，均是深层次的、高烈度的、大尺度的，所以，形成了举世无双的大拐弯，全球最深的大峡谷，落差最大的深沟激流。浓雾飞升的水汽通道，扩展最北的山地热带（北纬29.5度），最完整的气候与植被垂直带谱。如此山川奇景，真是全球独一无二的特异之地！

在极为优异的综合生态环境下，生物组分丰富而珍稀。森林组分区系广汇，孑遗蕴存，苍林如海。野生花卉遍布山林峰谷，高山四大名花（杜鹃、报春、龙胆、绿绒蒿）分布于山顶雪坡，各色兰科花卉绽放于低谷丛林，坡面上则群花竞放。我们身居山地温带的高原生态研究所内，就将原生种大花黄牡丹引种于所内，誉之为“所花”。我还赋诗赞之：

国色天香在人寰，赢得世人竞忘返。
焉知原生云天际，皎洁嫩黄自安闲。

左旋柳（拉萨龙王潭海拔 3 700m）

从对黄牡丹的品赏，到对高原野生花卉的激赏，真感到这些原生的、野生的物种，自开自放，自凋自谢。藏在深山人未识（也无需人识），它反映着自我的生活周期和气候的季相变化。所以，我称赞为“自安闲”。

生态优势更直接地反映于物种生长。在沟谷之地，古树、异木、密林，比比皆是，非亲历者所能想象。而且常有草本高至灌木，灌木高至中、小乔木的情况。我们在野外考察中，曾在蕨类的“羽叶”下、在笑靥的花丛中穿行，恍若进入童话世界。

十八载的藏东南考察，深感大自然、大高原如一卷万宝天书、地史教材、万物词典。教我以知识、启我以思维、助我以理念升华。我怎能不怀感恩之心，努力做它的展示者、“代言人”和护卫者呢？

我也曾赋诗以概括藏东南之景观：

莹山金山碧玉簪，深谷彩坡水潺潺。
洲堵阡陌五业旺，桃花源中任忙闲。

驰骋羌塘

我们的西藏高原生态研究，重点在藏东南，但西藏高原的主体，毕竟是广阔无垠的高原面。所以，探访藏北高原，方才是全局的考察研究西藏高原生态。

1992年，经西藏自治区科委批准，并支持了我们一辆东风卡车。因藏北考察不能单车出行，更必须准备给养。我们的考察小组由西藏高原生态所和西藏科委情报所人员组成。同时，经常邀请当地科技人员参加。

出发点开始于拉萨的川藏、青藏公路纪念碑，我做了简洁的动员，4短句、16字：

万里之行，始于此矣。同车共济，纵横羌塘。

我们沿冈底斯山和喜马拉雅山之间的雅鲁藏布江水系上溯，经马泉河、孔雀河、象泉河、狮泉河，西至距克什米尔60公里处。折向东，横贯羌塘大草原，至森林草原地带的类乌齐，达金沙江。而后返至当雄草原，南下经藏中河谷，达藏东南，我们的大本营——高原生态研究所。绕了大藏北一圈，历时月余，行程近14 000公里。

行程伊始，映入眼帘的景象与藏东南的高山、深谷、密林、叠翠的景观截然不同，而是高亢辽阔、宁静苍凉。但是，这种高天厚土的豪壮之美，简单而不单一，宁静而具生机，却具有摄人心魄、引人神往的魅力。

沿拉萨河西行，我看到了一幅滩地双柳的美景。在河滩沙地上，两株高近六七米的柳树，相依相偎。是高原上苍凉而有生机的绝佳印证。我为此赋诗曰：

茫茫高原路，雅江源流长。

植根沙瘠地，相依傲沧桑。

朋友们读后，大赞“依”、“傲”二字，这是我衷心对柳树适应严酷生境和相互扶持的赞礼。这张照片我曾用作贺年卡，赠送冯老和宗英姐。也在我和老伴金婚时，用以自勉。

雅鲁藏布江中游荒滩

（海拔 3 900m）

在过仲巴西行时，需要越江，而夏季冰融水涨，我们在马泉河流域曾经 17 次涉水 5 至 40 米宽的浅滩，我们的汽车往往是水陆两用，被戏称为“巡洋舰”。一次，越野车陷入水中熄火了，我们立即下水抢出摄录像设备，而我也顾不了寒冷刺骨的冰川雪水，进入水中参加抢救。此时大卡车拴上钢缆，打算将越野车拉回岸上。但是，人力不足，而四野茫茫，不见人影，真有一种呼天不应、叫地不灵的感觉。

幸运的是，不知何地来了两位藏族父子，帮我们共同拉出越野车，还指引我们从上游一处不陷的线路而过。我们极为感谢，他们却不要任何回报，最后，我们送了两棵大白菜以表心意。

仲巴到普兰一线，我们沿着马泉河边的沙丘、疏草和矮草地，越冈底斯山，向著名的冈仁波齐圣山和玛旁雍圣湖而去。为了赶路，我们行至天色全黑，夜晚 10 时许，只见前方有灯光闪烁，还庆幸遇到了小村或农舍，没有想到，接近时，才发现是遭遇了狼群，大约有十几只。在车灯的照耀下，狼眼反射出棕黄或绿光，在车前跳跃嚎叫。遇到如此突发事件，我们的藏族司机居然将车窗摇下3厘米，架起我从自治区林业局要来的双管猎枪，准备打狼。而我还居然冷静地要他关上车窗，同时发布三条指令：一是打开前后车灯，因为狼怕火；二是鸣笛，想以声音吓唬狼；三是放慢车速，等大车同行。

于是，上演了一幕：万里高原，车声大作，灯光通明，冲出狼群的“壮观”景象。估计过了危险区，我们就地停车休息。我蜷缩在越野车内，男士们就在东风卡车上过夜。

次日清晨，我们在附近的小溪边生火做饭。重新上路后，拐了一道弯，冈仁波齐雪峰和波光晶莹的玛旁雍错就盈盈在望了，还有星星点点的帐篷和土屋，散落在变色的锦鸡儿等垫状灌丛中。我们急切地前去拜访，原来是马丽华同志组织的一支摄像队。当他们得知我是搞高原生态的徐老师时，如见故人，并告诉我马丽华同志到处找我，而且她现今正在林芝。我也是早就想见她了。所以，体会到，天地之大，高原之广，人际交往有时巧遇相逢，有时又擦肩错过。

我们怀着崇敬之心，仰视冈底斯山脉的主峰——海拔6 656米的冈仁波齐。这是一座山形多么独特的圣山啊！正三角形的独峰，水平岩层叠聚，中贯一条通直的垂直节理，构成了一座巨大的十字架，远近均能清晰可见。这大概更是四方转山朝圣的缘由吧。

我们穿行在拉昂错与玛旁雍错之间的土“埂”上，左顾右盼，因为拉昂错被称为“鬼湖”（实际是咸水湖），而玛旁雍错是海拔4 587米、湖深77米的高原淡水湖，是信男善女远道赶来沐浴，净身、净心，然后转山的圣湖。犹如过去佛教以及皇家“香汤沐浴”而后朝拜的仪式。至于拉昂错，在我看来，“鬼湖”不鬼，只是湖中生物稀少，而湖面宁静澄蓝，似乎有一点“鬼气”。湖畔，海拔 7 728 米的纳木那尼峰高耸，构成了拉昂错的一道中一远景。

一路逶迤，进入了孔雀河畔的普兰县。当时的县城只有一条土路小街，没有专业的宾馆、餐厅。我们就住宿在边防部队的招待所内，受到了很好的接待。

普兰县的范围，海拔 3 700 米左右，年降雨量不足 100 毫米，属于半干旱、燥热气候类型。植被主要是灌丛、草地，人工栽植的杨树、榆树等稀疏生长。但这里是西藏国际交往的口岸之一，主要是与尼泊尔边民间的贸易往来。集中地是一处帐篷市场，简单甚至简陋。商品主要有印度、尼泊尔的首饰、化妆品、小工艺品、药品以及各种羊毛制品。不少尼泊尔的居民，举家常驻于此或季节性往返。有些妇女和小孩，

三年飞沙掩埋 4/5 电杆（摄影：王方辰）

扎达雪山（摄影：李国平）

也甚为俊俏与天真。我们仅买了一些小饰物，但是，我们却把带出的手帕、袜子等日用品以及糖果、点心，倾其所有，送给这些可爱的孩子。

扎达，是喜马拉雅山南坡西侧的一处独特的沟盆地带，是著名的古格王朝的所在地。既展示了亘古恢弘的地史，又留存了悲苍的历史遗址。由于位置更西，干旱程度更强，气候与景观较普兰更为干荒。进沟前，由于道路塌方，停滞于山脊地带，却让我看到了周围沉积岩和变质岩的各式岩块，曾被一些人视为可以寻宝之地。而实际上，我看所谓的宝，更突出的是古迹遗物，预示了古格昔日的规模与辉煌。

进沟后，我们遇到了大规模的典型的土林景观。沧海幻化，昔日特提斯海中，不同质地、不同硬度的岩层沙砾，经水力雕塑，再经风力雕塑，形成了现代风蚀地貌。那恢弘的水平岩层被强烈地切割成垂直的土柱，或群聚呈丛林、宫殿，或单体呈宝塔、佛像。尤其在四周高岗上，更加峰林殿宇、起伏巍峨，使我恍若进入了一座迷幻之宫，一座地质、地史

的博物馆。

我们看不胜看，拍（照）不胜拍。唯恐错过了胜景，错过了绝佳的光影角度。我想，如果乘直升飞机在半空中环视，那应该是多么壮观、多么奇妙、多么美轮美奂的场景啊！这恐怕是美国科罗拉多大峡谷所不及的。

在扎达，我们主要是造访古格王朝，早闻这里发生过历史兴衰的悲剧。王朝的面积现存约 72 万平方米，有 879 座窑洞，残破的人骨、骷髅犹存，古格古庙就围山而建。

当时，周围一片宁静，仅有一名老喇嘛掌管庙门的开关。我们进庙后，随处观看。庙宇内，有 28 座佛塔，佛塔的最上层是“王宫”。从下到上，有四条暗道，我就是经过一条 157 米高的岩层裂隙的暗道，攀上去的。登上庙顶，放眼远眺，那大尺度的水平岩层，脱海成陆，多么气壮山河的地史历程啊！一本巨大而现实的天书展现在我的眼前，我真想双膝跪地，以自然小民之身，向高天朝拜、向厚土朝拜、向历史的风尘朝拜、向古往今来的生灵朝拜。

在庙宇内，我们怀着敬畏之心、环保之情，细细地凭吊，慨叹万千。直至听到沉重的山门关闭、铁锁下钥之声悠悠地传至远方，我们方尽兴而返。

↑ 古格遗址（普兰扎达，海拔 3 750m）（摄影：陈金华）

→ 古格土柱（普兰扎达，海拔 3 200m）

由扎达向阿里行署狮泉河行进途中，我们经过海拔近6 000 米的达巴山，眼见到大地展至无垠，苍穹覆盖周边，好一个天地交合的气势！这又一次见识了地球之圆而小，高天之阔而渺。我们的汽车极似一只缓慢爬行于天际的小小的甲壳虫，而人就附身其中。

行至夜晚，借宿于朗巴兵站。在这里，还发生了一个有趣的插曲：投宿时，不同以往，被盘问再三，当确认我们是西藏高原生态研究所的科技人员，我是所长徐教授时，门岗才面色缓和下来，提供两间住房，并说："今天没有电，没有水，我们也没有吃的东西招待你们。"我们感谢了他们的接纳，在手电筒的微光下，以干方便面充饥，对付了一夜。

次日清晨，营地里，人来人往，原来是兵站夜间巡逻，搜寻企图出境的两车、7 至 8 人（其中一女），正巧，我们的人和车辆的状况与其相似，故被误解。此后营长连连向我们致歉，并且招待了一餐热腾腾的早餐。告别时，我们将车上的所有存货（土豆、干瘪的萝卜和大白菜）全部留给了营部。因为这里将近我们西行的终点，折向东行，即可到达阿里行署所在地——噶尔，我们就可补充给养。

这一行，我们将从西藏的最西缘、距克什米尔约60公里、新疆与西藏的交界处开始，由西向东，由阿里至那曲，横贯万里羌塘，直抵"三江"流域的川藏界河——金沙江。

这是一次区域性生态反差极大的考察之行。我们由藏东南的山峰峻峭、绿荫遍野、密林山花、露润草长的绿得极致、润得极致、生态优越区，到高寒干荒、人迹罕至的生态脆弱区，差距之大，可算极致了。

首站是阿里的首府——噶尔，又称狮泉河镇。海拔4 300 米，年低温 −35℃左右，年降雨量 80 毫米左右。总体环境是：疾风常吹，雪少而暴，雨丝飘忽，骄阳炙人，荒滩疏草，人烟稀少。真是高亢、寒荒之地，被认为是“世界屋脊”。

我们目睹的噶尔小镇却是荒凉中有生机，土石建筑的梯形房屋群聚，行政机构以及阿里宾馆初具规模。人员虽少，但对探访者热情关照，无私地提供必需品给我们。

我们遥观狮泉河及其支流纵横，润泽着干涡的大地，环视周边山体起伏，尤其一座古火山遗迹，其屋脊式的火山颈口与阿里宾馆的屋脊几乎是远近、高低相互映衬，真是“世界屋脊”的“屋脊”。而古岩层峭壁上密集的洞穴“千疮百孔”，是野鸽子的筑巢地，车行于此，鸽群轰然起飞，蔚为壮观。

但是，这里的大地诚然荒凉，矮草疏生，河岸边只有零星的红柳丛。我们了解到，过去这里沿河的红柳，成带密集，株高可达 3 ～ 4 米，而今，由于城建和人居，不但红柳被砍伐殆尽，而且刨根断源，致使红柳难以更新再生、恢复生机。房顶堆积着树枝、树根等薪柴，主要取之于红柳。

我们虽然感慨于植被荒疏地还被如此肆意利用，甚为心痛，但也体会到当地生活的艰辛。据说，订阅报纸的人，一年的报纸也仅供烧一餐饭而已。何况由于冬季雪封山，由新疆至阿里的邮路，半年不通，家信甚至急报收阅时，已成“历史”！这使我联想到“高原孤岛”——墨脱，也是如此。一个是高山冰封，一个是高原雪路。我也更加心痛不已。

因此，我们怎么能责怪对红柳的砍伐呢？生活对火、对温、对光的需求，是不可一日或缺的。向大地索要——生物能源（树、茎、根）、间接能源（牛、羊粪）是有限的。而向天索要——阳光、风，则可以就地取材，用之不竭。所以，长期工作于藏北的勇者、智者，如杨松同志就积极筹划、实施利用太阳能，可以说是借来天火，烛照人间。

狮泉河红柳丛
（海拔 4 300m）

由噶尔东行，经革吉、改则、盐湖、色林错，起伏行进在海拔 4 500 米以上的高原面上。虽然周围生境苍凉，人迹罕至，但是人间的交流、支持，备感温暖。在革吉，见到工作在此的农牧学院牧医系毕业的藏族女生，她那种惊喜、依偎之情，体现在她始终满含热泪。我只有以蔬菜相赠。别时，她更是泪流满面。待我们车行很远后，还看到她的人影，直至融合于地平线。

当我们行至羌塘的中心地带，旷野一片寂静，而临近夜晚，急需寻找住宿地。行至东噶地区，突兀地出现了两间茅屋，柴门虚掩。屋内有几张由树棍、砖头搭起的床铺，上铺茅草。外间一只火炉、一堆羊粪、一小袋青稞、半碗食盐。我感觉，这虽然简陋到了极致，但也温暖旅人之心到了极致。因为这可以救人于危难，甚至救人于生死之间。这就是高原之上，宽广胸怀、人性之光的体现。我们自由地借宿一晚，临行前，也放了一些食品，掩门而去。

万里羌塘，也是千湖之域。面积 5 平方公里的湖泊有 300 多个。至于小湖、沼泽、湿地等，更是星罗棋布，波光闪烁。我们曾见过若干幽美而奇幻的景象，如湖滨嫩黄的委陵菜连片漫生，恍若南方的油菜花田，只是贴地矮生而已。也有湖心小岛，形似浅盆倒置于平静的水面上，叠印成双。

行进途中，年轻人为了补充营养，曾经猎捕到一只黄羊和其他小动物。一天傍晚，我们住在一户牧民家的小草屋中，在浅水边，猎到了一只雌鸭，而雄鸭就在附近，哀鸣不断、徘徊不去。小伙子们还想就势将其一并打下，我为这只雄鸭说情，我说，打了一只，已经无奈，你们可以补充营养了，就不要再伤害它了。事后，那雄鸭的哀鸣，久久回响在我的耳际。我不知道，留下这只孤禽，是好事还是坏事？

前往色林错的过程，也颇有戏剧性。我怀着向往，决心去色林错边近观。但进湖途中，道路极为泥泞，小车车轮几乎一半处于泥中，挣扎着前进，起伏颠簸，犹如在沙发上狂跳迪斯科。这是水域旱化、碱化、退化的反映。我眼见期望

← 盐湖湿地（藏北，海拔 4 350m）
↙ 盐湖草甸（藏北，海拔 4 350m）
↓ 藏北草甸 候鸟迁飞（海拔 4 500m）

近观湖区的打算成为泡影，而且清醒地估计到，如果继续坚持，则可能两车8人均陷入湖沼，出现又一桩“彭加木事件”（我当然不敢与彭加木烈士相比）。但却可能有被误认为叛国投敌之虞。我们只有再艰难地退出，这也是我唯一的一次没有实现的既定计划。

盐湖之行，也极为丰富而独特。我由于高原不适，清晨即起，遥望四周，在湖滨辽阔的沼泽草甸上，似“吹皱一池春水”般的浅浅的绿波（草）起伏，草尖上还似乎溢出盐晶，在朝阳下珍珠般地闪烁。而整体的朝阳像一只硕大的鸭蛋黄，在盐湖水面上飘忽。

我还看到，两位藏族姑娘正在准备把两列羊角拴绳、羊头相对的羊群散放，她们全身藏装、细辫飘摇，一脸灿烂地迎着朝阳，而背景是疏草遍地，雪山绵亘。我拍下了这一张有意思的照片。开始我命名它为“牧羊晨曲”，后来思之再三，改为“羌塘晨曲”，因为，此地、此情、此景，非“羌塘”二字莫属。

沿途，我们也经常与野牦牛、藏野驴、藏羚羊这高原的三大主角生灵相遇。虽未见大群，但牦牛的争夺交配权的厮杀场景是见到了。交战双方，斗斗停停，两旁雌牛，悠闲地观战。据说，一次战斗可长达48小时，我们就没有时间“奉陪”了。

藏羚羊则常见小群体地奔跑，灵动而美丽。至于藏羚羊的迁徙，据说甚为壮观。怀崽的母羚在公羚的护卫下，大群体的进入荒寂的“无人区”深处。产仔过程正是雁群北上之时，雁群以胎盘为食，而幼羚以大雁的排泄物为食。时间精准，适口性强，如此的食物链结构，真是绝妙的节约型互惠、互利、互补的范例。产后，添丁兴旺的藏羚羊家族开始回迁。

公羚羊更发挥了爱妻、护仔的作用，行走在羚羊群的队首和外围，还不时地帮幼羚过浅水、跨沟坎，用它那长长的羚羊角温柔地托举着、“扶持”着幼羚，绅士般地完成着世代繁衍的生命历程。

藏北的草地，浅草青青、平整如毯、无边无涯、无路有迹。由于各类车辆恣意而行，草地上深、浅、宽、窄的车辙，或平行，或交错，放射状伸向远方。其中更有各种野生动物的行迹，或列队整齐，或蹄印杂乱地迁徙、游走的小道。当时，阳光从侧方射来，光影与角度极佳。我很想停车拍摄这无垠的高原上“处处无路处处路，宁静之中蕴生机”的情景。但见两位摄影师疲劳过度，沉沉而睡，实在不忍将其唤醒。此后再未见到如此绝佳的画面了，但是这个场景永远地印刻在我的脑海。我多想在这海阔天空的芳草地上，自由地翻滚，接受它深情的拥抱。

我更叹服草地的生命力和奇特的生命现象：清晨，阳光乍现时，草层上会出现1米左右的雾岚，袅袅升腾，如梦似幻。让周围的景物以及远山都显得朦胧起来。原来是草叶上的露珠雾化和土壤的毛细管现象。我不禁联想到，那油菜花田上层飘忽的花粉雾，把空气都染成嫩黄色了。这些中微观的生命现象，对旅行中人来说，也甚为醉人。

藏北的天空，湛蓝得让人疑其为假，云团更是幻化得酷似人为。我曾见一幅浓云为框，中有奔马，冲向框外，幻化为另类的奇景。而且还常见雨帘垂于天际，雪幡挂在半空。天地万物似乎在为我们做一幕幕惊心动魄的专场演出。

那曲，意为黑河。行署所在地的海拔还高于阿里，为4 500米。我们进那曲前，似乎那曲行署已经在望，为了抄近路，小车陷入流沙中，下车掏沙，效果甚微，甚至越掏越陷。

而同行的大车，已经走正道反超过我们了。其时，天色近黑，真是一筹莫展，似乎“九九八十一难”的最后一难来临了。有幸在大车虽已走出很远，但不见我们的踪影，返回寻找，才把小车拖出沙窝。此后，我们又深一脚、浅一脚地翻过一座沙山，直至深夜方才到达。

在那曲，也同样受到羌塘人豪迈、热情的接待，无私地提供了所有专业资料，并且介绍给我们东去考察的途径和联络人员、方式等。

由那曲东行，向索县、丁青、类乌齐方向，从地貌类型上，由羌塘高原向“三江”流域上段的山塬、沟谷而去，在植被类型上，由疏草荒原、高寒草甸向灌丛、疏林转换，温湿度状况缓缓上升。

海拔 4 000 米左右的索县是以牧业为主的农业区，尤其我们看到一座古庙，其形式若小型的布达拉宫，一块块青稞田围绕着庙基，长势挺拔，似绿色的帷幕烘托着这座土石结构的、梯形古庙，苍劲而威严，看来，这是源于藏族先民的智慧，先于拉萨皇宫的历史性建筑。

在索县，我又遇见了一个令我感情激荡的事件。当我们人还未到，信息已传，一位藏族青年已经在等“妈妈”了。起因是 1990 年，由于我患胆结石，在林芝军分区医院开刀，需要输血。而我的血型属于 AB 型，相对较为稀少，曾经有三位学生（二藏一汉）为我输血。而其中一位藏族学生扎西，分配在索县工作，所以他把我的到来，视为他的妈妈归家。见面时，他的一声“妈妈”，直把我叫得热泪盈眶，一股暖流沉到了心底。

我想，何谓人间亲情？难道只有亲缘关系才有亲情吗？其实，亲情既不限于亲缘关系，也不因血型相同，甚至与民族、国籍都没有必然的联系。而是心的连接、情的交流、爱的温润，就是人间的至爱亲情。我们在索县考察期间，他一直陪着我们，是一名编外向导。而且，他向所有的朋友、同事介绍，说我是他的妈妈。于是，我这个徐妈妈，在索县就有了许多年轻的朋友和“儿子”。

丁青是藏东北“三江”流域的山塬—红土地带。沟壑中，不少岩石露头，形态突兀，构成了各式峰林石堡。更有似人似兽的大石，有形似大佛坐于山岗，也有酷似老虎立于山头。而且，此“老虎”面向东方，我不禁神思到金陵，“虎踞龙盘今胜昔”，自然界的“老虎”是否也有交流与联系呢？

丁青，这个红土地带，基岩主要是紫色砂岩，而且反映了古地史的温润期的红土类型。所以，在景观上，呈现了独特的荒凉瘠地上的农业区，在紫色砂岩的山边隙地，红土相对深厚处种植青稞，因而田块的形式自然而多样，有不规则的波形，有角叉式的连接。在村前屋后，甚至大面积的山坡上，青稞田有成熟的金黄、有待熟的翠绿，间以棕红色的岩体和土地，把“三江”流域的峡谷、水系、山体，配比装点得五彩斑斓，给人以远古苍劲但又生机绵延之感。

类乌齐是“三江”流域上段，半干旱森林—草原植被的典型地带。峰奇石怪，疏林草原，中旱生的川西云杉是这里的主要适生树种，在悬崖峭壁间或小群或单株生长。高低参差的自然布局，形成了峭壁劲“松”的势态。既有生态意义，也有观赏价值。

我在类乌齐的若干起伏的山体和幽深的峡谷中行走，被周围的天然画廊吸引，真是应接不暇，神魂颠倒。我叹服川西云杉林的生命力如此之顽强，飞籽落于岩隙中，稍有雨润，即能萌动扎根。适应性如此之坚韧，可以吸取养分于瘠土，

丁青横断山脉的不整形梯田

（藏北，海拔 3 900m）

穿行扎根于裂隙。它虽然生长缓慢，但年长寿高，形成了枝干虬扎、傲岸的劲“松”。令我敬佩与敬畏有加。

峻峭的山体与劲“松”相互装点，宛如一幅幅国画山水，构成了浓墨重彩的长卷。过去，我曾误认为古人的国画山水多有臆造的成分，而待我亲眼目睹了如此壮美奇特的山水景观后，真感古人是在实地观察的基础上，艺术地体现了大自然的风姿。

类乌齐除了川西云杉的峭壁森林以外，还有连片的大果圆柏、高山松等组成了半干旱区的暗针叶林和疏林，林缘常有缤纷的野花成丛，白色的帐篷散落，周围有悠闲的羊群或鹿群，不远处还有玛尼堆与佛塔。那种天高地远、静谧庄严的气氛，催人净化、皈依自然。这种境界永远地留在我的记忆之中。

我们从类乌齐东向跨“三江”抵金沙江畔，可以说贯通了西藏的由西向东的大藏北之途。返程时，沿西藏中线南下，考察目的地是羌塘南缘的当雄草原和纳木错及疏林地带。途中，令我震撼的是：看到一个磕长头朝拜拉萨圣地的小团队，他们以村为单位，三人负责后勤，一人架独轮车，载装着沿途所必需的物品，四人以身量地的、三步一长头地前进。寄托了全村的朝圣心愿。我停车致意，与他们交谈，还发现了朝圣以外的又一个心愿，就是他们要去看树！同时还用手比画着约 2 米的高度。我恍然明白了，从羌塘的疏草，他们向

星月形沙丘上仅存的湿地（藏北，海拔 4 700m）（摄影：杨勇）

往着即虽是灌木也视为圣树了！

到达当雄草原，念青唐古拉山的主峰7 111米，耸立在天边。草原辽阔而悠远。目光所及，只有点点的帐篷，一位孤独的牧羊人边放羊边转动着手中的转经筒，还有一位老牧民，三块石上架着汉阳锅在烧酥油茶。高原牧区的寂静、旷远、悠闲的氛围，令人陶醉。同车的年轻人忽发奇想，说：徐老师，这里一马平川，你都可以开车。我也和他们同样“神经”了，向司机请教一番，我说也就是四个环节吧：发动、加油门、换挡、刹车。于是在海拔4 200米的当雄草原上，我第一次违规地无证驾驶，因而引发出我2005年在折多山区第二次也是最后一次的“信马由缰”。

我们由当雄草原、念青唐古拉山口向东，至拉萨河源流的麦地卡。这里是高寒、干荒疏林带，一片大果圆柏疏林，面积约有500公顷，分布在海拔4 200至4 500米的垂直带上，形成了满坡苍绿。其中不乏长寿古树，我们调查到有高19米，胸径1.7米的立木。圆柏属缓生树种，但寿命较长，可耐干、寒、瘠薄生境。能长至如此粗壮的古树，寿命肯定超过千年了。

殿宇众多的热振寺，坐落在大果圆柏古林的下缘，反映了人文历史、古庙与古树互为依存的关系。周围还有一片玛尼墙，长约20米，镶嵌着一块块玛尼石，矗立在高高的河阶上。

坡下流水中，滩岛断续，分布着沙棘古林，遥看似灌丛，实则是高近20米的中乔木了。

看到藏北高原的支沟地带，也有保存如此完好的林、水、寺庙等自然与人文和谐共存的景观，我联想到那一队羌塘牧民朝圣者，如果到此，会同时满足他们朝拜神灵与圣树的两大心愿。

而当我2005年第二次再去考察、拜访时，看到此地已成为距拉萨不远的旅游地了。我既有担心，更有期盼，如此历史性地以宗教保树林的杰作，当代人只有虔诚的观赏、保护的义务，绝无糟践、破坏的权利。

由唐古拉山口西进纳木错，山路颠簸，翻越5 400米的纳根拉山，为了制作生态科普教育电教片，我站在山岗，介绍周围的岩层地貌、山川形胜。当日风雪交加，迎风时，雪花成团呛入口中。而翻过山岗后，风雪骤止，阳光普照，蓝天白云，海拔4 700米的纳木错展现在下方。

纳木错是我国湖泊面积第二、海拔最高的高原湖，被藏族人民尊称为天湖。它的主体是咸水，但是还承接了念青唐古拉山冰川雪水，所以咸水、淡水混合。湖区的扎西半岛上，发育着显著的冰水冲积扇和溶洞、天生桥等岩溶地貌，堆砌耸立的奇峰怪石，犹如守卫天湖的天神门将和刀锋画戟，更衬托着天湖的圣洁和威严。我们在此既采集到砾石滩的植被标本，更看到罕见的日冕奇景。遗憾的是，几次拜访都未碰上鸟类繁殖期，没有看到飞鸟集群、遮天蔽日的壮观场面。

同时，我们还参观了羊八井地热田，只见高几百米的热水柱喷爆而出，云蒸霞蔚，那壮观景象令人瞠目结舌。但是这里也有温存的、惠民的露天游泳池，恐怕是海拔最高的温泉泳池了吧！而且似乎为我们藏北之行洗尘、休憩，年轻人畅游其中，吸引得我这个芳龄 64、又不会游泳的“旱鸭子”也下到水中活动一番。当时我举目环视，不禁感叹，在高原大地深处，还有多少未知的能量何时涌出地表，被人类所知、所用啊！

热振寺的玛尼墙

辽阔的羌塘草原，人迹稀少，似乎难以见到相识、相知的人，但却有一次奇遇。当我们在路旁小憩时，见到一位长发、长须、背囊、拐杖的行者，我说这位是从墨脱而来。大家奇怪我因何得知？我说他拿的是藤竹拐杖，墨脱特产。一问，果然是由墨脱出来的行者雷殿生。虽然未曾谋面，但是雷殿生说，他认识我，而且在墨脱相遇的几位学生，曾经托他带一条墨脱蛇的标本送我，只是途中标本已坏。

我既高兴于我们同为天涯行者，巧遇在当雄草原，又感谢那几位青年学子想把墨脱标本赠送与我；更奇怪的是，他们似乎以为我是常在高原游走、可能随时随地相会的人。这种感觉和信任，让我这个“高原之女”，有一种家居高原，常住家中之一员的“主人翁”之感。

天湖纳木错

我们欢聚在路旁的一家小棚店内，简单而热烈的午餐，我随身别无长物，还剩一把硬糖，倾囊赠送。而方辰同志掏出200元相赠。我们怀着天涯何处不相逢的豪情，各奔东西。

藏北之行，我们八人二车，真是“头枕着边关明月，身披着雨雪风霜”，人虽极度疲惫，但收获丰盈；车虽耗损破旧，但运行正常。安全地返回到科学的小庙——西藏高原生态研究所。

湖边（纳木错，海拔 4 700m）

冰凌（纳木错，
海拔 4 700m）

日冕

翌日，林芝电视台的点歌节目，播放了一曲《好人一生平安》，祝贺我们的凯旋，还有一段动情的注释，说，徐教授年过花甲，出身江南，外柔内刚，为高原生态竭力，是后继者的表率，等等。当时，我一人在高原生态所内静静地听着这首歌，胸中又激荡起羌塘豪迈的风云，流下了沧桑而宽慰的清泪。

我回顾此行，苦则苦矣，累则累矣，但这是高原生态事业的必须。我始终明确：藏东南是研究高原生态的核心地，而藏北羌塘是高原生态的主体。不朝觐与考察它，不能构成高原生态的全局。

我曾把高原生态的类型归纳为：冰、水、草、林、脆五大类型。藏北羌塘基本上涵括了生态脆弱区的高、寒、干、荒、风、沙、陡。

所以，此次也就是生态脆弱区之行，此行当然必须，此行当然有极大的收获和启示。生态脆弱区的关键是“脆”，这一个“脆”字了得！“脆”字给人们的印象似乎是：环境严酷、资源匮乏、不宜人居，无法改善。因而，一提藏北，心生恐惧，视为畏途，称其为“无人区”，甚至“生命的禁区”。其实，这是一种谬误。

藏北不是无人区，只是少人区，还是勇者、韧者之区。

藏北更非“生命的禁区”，而是顽强、坚韧的生命的自由之区，既有植物，也有动物。

植物中的红柳（水柏枝），它既耐高寒，也耐酷热；既耐干旱，也耐水淹；既耐贫瘠，也抗风沙。可以在高亢的狮泉河畔，绵延数十公里。高可掩人，根深及丈。

至于草本群落，在羌塘高原，有多种、多形式、多类型的种群分布生长。盘根错结、走茎宿存。真是“野火烧不尽，春风吹又生”。所谓“萌生”，所谓“茁壮”，均是由草而来。过去常说“只见树木，不见森林”，而我们往往“只见树木，不见草本”。但是，恰恰草本是一切生物的食源，是根本的根本。草本是适应性和生命力最强的群体，无论对万物生灵，对保护大地，都是最“默默无闻的英雄”，却又最不被人待见。但实际上，岂止是“英雄”，民谚云：“衣食父母”，草群就是大地之衣，生灵之食，是我们地球家园的父母啊。同时，我不禁联想到，社会人群中的普通子民——草根族，实际是构成社会的基础。

动物中的小精灵——藏羚羊，是羌塘高原上美丽的舞者。它们体态轻盈地自由奔跑，生于斯、长于斯、繁殖于斯、举家迁徙于斯，构成了藏北高原上最灵动的一群。

野牦牛，是藏北高原上威武的王者。我曾看到，在漫天大雪中，野牦牛身披着厚厚的积雪，安卧在雪地上。那种岿然不动、坚韧不拔的悲怆而威严的气势，让我敬佩不已。所以，有人提出“牦牛精神”是：“忍处恶劣的条件，啃食低矮的青草，提供浓郁的乳汁，充当高原的船舶。”

至于多种飞禽，如大雁、黑颈鹤等，冬去春来，迁徙于南北，栖息于水体。以高原水域为家，繁衍生息，用色彩和鸣声装点着高原的天空和大地。又是多么高洁而圣美的画卷啊！

可见，藏北高原绝不是“生命的禁区”，而是韧者自由翱翔游走之区。这一个“韧”字了得！以“韧”字对“脆”字，上演了一出出亘古延续的生命之悲喜剧！

峰峦拥绕

我们若临空环视，横空出世的大高原，由三级大台阶构成，其中心是恢弘无垠的高原面，而四周峰峦叠嶂，托举着、拥绕着这一方惊世的、独特的地理单元。周边山系是高原成型之构架；护卫四方之玉屏风；迎风面、背风面之分水岭；蜿蜒于南天之白色巨龙。千峰耸立，沟壑深邃，气象万千，是全球独一无二的生态制高点。

珠峰三谒

对于地处西藏南缘、横贯东西 2 400 多公里的崇山峻岭组成的大山系——喜马拉雅，更是被世人既敬又畏、既近（文字上）又远（现实中）的独特地理单元。而其最高峰珠穆朗玛峰，更是充满了神秘感，似乎高不可及。但是对我来讲，喜马拉雅山系和珠峰是研究高原生态的重要而特异的范畴。

我曾两次敬谒珠峰大本营，一次高空环绕珠峰及喜山群峰。在藏期间，我曾数次越喜马拉雅山岗，至南向诸谷林区考察。途中遥望珠峰，无限向往。直至 1992 年，我已年过花甲，深感敬谒珠峰之约时不我待。于高原生态考察的第十五个年头才首次成行。

这一行使得我常常梦回魂牵。于是2001年，已届古稀，我第二次再谒。这是一次心情复杂的“再谒”，体会到既应展示（旅游），更要保护。珠峰之麓的热闹场景与珠峰之巅的烛照人间、巍峨圣洁的气势大相径庭。而临近80岁时，又做了一次高空敬谒（第三次）。对珠峰的崇敬神往之情，可以说近乎癫狂。

1992年的珠峰大本营，周围只有大波浪状的褶皱岩体和小“金字塔”形的塌积坡群护卫，一道道冰碛垅和疏散的冰塔林，伸向远方。在海拔5 400米的山岗上，绒布寺和佛塔宁静地矗立。我们在冰碛台地上，只看到两间“干打垒”的牧民小屋，人迹和鸟声皆无。那一种绝对的万籁俱寂的氛围，似乎把人引向了圣洁的天界。

途中，我怀着忐忑的心情，唯恐珠峰被云遮雾绕，拒绝面见，曾经问同车的朋友，“如果珠峰今天不见我们，怎么办？”他们笑着说：“我们早就知道你徐老师，不见珠峰是不会告别的。”所以当时大家都做好了在那两间“干打垒”的小屋中过夜的准备。

但是，珠峰对我们钟爱有加，渐渐地浓云变成了“旗云”，峰顶逐步显现，著名的“旗云”飘向东方。我怀着庄严的心情拍下了在洁白的大冰斗簇拥下海拔8 844.43米的珠峰——全球最高耸的“金字塔”，直指蓝天，旗云飞渡，雄鹰悬停。我们静静地拍、静静地观、静静地采石取草（采标本），唯恐打破这一片静、净的天地。这一次可算是“静谒”珠峰。

大本营的近旁，一座20多米高的冰碛垅，环绕着一个小冰碛湖。我们攀上冰碛垅，这一段行程虽然仅20多米，但在海拔5 400米的高度上，我高山反应严重，心慌气急，

珠峰绒布寺（海拔 5 300m）

两眼发黑，步履维艰，手脚并用。连我常备的两架相机，都被“缴械”了。我在小冰碛湖边，遥望珠峰倒影入湖的奇景，真感到珠峰有灵，也会关照我们钟情之人。下坡时，我也不顾斯文，随着坍塌的小石块，躺着滑下山坡。

随后，还掬了几捧珠峰的冰融水润口，相传这是珠峰圣水，可以净心治病。事后，我们的确没有任何不适。我想，这样的绝无污染的极佳饮用水，能在水源处饮上一口，也是

人生的一大幸事。

返程时，车上的气氛轻松而愉悦。我们的格杨说：“徐老师，你又创造了一个‘世界第一’，60 岁以上的老太太来珠峰大本营，恐怕你是第一了！今天女神会见了女仙。”我说：“岂敢岂敢！是女神接见了我们这几个虔诚的子民、高原之女。”

途中，我还看到了一个奇异的现象，在副驾驶座外侧的反光镜中，一束从天而降的白色光柱，直径约 15 厘米，或直射，或扭曲，不离不弃地在镜片中跃动，不知如何成像？是机械，还是自然？至于特异的天象，我在珠峰地区还又幸会过一次。时近黄昏，天边出现了十几条紫、白相间的光带，下窄上宽，酷似一幅硕大的“扇面”，直指中天。那种极致的奇美，竟然令我心潮涌动、激奋异常。直到夜幕降临，色带方逐步隐退。有人说，这是地光，而我感觉，这是遥远的天际辐射之光，可能是另一种类型的极光吧！

2001 年，新世纪伊始，在世界自然基金会的赞助下，我立项进行大高原生态对比考察。所指大高原，是因西藏（青藏）虽是高原的主体，但不是全部。而大高原者，包括我国西部整体性的三大级台阶：一是蒙、新、黄土高原；二是西南——云、贵、川高原；三是最高级——青、藏高原。这使

↑ 完整的珠峰中绒布冰川（摄影：李国平）

→ 桌状冰蘑菇（摄影：李国平）

我越来越清晰地感到：我国高原的整体、恢弘、高亢的气势和生态制高点的价值。因此，我们开始了大高原半个世纪的生态对比考察。

几年来，我们组织了数次越野车长途考察。出京城，由东向西，从太行山系，经黄河壶口，北上内蒙古、新疆，翻沙山、进戈壁，访哈纳斯湖区，至火焰山吐鲁番、天山、伊犁、阿拉山口，测雪岭云杉，迎西域劲风；中跨秦岭，遇险于"无边落木萧萧下"的雪夜，跋涉于陇西干荒山塬，青海湖的沙丘与狼毒花丛辉映，玛多县的荒凉与姐妹湖（鄂陵错、扎陵错）的澄蓝，色差极巨；南下西昌螺髻山地质公园，探幽独龙江边陲小镇，上溯怒江第一湾至察瓦龙滩地，夜闯云岭，遥感新年钟声。纵横于大高原的北南西东，领略了高天厚土的演替幻化。足迹过处，既探山水植被，更对比半个世纪的生态变迁，人情期盼。

也是在新世纪伊始的 2001 年，我们第二次敬谒珠峰大本营。主要是传闻珠峰将开放接待各方游客，正在修路。我怀着隐隐的忧虑，思考珠峰的建设与旅游及生态保护之间的协调关系。

当时的珠峰大本营，与 10 年前初见时的确大不一样。很像初期的集贸市场。红、蓝、白相间的塑料布搭建的帐篷内，供游客喝茶、饮食。汽车、游客纷来沓至。

我急切地想看那个小冰碛湖是否安在？气喘吁吁地、在年轻人的扶持下，爬上了冰碛垅。同行的梅冰同志，还表扬我，说："徐老师，你真是奇迹！"遗憾的是：冰碛湖已经

（摄影：李国平）

干涸！我的心情诚然凄凉，小湖的干涸与冰碛垅的毁损，虽然也有自然因素，但过多的人为活动，是生态脆弱区难以承受之痛。

我更看到，中外游客，有骑自行车者，有驾摩托车者，也有各色越野车横停竖放。我不禁想起曾经做过一件回想起来有些汗颜的事：有一个组织摩托车越野登珠峰的活动，曾找我题词，我当时还“欣然命笔”：“为大地减负，让地球增色。”此时面对恣意践踏、毁损冰碛垅的情况，我想，某些活动，不是减负，而是增负。我不该盲目参与，而应该给予合理的建议和规劝。

在高高的冰碛垅上，我拍照留念，因为我当年是“人生七十今不稀，正是千山极目时。”这张照片，红色的工作服衬映着飘忽的白发，颇有气势。朋友们建议我拿下太阳镜，我说：在海拔5 400米的高处，戴太阳镜是必需的、科学的。

背依珠峰（海拔：5 400m）

在此处，我倒真是极目千山，心情豪迈。我感到，我们西藏高原的冰雪生态系统，真是一个规模极大、影响深远的生态系统。而我背倚着5座8 000米以上的雪峰，即8 844.43米的珠穆朗玛峰，8 501米的洛子峰，8 470米的马卡鲁峰，8 153米的卓奥友峰，8 012米的希夏邦马峰。所以，若说我这张照片有气势，不在我个人，而是背倚着蓝天下的白色巨龙。

我赋诗曰：

白首冠环球，玉洁写春秋。
遥祝人寰处，坡绿碧水流。

前两句是赞珠峰，后两句是以珠峰的名义对世人的期盼。

我第三次拜谒珠峰于天际环飞。时间是 2009 年，当时我吹嘘“芳龄 80”。

我们经“瀑布一条街”的樟木口岸，出境至尼泊尔。尼泊尔是喜马拉雅山南坡的山国，巨大的东西走向的喜马拉雅山的南北坡，温湿和综合生态环境差异极大。南坡是印度洋暖湿气流的迎风面，孕育出温润的、辽阔起伏的坡地，形成了稻田竹树的林海绿波与冰晶玉洁的雪山群峰层次分明、上下呼应的奇景。

我们乘中型飞机，专程绕喜马拉雅雪山、珠穆朗玛雪峰而行。仿佛进入了冰雪世界，千峰晶莹，万壑葱茏。那海拔 6 000 米以下的雪峰都忽略不计了，只见海拔 6 000 至 7 000 米的雪峰 8 座，海拔 7 000 至 8 000 米的雪峰 6 座，海拔 8 000 米以上的雪峰 5 座。真是“琼楼玉宇”，我仿佛是“羽化登仙”了。“洛阳亲友如相问，一片冰心在玉壶。”就是我当时心境的真实写照。

在如此静到极致、净到极致的冰雪世界里，人的心境也是冰雪样的静、净。而实际上，我的内心却是热血沸腾。以致下机时，情不自禁地手舞足蹈，因为这恐怕是我终身最难得的，也是最后一次的“飞天”奇遇了吧！

有人可能认为：“你三次拜谒珠峰，而且都飞到天上了，今后还将如何？”我认为：我的一生至此可谓足矣，但也未足。俯观大地，既有各色深浅之绿，更有各色斑驳破损之黄，探究不尽，任重道远。一息尚存，不落征帆。焉能就此足矣？

藏南四谷

如果说，珠峰是环绕大高原的众山系的首领的话，那么支撑的骨架、护卫心胸的“肋骨”就是周边起伏的沟壑，抬升起宏伟的大高原。喜马拉雅山南侧的4个半封闭的、幽深的峡谷，就是构建大高原不可或缺的组分，而且是拥绕冰峰雪岭的耸立的“碧玉簪”和绿帷幕！

由东向西，我考察过错那、亚东、樟木、吉隆4个林区。

错那林区

去错那是我得知那里有古沙棘林和小熊猫（属浣熊科，而非大熊猫的幼体），是为探访它们而去。经朗县到山南雅砻河谷一带，此地是藏族农耕发源地之一，西藏第一宫“雍布拉康”高耸在雅砻河谷山坡脊顶上。在其上纵观雅砻河谷湖盆，农田平整而宽广，庙宇和藏王寺等古迹点缀其间。经过乃东、泽当，在喜马拉雅山海拔4 200米左右的岗面上，考察了沙棘疏林，的确有树高10余米，胸径1米左右的古树。但是，属伐后残存、散布的植株。我们怀着遗憾与不足到达错那县，在那里又巧遇农牧学院的两位毕业生，受到了他们倾其所有的接待，把一年一度分配的牛肉干，加上我们带的“老三片”热热闹闹地一餐“晚宴”。更好的是：与一位县农林科技人员共进晚餐，他提供了一个绝好的信息，就是错那西侧的一条支沟东嘎乡，有整齐原生的古沙棘林。

次日，我们驱车前往。将近村落，就看到一群群的褐马鸡在村边、路上，啄食、闲逛。就感觉这是一个宁静的与生物和谐相处的村落。

↑ 雍布拉康（山南泽当，海拔 3 900m）

↓ 错那沙棘林（山南，海拔 4 200m）

村旁，一片10余公顷的江孜沙棘古林，胸径多1至2米，树高18至20米，疏密适度，树冠开展，一串串黄色的果枝密生，老茎苍劲虬扎，林地落叶缤纷，牛羊疏疏点点。该片林分树龄800年以上。我们边调查、边欣赏、边感慨，在海拔4 200米左右、半干旱荒滩水溪边，能保留得如此原生而完好，大概是村民视其为风水林、圣树了。我们想，如果这片林，出现在城郊，定是一处上佳的旅游地。当然，若真在城市范围，是绝不可能留存下来的。

从海拔4 200米的错那县城，一路曲折南下，经冷杉林、油麦吊云杉林、云南铁杉林至海拔1 500米的亚热带常绿阔叶林的勒布区，这里与印度的常绿阔叶林隔沟连坡，是小熊猫的栖息地。

我们受到边防部队家人般的热情接待，并陪同我们考察了密林巨树，更让我们远观近眺，把各垂直带的典型景观和优异的生长数据尽收眼底、袋中。唯一遗憾的是，小熊猫没有接见我们。

返程时，垂直高差2 500多米，经过了几重的天气变化，从雨热到湿热、再到温热、温凉以至冰雪。因为在中途海拔3 800米处，借宿于兵站，翌日清晨，开门见雪，满山满坡。那峨眉蔷薇的红果上，盛着晶莹的雪块，冷杉平展的枝叶上，覆盖着积雪，真是银装素裹，我们就在雪海银花中穿行而归。

攀上岗面后，还看到了一处寺院绿化、改善环境的实例。桑耶寺的庙宇四周有高2米左右的多刺灌丛，把桑耶寺圈围得似一条绿色镶边的大船，停泊在苍黄的高原坡面上。我仿佛看到了神话中的诺亚方舟，庄严地、生机盎然地显现在高天厚土之中，这座沙漠中的绿洲（方舟）被奇幻的、金色的光芒所环抱。

东噶灌丛围护的桑耶寺（海拔 4 400m）

亚东林区

进入亚东林区，从江孜东向，经海拔 4 100 米的多庆湖、帕里镇，南下入沟，直至海拔 1 600 米的下司马镇（亚东县府所在地）。这一线沿亚东河而下，山体也是按规律地分布着暗针叶林、如柱的铁杉林和整齐的乔松林，以及常绿阔叶林。

亚东沟是 20 世纪 50 年代从印度进入西藏的通道，开发较早。森林伐后，呈疏林和迹地。但是由于近溪的湿润环境，迹地上多绿草萋萋，野花绽放，反倒有恬静悠然的感觉。

下司马镇的民风习俗，集原生与开放于一体，爱美化、爱绿化、爱整洁。几乎家家以藤蔓花卉做门框，粉花点点。而院内、家中各色盆花点缀着，真是姹紫嫣红。他们待客或酥油茶，或甜奶茶，主随客便。

在亚东沟，我更高兴的是遇到了我们南京林业大学分配来的学生小付，时任亚东县副县长。我们笑谈：姓付的似乎永远当不了正县长。而他后来还真的当了正县长，就是“付正县长”了。而如果姓郑，就始终是正职，不是“郑副某某”了。

付县长对老师的到来，极为热情，亲自陪我们到边境的林区考察。那硕大的铁杉正在被砍伐之中，而一沟之隔的锡金，却保持了原生的、茂密的森林，林缘灌木上长尾叶猴在跳跃嬉戏。

付县长还安排了专业座谈，尽可能地提供资料，更有著名的亚东鱼款待。亚东鱼是回流鱼，鱼体不长（20厘米左右），但鱼肉细嫩，是上佳食用鱼。

我们还调查了几块乔松林，那一年生长两轮的乔松，生长迅速，所以林分修长，株间密集，是温润气候的反映。考察过后，我们去了附近的一处温泉区，享受了一下露天沐浴的野趣。几间木屋隔成露天的大、小浴池，他们安排我在较上游、水温最适宜的回水区，使我被那水汽氤氲、轻柔浮动的温泉水所包被着，抬头可见一方澄蓝的天空，飘忽的浮云似乎把水汽携上空中，还不时有一两只小鸟鸣声“唧唧”地飞过。那个安静、幽静的氛围，真似乎把人的身心都洗净了。

樟木林区

去樟木口岸之途，是从江孜右拐南向，翻冈底斯山，到喜马拉雅山岗面上的聂拉木县，这里海拔4 200米，干荒缺水，连饮用水都要去远途沟边汲取。但是，当我们驱车南下，立即进入了峡谷深沟地带，属于典型的V形谷，又因与尼泊尔沟谷相连，暖湿气流翻涌而上。沟中浓云飘忽，湿度极高。立木与灌丛都处于云雾缭绕之中，草本蕨类的叶面上，犹如水洗，水珠淋淋。而岩石峭壁上，长短瀑布连绵断续，因此，我们称之为“瀑布一条街”。

景色虽美，但过湿的山道，也险象环生，塌方滚石连连。我们由于路险、堵车，又遇到骤雨，走走停停，到达海拔 1 500 米左右的山弯处，虽然樟木口岸的灯光遥遥相望，但是附近却是漆黑一片，只有停车宿夜。那一次，两车 8 人，我女儿徐凌也随行考察，所以一辆小车上，我们母女二人蜷缩了一夜。次日清晨，雨霁，下车一看，原来近旁就是一个汽修站。真可笑，在夜晚的雨帘下，似乎伸手不见五指。汽修站的朋友热情地招待了我们一餐热腾腾的早餐，真是如同“及时雨”。

雾笼铁杉（樟木，海拔 2 200m）

前方路断，我们存车在汽修站，徒步下行。这时，又遇到一次险情。在我和前面的老陈同志中间，突然砸下来一个50厘米直径的大石块，前面的同志毫无察觉，我绕过此石，继续前行。可能有人会问："你没有惊慌吗？没有尖叫吗？"其实，没有惊慌，是因为瞬间发生的事，来不及去惊慌；没有尖叫，是因为事已过去，不想影响大家前行。当然，这也是因为我们司空见惯于各式险情，也就见怪不怪、遇事不慌了。

樟木口岸的国界，是友谊桥中的一条10厘米宽的红漆线。在线内线外，我们和尼泊尔的卫兵握手言欢，拍照留念。尼泊尔的背夫，负重极大，甚为疲劳，我们见此，将馒头等食物赠与，他们爽然接受。

中尼比邻，一水相隔，一桥相连，两坡遥望，植被同型。人际间的关系，其实是可以自然地、平和地共处。在这一带湿润阔叶林和针阔混交林中，我们识别、采集了丰富的植物标本，调查了林分、巨树。甚至还测量了火烧迹地的站杆木，那一片火烧地，面积有数十公顷，均属巨大的铁杉，据说是边民用火不慎而蔓延的。我当时目测一株铁杉胸径1.3米，实测结果是1.27米，大家赞叹我目测的准确性。这的确是我几十年教学、科研，野外实践积累的一个操作小技能而已。

樟木考察，收获虽丰，吃苦也不少，各种嗜血性昆虫，骚扰严重。旱蚂蝗一日数十条附身也是常有的事，但与此后在墨脱考察时，一天身负400多条旱蚂蝗的惊人纪录相比，还是"小巫见大巫"了。

吉隆林区

最西侧的吉隆沟，途经佩枯错，这也是一个咸水与淡水交汇的高原湖，是日喀则地区最大的湖泊。长椭圆形的佩枯错，似一只蓝色的宝葫芦，横卧在冈底斯山的岗面上。四周有疏草荒滩，也有垫状灌丛，我们在夕阳的映照下，抢拍下草原金秋的美景，并采集了标本。晚间，露宿在佩枯湖畔，在海拔 4 600 米的高亢干荒地带，缺氧症状较为严重。大家头部胀痛，彻夜难眠，我急忙让大家分享仅有的两只氧气袋。

次日清晨，路边一户牧民，热邀我们进帐篷，请我们喝新鲜的酸奶，还说，可以减缓高原反应。那个新鲜的酸奶真是雪白如凝脂，口感极佳，是我此生尝到的最好喝的酸奶！还真的缓解了高原反应。

我们的车在喜马拉雅山西端的山上蜿蜒盘旋，下到海拔 3 900 米的吉隆县城，再向南行，由高原面下至河谷地带。吉隆沟与樟木地形上有所差异，樟木是 V 形谷，吉隆属 U 形谷。这里的特点是森林保存得较为完好，有连绵的冷杉、云杉和云南铁杉、乔松等。更有多种珍贵树种，如西藏长叶松、长叶云杉和红豆杉，或单株，或成林，高大挺拔。

西藏长叶松在西藏仅产于吉隆，针叶长 20 至 30 厘米，林下更新极好，有明显的幼林层。长叶云杉也是西藏仅产于吉隆的树种，叶片较长，小枝下垂，树冠很柔和婀娜，我们曾调查到胸径 2.4 米，树高 50 米的立木。我们感到在温湿度较为适中的地区，物种的分布、交错、融合性较大。所以，我们在此地见到了诸多珍稀物种，而且生长优异。

我们沿路考察，沿路下沟，经过江村、冲色，直至与尼泊尔交界的热索桥，这里是海拔 1 500 米左右的宽阔谷口，近乎干热河谷，出现了仙人掌群落，高 1 至 2 米，开着黄色的花朵，长势良好。热索桥的中心，也是一道红漆线，界分中尼。这里既无哨卡，更无驻军，我方界内只住了一户牧民。据说，吉隆县内，不少人家有尼泊尔血统，亲友交往频繁。

竹林幽径（吉隆江村，海拔 2 300m）

尼泊尔农田丛生竹

我沿沟而下，除了实地调查，寻珍探宝以外，胸中还有一份待寻的珍宝，就是在我国境内是否有喜马拉雅雪松分布？因为，从中山陵的雪松到分布区的扩展，在国内算是园林绿化的一种珍稀树种，高大、挺拔、雍容。而我也深知雪松原产喜马拉雅，其全名即喜马拉雅雪松。所以，我是自我带着此使命来寻找的。但是，直至热索桥，未见其踪影，原产地想必是在境外的喜马拉雅山区了。

返程途中，在长叶松更新突出之地，我们还分苗龄量生长，正在伏地测量时，一条翠绿的竹叶青蛇，粗约 5 厘米，长 50 至 60 厘米，盘在灌木枝条上，伸向我的头部，距帽檐仅 10 余厘米。我未察觉，而旁边的人看到，疾呼："徐老师，不要动！"迅疾抓住蛇尾摔死，解除了险情。回到江村驻地后，这条蛇变成了年轻人的一道补养汤，我当然是不忍下箸的。

回顾我80余年的人生，西藏之于我，教惠之深、情谊之浓，真是无与伦比。我从年近半百，经花甲，至耄耋，一步步向高原的高处、深处、广域以及精神的天际走去。由点—面—线—类型—整体，这个过程，既是任务的需要，更是理念的升华。

点，是支教、援藏于农牧学院和西藏高原生态研究所的创建；面，是探索在藏东南这片缤纷、多样、优异的生态宝地；此后，辐射向主要线路、典型生态类型；而对大高原整体性和生态制高点价值的认识，则是在行走、考察、认识、学习、思考的基础上的升华。

在大高原的教育和启示下，我由衷地、愉悦地把我的二度青春和金色的夕阳奉献给了青藏高原的天空、大地、生灵和子民。

高原对我，也真是有“脱胎换骨”的作用，我由江南的柔弱女子之骨，似乎换成了刚性、坚韧之骨。在性情上，由过去感性的、激进的、焦躁的、倔强的我；渐渐地转为理性的、平和的、沉思的、明晰的、感恩之人。

高原对我的教化，真是既深又透。而其“化”，是有化有不化，不化的是对高原的愈浓之情，对高原情结的愈紧之结；化的是我的心愈来愈柔化了，面对万物生灵，我充满了爱慕、爱怜、爱护之情。

于是，我急切地回报，就是向外界展示高原的山川之壮美、资源之丰美、生态之优异与脆弱，我作为一名把高原视为家园、护若珍宝的高原之女，似乎充当起了高原的“代言人”，为西藏“正名”（以往多误认为西藏即荒凉），呼吁共享与共保。

我深感高原范畴生态脆弱地区所占比重甚大，若有破坏，退化易而恢复难，资源衰竭快而更新慢。所以，痛感仅以唯美求共保，远不能奏效，而应如实反映生态脆弱及所遭受的破坏，以警示求保护。以期高原的父山、母河、云朋、松友，健壮，纯净，生机勃勃，持续发展。因而，只要有机会发言，无论时间、地点、场合、对象，我必倾情、如实地介绍西藏，阐述生态，吁请环保，传自然之道。

遥望恢弘的、令我神往的高原，我常常神思遐想，我多想随风而飘，汇水而流。我愿乘长风，回荡在高亢、壮丽的高原面上；我愿乘山风，在林冠层上，看绿波起伏似海洋，进林中深处，听花、草、灌、苗吟唱；我愿乘微风，轻抚着娇柔的山花碧草，品她们淡淡的幽香。

我还愿成为一滴晶莹的水珠，汇入灵动的山溪，沿河入江，在雅鲁藏布江大拐弯环流处，洇入岸边、林缘，整日听涛声激越、风动林梢、轻抚碧草；看云飘雾涌、春花秋叶、古树苍松。

我对高原的钟爱之情，简直到了痴狂的程度。高原就是我科学的圣殿、永久的家乡、魂归的天堂。

林涛声声

第3讲

两座木屋

LIANGZUO MUWU

1995年，我又经历了人生和事业的持续而转折的阶段。花甲已过，高原生态研究考察已近二十载春秋，本应回归故里，含饴弄孙，颐养天年。但是我深感：人生短暂，事业长存。未竟的事业还时时萦绕于心，还无停步、放手、退休、安闲的打算。

自感紧迫的“任务”：一是为高原“正名”，高原以往多被误认为即荒凉，而我所见、所识的高原，是生态类型系统完整、山川宏伟多样、资源丰富优异的一片蕴珍藏宝之地。所以，揭示介绍，更误正名，冥冥中成了我与高原由衷的一个约定。二是向社会传自然之道，进行生态环保科普教育。

“窗口”与面向

我走下西藏高原，上了北京灵山；走出学院课堂，面向社会未来（青少年）。于是第二座“小木屋”出现在北京灵山，这就是北京灵山生态研究所的缘由。

当时，《中国青年报》的李记者，还为我此举而振奋，说：“南林（我家在南京林学院内）少了一位带孙子的老太太，环保事业多了一名老战士！”

我下高原时，的确依依不舍。一首告别诗中，曾有一句：“江畔小楼梦魂牵”，就是说我对尼洋河畔的“高原小木屋”将永远入梦。我还在高原小木屋前，摄影留念，对照片中的

灵山丛林草甸

情景，我赋诗以志：

小木屋前伫望，思绪万千绵长。
前景云深何处？霞光为我导航。

高原就是以如此深情的祝福送别我的。

北京灵山的地势为首都之最，海拔 2 303 米，我爱称其为“北京的珠穆朗玛”，与西藏高原的部分地段有生态相似性。我有志于在灵山建立又一座生态研究所。

有幸的是，这个动议得到了北京市政府部门、相关专业领导机构、门头沟当地领导以及社会各界的理解和切实的支持。在天时、地利、人和的社会环境中，北京灵山生态研究所（“灵山小木屋”）才得以建成。

“灵山小木屋”的建设，有一个艰辛创业的过程。在华北石质山地的贫瘠河滩地上，改土（客土）成畦，遍植花木；建造西藏风格的房舍展厅，用借山借水，以自然为主，以绿化为魂，把民族建筑零散融入其中的理念，的确使“灵山小木屋”风雅别致，还略胜于“高原小木屋”一筹。

当然，两座小木屋都是我心血的结晶，一脉相承，但各有特色。“高原小木屋”以开创性的高原生态研究为主，“灵山小木屋”以社会性的科普教育为主。我形象地将二者比喻为：“高原小木屋”是星光和霞光（昭示与祝愿），“灵山小木屋”是灯光和风铃（山区孤灯，风铃回响）。

“灵山小木屋”的规模不大，仅拥有80余亩园圃和实验用地，以及一片山林。建成了小木屋展室、生态教学楼、温室、多功能厅（内含“灵山生物多样性”和“大高原纵览”展室）、引种试验圃地、树木园、小水域以及基本生活设施。对于青少年生态教育或野外教学班级而言，基本具备了软硬件设施和食宿条件。

我们主要从事于：开设介绍西藏生态、资源和民俗风情的“窗口”；考察灵山的次生植被和“亚高山”草甸及其在华北地区的生态屏障作用，引进生态保护理念与措施；从事青少年及社会性的生态科普教育工作，“请进来”（参观展览，展示高原），“走出去”（受邀到大、中、小学讲座）。

灵山山麓，建所伊始（1996年）

大力宣扬我在“生态寄语”中的精神：爱我华夏，爱我河山，保护地球，造福未来。

我们的展览，接待了来自各方、各界的观众，尤其是青少年朋友。小木屋展厅的前言中，展示了西藏高原的神韵，凸显了我国西域和东疆（首都）绿色的连接和亲缘关系。其中写到，西藏“具旷古之魅力，应展示以共享”。被一些朋友所激赏，认为如见“落霞与孤鹜齐飞，秋水共长天一色。”我认为太过谬奖了（附录：“两座小木屋亲缘相连”展览前言）。

灵山生物多样性展室的前言中，我介绍“灵山之灵，灵在何处？一高二草。高，海拔 2 303 米，为北京的最高峰，被爱称为北京的珠穆朗玛。草，仲夏之际，碧草青天，山花争艳，露润草长。”被朋友们认为，对灵山的称颂，虽不敢说后无来者，却是前无古人了（附录：灵山生物多样性展览前言）。

至于大高原纵览，我写道“更令人堪忧者：社会阶层多陶醉于建设之快速，沉湎于消费之繁荣，游乐于伤残之山水。希吾世人，善待自然，以维护负重之大地，留存薄产于子孙等等。”很多参观者边看边慨叹，理解我的痴情与苦心。

2004 年，适逢我内外交困，灵山生态所资金来源枯竭，老伴摔伤卧病，而我决意建成大高原对比纵览。我和老伴及儿子，还在为前言咬文嚼字，“沉湎”二字是儿子的建议，老伴则希望我将“残余”二字缓和一点改为“薄产”。

我们的园地，经过几年的绿化、美化，在 100 余株古核桃树的基础上，广植乡土的、适生的树种和各色盆花，组成了绿荫遍地、花团锦簇、回廊木椅的自然的、诗情画意的学习和休憩的园地。

这一座独具特色的“小木屋”，被称为“精神贵族”的生态庄园，起到过绿化、科化、文化、净化的作用。被各方誉为：“一座独特的生态科教园地，一处纯真的生态旅游景点，一片高雅的生态文化氛围，一条绿色的藏汉团结纽带。”更被当地认为，以生态环保带动了灵山一线的生态旅游与经济开发。

在科研方面，以生态相似性原理，做了一些引种试验工作：试验引种西藏中山、河谷、半湿润地区物种；试验栽培华北山地主要乔、灌木和药用植物；吸取了一些现实的体会，呼吁石质山地重草、重灌、重乡土的生态保护理念。

10余年来，灵山生态研究所起到了介绍西藏的“窗口”和面向社会生态科普教育的作用。先后接待参观者和外出讲座受众共两万余人次。被认为是弘扬民族精神，增进藏汉团结。一位专程来访的华人朋友深情地写下：“高瞻远瞩保生态，率先垂范振中华。”

我们北京灵山生态研究所（生态科教基地），从新建到“辉煌”，有影响、有成就，也获得过多次奖励。

建所之初，我们边建设，边进行生态科普教育活动。露营帐篷，举办生态夏令营，接待青少年学生、幼儿园小朋友、年长的知识界、文化界的朋友和台湾荒野协会的志愿者们。大家在自由的空间里，听讲座、访山林、采标本、篝火晚会、藏舞藏歌，共同在生态环保的氛围中，得到了启示和交流。

尤其令人难忘的是：当天津海关的朋友们尽兴而返时，在我们生态所经常播放的西藏音乐、高雅音乐、激情音乐中，特别为他们选放了一曲《送战友》，还以圣洁的哈达相赠。那种隆重的、激情的、豪壮的气氛，使宾主的友情达到了高潮。

还有一次，北京市医务系统的专家参观后，捐赠了1 000元（20世纪90年代的1 000元，放在当前，何止万元。当时

露地帐篷
生态科普

是由各位医务人员将随身携带的钱凑拢而来的）。我接受这沉甸甸的捐款时，就如同接受了白衣天使对生态环保的爱心，我感动得热泪盈眶。

在众多奖励中，最让我珍视的是环保新闻工作者协会和香港自然之友联合颁发的地球奖两座，2001 年的地球奖，是表彰我为高原生态研究所做的工作；2003 年的地球奖是表彰我们北京灵山生态科普教育的效应。在颁奖会上，我激动地感言：

共建、共享与共保

——向地球“万物之母”的献辞

这是一片小小的生态环保科教基地，
它绽生于地球家园的一方、我国的华北山岗。
承接着社会的关爱，迎来了珠穆朗玛皎洁璀璨的阳光。
背倚着灵山辽阔的草甸，古树苍劲、山花幽香。

生态环保知识与展示是它的衷肠，
社会各界、青少年朋友是它倾心的对象，
更似一条绿色的纽带连接着首都和西藏。
“爱我华夏，爱我河山，保护地球，造福未来”的生态寄语心意长！

这座知识化、抒情化、净化的园地是时代的建造，
奉献于社会，共保与共享！

2006 年 1 月，我们举办了灵山生态基地 10 年回顾讨论会，汇报“灵山十载耕耘，生态环保奇葩”。得到了生态环

保方面的领导和有关同行的充分肯定。
中国老教授协会林业专业委员会的贺信为：

在那银光闪烁的珠峰脚下，在那神秘悠长的雅鲁藏布江畔，在那古木青藤的原生莽林中，有一座静静小木屋，这就是举世闻名的“森林女神”之家。10年前，女神披着雪白的哈达，飘离奔腾呼啸的雅鲁藏布江，在海拔数千米的雪域高原上低吟长歌。她满怀离别的恋情，告别了莽林、峡谷、江水和日光之城拉萨，她驾着高原神风，裹掖着雪山莽林的神灵之气，飘飘摇摇地向神州东北方向飞去了。飞呀飞呀，女神一直飞到了燕幽古都的西郊灵山圣地。这里远离京华闹市，峰峦重叠，寒林幽谷，风高露重，这里没有万马奔腾之势的雅鲁藏布江湍流，没有万年积雪、银光闪闪的珠峰，但是那冉冉飘出幽谷的天地合一的气雾，竟是灵山孕育了千万年的生态灵气。女神笑了，她飘落于此，抖动银发，举起双手，挥舞雪白的哈达，将雪域高原带来的灵气全数融入了灵山的山草树木。她长袖善舞，低吟长歌，在灵山又建起了雪域莽林中同一模式的小木屋。她在此安家落户了。她披星戴月，栉风沐雨，吐故纳新，潜心修合，一心一意塑造、滋养着灵山的新天地。弹指间，十年光阴过去了，灵山万木峥嵘，山川多姿，百姓安居，可谓是山也笑来人也欢。灵山的灵气已经直透云霄，我们的女神则是童颜鹤发，青春常驻。此神话焉？幻景焉？亦幻亦真也。这便是北京灵山生态研究所之由来和现实。女神非杜撰，乃是大作家黄宗英当年在西藏采访徐凤翔教授时的赠词的演绎。今天我们庆祝北京灵山生态研究所成立10周年，送此贺词，意在祝愿凤翔女神宝刀不老，青春永驻，意在祝愿北京灵山生态研究所这面生态神旗永远高高飘扬在灵山上空。

中国老教授协会林业专业委员会贺北京灵山生态研究所成立十周年赠匾

“雪域立业，灵山创新”

中国生态学会贺北京灵山生态研究所成立十周年

“碧凤丹心”

——王如松、薛元立贺北京灵山生态研究所成立十周年

“凤翔灵山 屋脊生态 又绽新绿

雨润心田 草根科普 尽染丹霞”

遗憾的是，仅仅 10 年，由于体制上是自收自支的事业单位，归国管而无稳定的经费。在经费和人力都匮乏的情况下，自感力薄才疏，不愿再为五斗米折腰，因而，灵山生态研究所日渐萎蔫，难以为继。但我衷心还是期望后继有志士仁人，使这片生态环保科教基地，萎而不亡，甦生而长。实现我的“生态环保大旗不倒，绿色文化颜色不变”的期望。让这块闪耀着生态之光、绿色之光、民族团结之光的科教基地，长久地在灵山幽谷中，灯光闪烁、风铃悠扬。

我们深切地体会到，生态环保教育，任重道远。是环境现状的急需，是民众素质的提升，是决策部门的必备，更是未来发展的先导。而当前切实从事生态环保的人员不是多，而是很少；生态环保的呼声与建议不是强，而是很弱；落在实处的生态环保的实践基地更为缺乏。我们深感生态环保教育责无旁贷，应该坚持、深入地进行。

而我只有竭力从事一些理念性探讨、学术性交流、科普

性讲座以及自我著述，期望在流传后世、扶植后人方面尽黄昏余晖之力。

大高原三维示意图（《中国国家地理》提供）

大高原生态对比考察

随着对西藏高原生态、资源的展示与交流，思维上越来越明晰高原生态的研究，西藏虽是主体与核心，但高原的整体性是最基本的，因而高原生态的研究范畴，不得局限，而应扩展至全局、整体。

↑ 新疆昭苏左移改昭苏绿洲（摄影：王方辰）
↓ 胡杨秋色（摄影：吴伟平）

我从 20 世纪 50 年代末，即去云贵高原考察，此后，又北至新疆、西至青海、中到黄土高原，对大高原的范畴和三级“大台阶”及其联系，越来越凸显出其整体性。半个世纪以来，人口的增长，资源的耗损，对高原的生态环境有何等之影响？高原的现状如何？常常引起我的悬念和忧思，于是大高原生态对比考察的项目在积极酝酿之中。

20 世纪末，友人访我于“灵山小木屋”，拍了一张我坐在木椅上，作安闲状的照片，同时又打探我今后的打算，还说：你已年届 70，应该以静为主了。对于那张照片，我曾经配诗曰：

此生阅历千重山，心波浩淼难驻鞍。
旦祈绿染天涯路，木屋庭前话安闲！

这实际上已经表达了我不能以静为主，而要走向大高原，生态对比、寻绿探源、期盼绿染天涯，才做安闲打算，何况对年届 70 的我来说，时间紧迫、来日无多。更有幸的是，世界自然基金会支持了我进行大高原生态对比考察的项目。

新世纪伊始，我就邀志同道合者，共赴征程。2001 年，对西藏高原的珠穆朗玛冰雪荒原区、藏北高寒草原—草甸区、藏东南色季拉林区及大塌方区进行了生态对比考察。这几处是我熟悉的、梦绕魂牵的“家园”，所以，我既是归家，又是新探。

记得飞越西南林区、“三江”流域上空时，我从机窗向外，看雪峰、看水系，心情激荡。同行的梅记者说：“徐老师，没想到，你经常往返的人，还会如此激动。”

对于拉萨河谷，我既关注它的农田丰收，更关注沙山的

↑ 哈纳斯雾笼云杉（摄影：陈金华）

← 新疆森林草原（摄影：王方辰）

扩展状态，对飞沙上山、越岭，印象深刻，对比鲜明。因为昔日的沙山已经铸入我的记忆中了。

此次拜见珠峰，主要为珠峰地区修建旅游道路而来，只见老路、新路、便道、取沙坑和工棚驻地，纵横狼藉，黄沙扬尘，我感到发展旅游故属需要，但在如此干荒的生态脆弱区，动土毁草，应该极为慎重对待。国外的土面生态路是值得借鉴的。同时，对于如此珍稀的珠峰地区，旅游的吞吐量也应计划控制。

藏东南是我的第二故乡，是我高原生态事业的大本营，

禾木村的早晨（摄影：陈金华）

我当然更为关注。而气候湿润、植被茂密的山地陡坡，也是生态脆弱区，塌方的起因当然主要来自于大自然，但人类对地表的破坏也不容忽视。

此次的大高原生态对比考察，我们还经过了渭南、川西一线，对干荒区、植被区的一些地段的生态脆弱特点、形态、运动等，都让我们触目惊心，更吁请人类尽力善待自然、保护环境，以利家园的安宁。

2002 年，我们重点考察了北沿的新疆风沙线。考察了阿尔泰—哈纳斯林区、天山—伊犁林区、巴音布鲁克草原、昭苏绿洲、准格尔戈壁、塔中大漠、塔里木河流域—胡杨林区、风蚀区—魔鬼城、吐鲁番盆地和一些古城遗址。可以说

五彩城（摄影：陈金华）

艳丽的五彩城

经历了北疆、南疆、天山南北，也让我回忆起40多年前，纵马伊犁林区，夜探雪岭云杉林，解析标准木的情景。

此次考察，使我进一步认识了新疆地史上的水陆变迁，风沙的缘由与威力，以及丝绸之路和历史古城的兴衰。所以，目前有将新疆定位为旅游大省之说，是有基础的。但是，在干荒为主的生态脆弱区，发展旅游业应该谨慎从事，如古城遗迹、特殊的风蚀地貌等，应该是保护性的旅游，绳以细规，宣讲科普知识，进行环保教育。

更有一些“无价之宝”的资源，如将军奇台千株以上的硅化木，任其散失，真是一个历史性的憾事！至于独特的胡杨林和坎儿井，则是自然和人文的历史性的骄傲！更应宣讲和保护。

总之，在辽阔的新疆大地上，严酷的生态环境中，我们看到独特的生态类型，万物生灵顽强的生命力和风情万种的人文习俗。应该说是个广域的保护区。我们怀着关爱与叹息，制作了《新疆生态行》专题片，发表了近10篇相关文章：如《大漠的叹息》、《风的魔幻》等。

2003年，重点在西南高原。考察了滇西高黎贡山和怒江流域一线，从南端的热带—亚热带的瑞丽、腾冲向上，直至北端的独龙江林区，与西藏察隅交界；滇中大理至丽江、迪庆一线白马雪山、梅里雪山林区；横跨怒江—澜沧江—金沙江河谷，经泸沽湖林区而出滇入川。

在此范围内，我们主要探访“绿色王国”，绿得如何？时隔47年，是否别来无恙？

此行绕山环水，感到“绿色王国”总体上，还算绿得摇曳生姿。但有一些地段，绿色淡了，绿得疏了，甚至呈点、线状的绿了。而常绿阔叶林地带，不少被砍伐、刀耕火种，

→ 粗壮的硅化木（摄影：王方辰）

↓ 硅化的巨木桩（摄影：张于嫣）

开垦为旱作梯田。俗话称："一年吃火气，二年吃土气，三年吃空气。"也就是说，坡地开垦，耕作原始，导致水肥流失，生产两三年后，也就基本无收，红褐色的岩层裸露，童山秃秃，呈现出石漠化景象。

至于水电开发，倒是有遍地开花之势，某处的梯级电站、某处的拦河大坝，看来工程繁忙，实则山坡坍塌，倒木纵横。所以水电开发区的特点、开发的规模、目的与效应，均应审慎地、科学地规划和实施。

对于伐后的迹地上，往往出现一些非目的物种，所谓的"入侵物种"，如紫茎泽兰、黄花木等成丛成片。我不免要为这些物种"申辩"：何来入侵之说？当土地裸露贫瘠后，乡土种难以生长，倒是适应性、扩展性强的物种，随遇而生，它们本质上是"先锋物种"。

此次的生态对比，主要对比的是绿的变化，这倒是人为因素起了主导作用，所以，生态理念、环保行为的普及教育是当务之急。

2004 年，我们乘越野车由北京出发西行，经太行山，跨黄河、观壶口，沿途吕梁、陕北、甘肃、青海，绕河套，起伏于内蒙古沙地，而后东返。

此行主要是寻绿探源，对比高寒、干荒、风沙地带的生态脆弱状况。青海湖是我 20 世纪 80 年代首访之地，当时民间还念念不忘青海湖的鳇鱼在 3 年困难时期的救命之恩。此次重访，湖边北沿的沙山高耸绵延，湖心岛边缘的荒滩在扩展。

为了探源，我们住宿在海拔 4 200 米的玛多县，高寒地带的缺氧反应严重，整夜难以入眠。次日进入鄂陵湖、扎陵湖地区，原本蓝天白云，而当到达黄河源纪念碑（牛头碑）

处时，狂风暴雪，我为科教专题片做了一段激情洋溢的解说。同伴们很吃惊，天寒地冻，徐老师哪儿来的如此激情？我想，这是我想起了这条母亲河曾经遭受的苦难，以及当时漫天的风雪，使我有感而发。

至于寻绿，西北干荒之地，原本以黄色为基调，但我们在中条山系却见到了连片的人工种植的云杉林，使得苍凉的大地上，看到了绿意、看到了生机、看到了人类的护卫和经营的力量；我们还在延安地区的延水河边，观赏到水域、支沟、坡面上的针阔混交林，甚至有苍劲的古树。使我联想到1978年，首次去延安、富县一带，感到心中向往的宝塔山和延河水，却处于苍茫中，老乡家的生活用具还似电影中反映的那么简朴。而时隔20余年，也出现了一些山青水绿，和谐宁静的景观，这是我们沿途寻到的一个个“绿点”。虽然大地广袤，“绿点”尚稀，但却是希望、是曙光、是方向。

对大高原生态对比考察，我们历时不长，线路不广，只是匆匆一瞥，但是我们带着生态的眼光，带着环保的期望，也带着民间现实的需求和长远的理想，清醒地感到：半个世纪以来，我们面临的生态状况是局部改善，总体不佳，深感忧患。我想，在自然资源方面，当今要努力遵循“五护”的原则，即护岭、护坡、护绿、护源、护土。制定经济发展、人民生活、长远效益，兼顾的、切实的措施，以修复和改善逆行着的生态环境。

附录 1

“两座小木屋亲缘相连”展览

前言

我们的西藏高原，举世无双，万众敬仰。全球第一高的珠穆朗玛峰，水莹巍峨，从“天”而降的雅鲁藏布江蜿蜒流长，草原万里，森林绵亘，百花争艳。如此独特而珍稀的自然景观与资源，具旷古之魅力，应展示与共享。

北京灵山屏障于首都西侧，是北京的最高峰（海拔 2 303 米），被誉为北京的“珠穆朗玛”。山腰以下峡谷深沟，峰峻石奇，绿树满坡，山腰以上辽阔的亚高原草甸，缀以五彩山花，一派高原风光！灵山与西藏“天生”的亲缘相连。

这里，是西藏的“窗口”，绿色的“纽带”，民族团结的自然园地。

附录 2

《灵山生物多样性》展览

前言

举凡山体，被命名而称之为灵山者，环视全国，不下十数，其“灵”，则各有千秋。有峰峦叠嶂、岩石剔透的山石之灵；有飞瀑山泉、雪岚飘忽的秀水之灵；有修竹万竿、古树苍劲的绿色之灵；有深山古刹、磬鼓悠悠的人文之灵。

而北京的灵山，灵在何处？一是灵在其地处京西，海拔居首，高达 2 303 米，为京都的最高峰，被爱称之为“北京的珠穆朗玛”；二是高亢辽阔，碧草青天，仲夏之际，山花争艳，露润草长，具远邈绿坡之精灵！

灵山位于北京市西缘与河北涿鹿县及涞水县交界处，属门头沟清水镇地域。其经纬度范围虽然不大，但地势与效能却突兀重要。在华北平原上，逶迤的太行山脉中，小五台一支余脉至京西地段时，末端皱褶断裂，形成了一抹起伏的低、中山。百花山、灵山、黄草梁、……绵亘于北京西沿。而灵山得其中高耸俯瞰，联袂群峰，为首都北京起着屏障西来风沙寒流的作用。

在华北古陆沧海桑田造山的过程中，灵山地带的地质地貌，既有水成岩的各式皱褶抬升，又有火成岩的断裂喷发。因而既有灰岩系列的岩溶地貌、流水潜泉、节理峰林，又有火山岩系的峭壁千仞，峻岭怪石。而更有特色的是灵山上部辽阔平缓的一级夷平面，形成了舒展的高原草地景观。

京华大地的气候，其基带主要属半干旱—半湿暖温带类型。而灵山由于海拔高程由暖温带—温带—高寒带组成，其气候属于温带季风半湿润型。冬长夏短，无霜期在 150 天左右。山顶部气温平均低于京华平地 10 至 12 摄氏度，夏季湿润，是既宜草木生长，又宜人类纳凉消暑之地。灵山地区出露的岩石，主要为石灰岩、花岗岩、页岩、片麻岩和石英砂岩。其土壤在山的中下段以棕色森林和褐色土为主，山中部以上以亚高山草甸土为主。

……

灵山，以其独特的自然风貌和多样性的生物种类，堪称华北大地之珍，京都山野之宝！

为此，我们将灵山典型的景观与主要的生物资源展示于众，以期引起各方的关爱，共建共保，合理开发，让“北京的珠穆朗玛”永葆绿色的、五彩的青春！

多瑙河岸景观

第4讲

千山画外

QIANSHAN HUAWAI

我在年届70之时，似乎壮心犹在，曾写诗云："人生七十今不稀，正是千山极目时。"其中的潜台词是，我既要继续考察国内的"千山"，还想"极目"画外的"地球村"。我这个计划，起点很晚，不像当今的年轻人有幸早早登程。

我的"画外村"计划，是打算以点、线、面、类型地补充——生态观光。带着生态的眼光，看国外的特色，作国内外的对比，借鉴他人，自省、自赏与自保。

展示"岗乡"，攀登"富士"

——与会日本及观光之旅

记得我第一次出境，是1987年参加一个国际山地方面的研讨会。会议是十几个有山地研究的国家参与的中小型会议，我国共有4人出席：中国林业科学研究院的蒋有绪老师、四川林科院的杨玉坡老师、贵州农学院的周政贤老师和我。地点在日本富士山麓。会议上，学术讨论气氛较浓，我在会上介绍了我国西藏高原高蓄积量林芝云杉林，旨在如实反映高原珍宝。与会者饶有兴味地听着我的报告，透露出惊奇与歆羡。会下一位法国专家向我讲到他看了不少国家的密林巨木，中国西藏的是罕见的，还频频竖大拇指。还有一位美国学者更向我提出，想将美国红杉与林芝云杉的生长做对比性

富士山麓的
会场

介绍。记得，我们临出国时，相关部门要我们警惕“两个中国”问题，因而我不便直接同意与他合作，只是客气地表示感谢。

会议组织考察了富士山及其植被带。富士山海拔 3 650 米，与我在藏考察的山体相比，既不高，也不成群。但它是典型的、孤立的火山颈口，远近均能观其英姿。但那次登山，我是失之轻视了它，我未穿野外工作鞋，而仅穿了平跟、浅帮、无带的宽松鞋，走在屑粒的火山灰上，不但“进两步，退一步”，还常有沙屑入鞋硌脚，多次停下来倒鞋中之沙，颇为狼狈。

在富士山上，看到了成群的冷杉枯立木站杆，就感到了他们将“灾害”遗迹留做警示教育的题材了。此后，还看到被泥石流过境冲得“七零八落”、树干扭曲匍匐的林分，保持原状，用绳带维持范围，供研究与观光。还在附近配置了成带的木板块，让野外旅游观光的人自带帐篷，在原生环境中自由的小住。

更有一处“鬼押石”公园，乱石林立，奇状异形，是火山地震后的景观，被整理成观赏、教育的景点。观者众多，其中，中小学生占有较大的比重，教师带领着边看边讲，这种“灾害”性教育对提高国民认识自然、防灾护卫是有作用的。

他们也利用"灾害"派生的温泉往往把宾馆（和住家）与温泉结合。工作之余，泡泡温泉，祛劳提神。我们就在富士山麓的一家宾馆中泡温泉，也让我的被火山灰硌痛的脚得到了一次舒适的抚慰。

日本是个岛国、小国，他们对土地、资源的利用和绿化等方面都很是节约经营与保护。他们的山道多弯而窄，但"照示"设施周全，以防交通事故。而立交高层（3至4层）公路则缓解了人车的拥堵。一些家庭住宅往往在小小的庭院中平房、木屋，反而给人以温馨之感。藤森教授请我们四人家宴，在小小的厅堂中，矮桌地席，一汤四菜，夫人亲自招待，那种典型的日式风格，隆重而亲和，反映了知识界的友好情谊。

至于对资源的节约利用还体现在这次会议的会址，利用的是富士山麓静岗县一处"研修所"，其中草坪林荫，实验棚室，提供了洁净的研讨交流的环境。考察途中，还曾利用学生暑假期间借住在学生宿舍中。而在人力资源的节约利用上，反映在会议的服务人员是在读研究生志愿者，这些年轻

一席家宴

人开车、送饭、收垃圾等，愉快而周到地服务着。

至于他们对岛内的绿化和林木保护更是注重，我们看到用铁丝网护卫的荒草坡，也看到一片片密度很大的扁柏树林分。奇怪于为何不进行间伐，日本朋友回答是人力紧张且费用较高，更要保护其自然生长。而他们使用的木材主要靠进口，致使他们国内的森林(是否含绿地？)覆盖率达60%以上。

会议结束后，当我踏上飞机，横渡太平洋，看着一层层飞卷的浪花拍打着这个绿色的岛链时，我不禁感到这个邻国的特点是：岛国、小国、危国。他们的自俭、自奋，是值得肯定的。但若因之而思外扩、外掠，则非治国之道，而是祸国之源，是不应该的。如果，像我们那次会议内外所接触到的知识界之间的平和而互敬的关系，则是多么令人期盼的人际、国际之间的和谐关系啊。

绿岛密林，纵横北美

——环视太平洋、大西洋

29世纪90年代，我在北美地区，参加过“地球保护联盟”的会议，以后还多次探亲、观光。北美大地四周环水，环境优越。北有“五大湖”（苏必利尔湖、密歇根湖、休伦湖、伊利湖和安大略湖），东临大西洋，西缘太平洋，南边的佛罗里达和夏威夷等群岛，犹如漂浮在大洋上的“绿岛”。

而它的西侧科迪勒拉山系，由北向南，有落基山脉连绵至南美的安第斯山脉，犹如太平洋沿岸的一条高高的山墙，在其中，孕育着多少动、植物种群，演绎着多少人文、地理的历史大剧啊！

我曾经沿山顺势而下，在约瑟米蒂国家公园内，观北美最高的、落差739米的大瀑布。访被誉为“世界爷”的大红杉，流连忘返。在旧金山，倘佯于曲折的“花街”中。在洛杉矶，垂钓于太平洋海滨，面向着海天相隔的华夏大地，对家园的思念还是如影随形、触景生情的。

我也曾造访尼亚加拉大瀑布，壮观的断层面上，水流汇集，沿岩壁直泻而下，被形容为“新娘的面纱”。我们母女俩各穿一袭简易的塑料雨披，乘“五月花”游艇，向着瀑布潭环游，任凭水帘飞溅，尽情享受着“人鱼”的快乐！同时，北望更宏伟的加拿大的马蹄形大瀑布，似乎还意犹未尽，计划相约于未来。

美国的东北角波士顿，是一个著名的文化大都市，我在老学长胡秀英女士的带领下，参观了无围无栏的哈佛大学，品赏了“玻璃花”标本馆，随意进出教室听讲，还去了哈佛植物园。植物分类专家胡老师如数家珍，更把中国引进的金钱松展示于我。至于波士顿的人文历史景观，更是举目皆是。

而我却甚为欣赏的是：

一是行驶在公路上时，两侧的树林既有针叶树，也有枫树、杨树等阔叶树种，金秋季节，阔叶树正值变色换叶阶段，一株株树有外冠叶色金黄，内层尚绿；也有上层已是红叶，下层金黄，内层黄绿等。总之，叶色的递变，自然而鲜亮，使我有行驶在“旌旗万杆”的豪迈气势之中。

→ 红杉林中
↘ 哈佛大学标本室玻璃花
↓ 我国的金钱松引种于哈佛大学植物园

二是看到一些居民小区的安静、秀美和花团锦簇，甚为赏心悦目。一处名为“水晶湖”的水域，其水、其周围的草坪和树木，真是绿得沁人心扉。孩子们钓鱼后，凡身长不及20厘米者，一律返回湖中。这在20世纪90年代初，对我来说，既新鲜又感动，更有极大的启示。

我也参观了白宫，由于专业的感情，我只感兴趣的是一

↑ 珍珠港广场宽阔的树冠
→ 肯尼迪航天中心火箭升空

座座厅堂内，鲜花遍布，香艳欲滴。

我还参观了一处展览馆，正在展出“中华瑰宝”。我和我的先生范自强，仔细地拜读了我国几千年的珍贵遗产，深感得以完善保存，公之于世，实乃民族之幸事。

我还参加了一次“地球保护联盟”的大西洋游艇的夜宴。其场景仿佛是“泰坦尼克号”的缩影，我遥望岸边几何图形的海洋馆，翌日的考察对象当即锁定。

由于我女儿家住美国的东南，我也属意于美洲亚热带、热带的景观。我曾沿密西西比河而行，过湿地、历浅滩、钻桥洞，遥观出海口，近距离地接触湿地植被和群聚的水鸟，还在新奥尔良逗留了几天。

佛罗里达是美国最东南的海岛，就像漂浮在洋面上的绿色的缎带，我曾两次造访。

第一次巧遇肯尼迪发射中心发射火箭，为了目睹盛况，我们一家四口，在自驾车上坐等天明，看到了火箭发射的壮观场面。遗憾的是，当时的相机很不给力，没有拍到理想的照片。

第二次是穿过一座座绿色的“岛环”，直抵佛突角，这一系列“岛环”，热带的植被景观与人文风情，自然而浓郁。使我真想随时下车、随处考察、随处拜访、随处休息。而起点处的大环，是一座较为广域的湿地公园，其中独特的植被、形态、生长，湿地的自然布局真值得仔细地做专业的调查。至于终点，最南端的一环，却是各方游客汇集之处，人们或休憩于沙滩，或游戏于海浪。我更极目南望，远方的水平线上似乎起伏着“加勒比”的身影，这又是我计划以后要去的地方。

我还孤身去了夏威夷群岛，映入眼帘的是诸岛上断断续续的椰林、蕉林和菠萝种植园，水蓝地绿，相映生辉。绿得我心中滋润而甜美，更有一层民族感情的是，幼年时代从教科书中得知的孙中山举义旗于火奴鲁鲁（夏威夷岛），也是爱国华人较为集中之地。而“珍珠港事件”之地的参观，更使我加深了对侵略者的作恶和反侵略的正义的现实体会。

夏威夷的三大岛，各有特色。我既沉醉于热带海岛的风光植被，又被其特殊的生态状况所吸引。我曾行走在火山喷发的地段，表层黑色的麻花状的地层虽已凝固，但余温犹在，地罅中火红的岩浆尚在微波起伏。我也到名为“大风口”之处，这是一个迎风面的窄谷，狂风不断袭来，吹得我感觉面部肌肉和眉毛都被拉向后方，当然，怒发冲冠更不言而喻了。

我也曾在独木成大林（大如广场！）的“林下”，彳亍。

真感到水中火山，“水深火热”的特殊生态景观。既有利于物种生长的环境，使热带的植物和作物生长、产量均佳；也有限制物种生存的要素，如穴居动物（蛇、鼠等）在岛上难以存活。而对旅居者而言，却是一个宜居的、休闲的好去处，我还饶有兴趣于再访。

北美的四面环水，造就了这一片肥美的大陆。但是，山体起伏，中心干荒，类型多样。我也去过干荒的拉斯维加斯谷地，沙荒遍地，霸王鞭、仙人掌等干热地带的植被疏生耸立。而这里却建成了沙漠中的城市，少水区的绿洲，绿化得生机盎然又洁净有序。更有一座《魂断蓝桥》影片中的石桥，被原封不动地“移植”过来，我在桥上往返踱步，回想到影片中的情景，只是没有了那伦敦区的云遮雾绕。

美国中部的科罗拉多大峡谷，是科罗拉多高原上的一座V形谷，深度1 700余米，两岸深切，谷底最窄处约120米。黄色和红色的水平岩层，相间排列。一种苍凉的、恢弘的、险峻的场景，摄人心魄。但是，我同时想到我们西藏的雅鲁藏布大拐弯峡谷，其景观特色差异极大，大拐弯峡谷高差达5 000米以上，两岸绿树满坡，云雾飞升。对比科罗拉多大峡谷，一绿一黄，一

夏威夷榕树气生根密集

润一干，在感观上真有天壤之别。

而同为干荒类型的西藏的扎达土林，如果在它的顶端俯观，或者于中低空飞行纵览的话，巨型盆状谷地中的扎达土林，水铸风成的各式地貌，鬼斧神工，其壮观、奇特，似乎远胜于科罗拉多。

大自然造就的区域性自然景观，有规律性，有共性，但也各有特色，形态万千，是人类永远看不尽、学不完的天书。

入北极圈，泛北冰洋

——北欧环斯堪的纳维亚半岛

当我在西藏执著于高原生态研究的同时，也设想着将地球的第三极（高极）与其他高纬度、高海拔地区进行生态对比性考察。1999 年，应两位挪威生物学专家之邀，将挪威的东西南北、主要景观兼及芬兰林区，进行了生态踏察。

在以往的主观印象中，高纬度地区，尤其北极圈内，应属长冬无夏的冷凉之地。而这次生态之旅，给我留下了极其深刻的温润亮丽、碧水青山的美感。

挪威是斯堪的纳维亚半岛的三国之一，形似一只曼陀铃。西依北大西洋，北部约有三分之一进入北极圈，直达北纬 71° 11′ 08″ 。但在挪威的大地上，除房屋道路、码头船只、冰雪山峰外，几乎达到了无山不绿，有水皆清，碧草连天的状态。

当我们飞抵卑尔根时，已是当地时间夜晚9时许，然而，首先入目的是阳光灿烂、白云飘浮，一串串莹绿的岛屿散落在碧蓝的大西洋海面上。原来正逢长昼短夜之时，一天只有三四个小时淡淡的夜色。

卑尔根大学的托尔斯坦教授，安排我们的挪威南部之旅，一车3人，托尔斯坦教授“司机”兼“导游”，我的老伴范自强难得与我同行，他旅游，我生态。优林美景，随叫随停，调查拍照，赏心悦目。

挪威的南、西、北三面环海，受北大西洋暖流的滋润，与全球同纬度其他地区相比，气候温润，多属温带针叶林气候植被带。

我们沿西岸的霍尔森岛北上，一片片欧洲赤松林、挪威云杉林以及偃柏丛覆盖着岛屿。群聚的小镇和独立的乡间别墅，或在林缘，或在水边，或在大片的绿草地中。

尤其令我赞赏的是：还有绿盖房屋的景观，这不同于我们常见的在房前屋后、楼顶平台上放置的绿草盆花，而是用绿草覆盖的屋顶。在西海岸的一户木屋人家，紫红色的墙板，白色的门窗，屋顶上摇曳着葱绿的草被，间以小花，主妇、小孩活动于童话般意境的门廊下。这样的建筑，既自然，又经济，既美观，又节能（保温、调控），更有效（冬暖夏凉）。这样的绿色小屋，我命名它为“生态草屋”或“生态绿屋”。

这使我联想到我国农村的茅屋，那是以枯秸秆铺就，虽同是生物建材，但茅屋是死植株，“生态绿屋”是活植株。诗人杜甫曾有“茅屋为秋风所破歌”，恐怕就是由于干草，加上年久失修吧？而活植株的“生态绿屋”抗风性能较为优

↑ 生态草屋
→ 山区草屋

越，还给人以美感和生机勃勃之感。

此后我在大小城镇、高寒山区以及北极圈内都见过形式各异的绿色小屋，在约顿黑门国家公园顶部的砾石滩疏草地的一座木石小屋，页岩垒墙，绿草屋顶，门廊上一株枝节留存的木柱，自然协调，浑然天成。同时使我备感亲切，因为与我们北京灵山小木屋的原木支柱，不谋而合。

在哈当厄尔山顶部，一户拉普族老妇人居住的、兼做小卖部的小屋，是土草结构，半圆形的土包，小小的烟囱，整个好像是用草栽种成的“土球”。这些星星点点的绿草为顶的房屋，不但增加了绿色覆被，更增加了盎然的生机与诗情画意。

托尔斯坦教授应我要多看森林、多经各生态类型的愿

→ 挪威的峡湾风光

↓ 北极圈内现代化的教堂

望，横贯东西，翻越了五座国家公园，从高150米的韦蒂大瀑布，盘旋上欧洲大陆最大的冰川——约斯特谷冰盖国家公园，再翻挪威最高的山脉——约顿黑门国家公园。沿途，从山麓阔叶林到夏季牧场，从森森的暗针叶林到冰水沼泽，从西侧的湿润山地至东坡较干旱的河谷。

在跨越龙达纳国家公园时，只见那里的防雪设施细致周到，除防雪栅以外，等距插杆，为行车作路标。还有的路段中，积石成堆，酷似我们西藏的“玛尼堆”，其实是指示“不能通行”的标志。

由东部边界南下，沿挪威著名的南方峡湾而行，陡峭的山崖，曲径通幽，浅滩秀木，四周悄然。我沉醉在温润、寂静的峡湾山路上，仿佛回到了我心仪的雅鲁藏布大拐弯山中。当我观景拍照时，不慎将相机盖掉入水中，眼看着镜头盖左右摇晃着沉入1米多深的水底，我不禁想起“鱼翔浅底”，而这里是“盖翔浅底”，可见其水之清澈。

挪威北段的行程，是由特鲁瑟北极大学的席格蒙教授安排的，此行由他们夫妇全程陪同。这一行都在北极圈内，真正地领略了冰雪世界、“白昼”风光、夏日无夜，按席格蒙的说法是：“黑夜等于零”。

席格蒙为了让我们看到北欧原生的泰加林，带我们入芬兰境内。我们原已准备好签证，但实际上，挪威与芬兰，林区考察、学术访问、入境出境，无关无卡。

芬兰虽然是一个三分之一国土在北极圈内的国度，但森林覆盖率高达76.2%。湖泊众多，水面直径200米以上的湖有5.5万个。又是个低山丘陵区，海拔一般在400至500米，所以，森林—湖泊—沼泽草地构成了绿色和蓝色“水天一色”的独特景观。我油然生发出“烟雨江南”之感，只是家乡雾岚飘忽的江南原野，没有人家那么茂密的森林。

席格蒙教授还带我们去了位于湖心岛的芬兰“亚北极观测站”，这是一座幽静、学术氛围很浓的观测站，研究人员长期工作、定居在这个北纬69° 30′ 的岛上，潜心观测亚北极气候、土壤与生物的关系。大自然回报他们的是宁静的、优美的、一尘不染的环境。

清晨，在薄雾轻纱笼罩的湖面上，摩托艇漾起了长长的波纹，把脚蹬长筒雨靴的科研人员带到沼泽深处去取样。告别时，我向这些虽不同国籍、却同心致力于平凡的科研工作的同行，致以深深的敬意和祝福。

我们此行，主要是进入北极圈，这一条北纬66° 33′ 的线，是既令人神往，又令人敬畏的线。北极圈内的亲身经历，使我慨叹：地球处处有人群，人群各有活法，各有特色，情趣盎然。

↑ 北极角地标（摄影：范志强）
← 芬兰研究站（摄影：范志强）

特鲁瑟是一个优良的港湾城市，位居北纬 69° 40′，我们午夜 11 时许飞抵，但见天光明朗、草木油绿，一派初夏风光。港口峡湾内，桅杆林立，小艇纵横。多层金字塔形的现代化教堂，仿佛如赤道附近的悉尼歌剧院。远处雪峰森林，近处波光粼粼。博物馆、植物园内，各国的游客，络绎不绝，赞叹不已。此情此景，使你根本忽略了北极圈这条线的存在。

挪威是一个航海、渔业有渊源的国家。沿海地带有以渔业为主的村落，其中有拉普族人，简单的小木屋、长长的晾鱼棚，组成了介乎现代与远古之间的生产、生活场景，朴实感人。

挪威的东北角与俄罗斯隔岸相望，连绵的云杉林把芬兰、挪威、俄罗斯统一在泰加林生态系统中。希尔克内斯有一所极地植被、渔业与大气的研究站，经席格蒙教授联系，专门为我们介绍研究工作，并放映了幻灯、录像等资料片。报告厅的玻璃窗上，排列着自然状态的白桦树干，既作支撑，又作装饰，别具一格。

这里还是一个接待旅游的景点，与我们同日在此的有近百位中老年旅游者，兴致勃勃、其乐融融的参观游览。更有意思的是，一座刚刚建成的很精致的小木屋，给我们两家居用。这座小木屋，好像是该研究机构的标志，两层楼的小屋，尖尖的屋顶上还悬挂了一只教堂式的钟。于是，我有幸当了一天北极圈内“小木屋”的主人。

挪威有一处著名的北极角，伸向北冰洋的巴伦支海，到达了北纬 71° 10′ 21″，是我们挪威生态之旅最北的目的地。途中借宿于北纬 71° 的洪宁斯沃格镇，这是一个依山傍海的小镇，人口仅数千，房舍依山而建，家家有花圃、花架，袖珍而温馨。山坡上沿等高线设有五道型的防雪木栏，宛若五线谱，极有特色。

我们居住在席格蒙亲戚家，一位 70 多岁的老夫人，盛情隆重地接待了我们，而且以首次有中国人到她家做客为荣。次日，风雨交加，我们驱车向北冰洋，海面上浪急雨骤，浓云重雾，僧帽形的礁石突兀于风浪中。

快艇载着三对六人，我们是年老的一对，遨游在起伏的巴伦支海上。我们欣赏到 250 万只之众的海鸟，或群聚在礁石上，或随波于海水面，或盘旋于低空中。我们还兴致勃勃地垂钓于北冰洋，席格蒙是钓鱼爱好者，得心应手，收获颇丰，将身长 30 厘米以下的鱼都放归大海。而我这个从未钓过鱼的人，也钓到了一条 35 厘米长的北冰洋之鱼。我高兴地说："不是北冰洋的鱼太多，就是太傻、太馋，或者是现代化钓鱼设备太好的缘故。"

游弋尽兴后，我们乘车向北角进发，这里有一座很大的展览旅游中心，高耸的透明圆球"天体"内，展览、科普、影视、购物、餐饮等设施齐全，并有地下回廊，细致地介绍北极探险史和各国与北极的交往。室外峭壁上矗立着巨大的地球仪，是一个重要景点。我们在狂风大雾中，"进一步、退两步"地走向它的面前。我想，这总算是圆了我一次北极梦了。

这次挪威（含北极圈）生态之旅，我参观了 18 处展览馆及引种园，更通过影像资料教育，似乎把我带到空中，鸟瞰北欧绿茵的大地和北极冰晶玉洁的世界；又进入海底，遨游于"水晶宫"；还让我跟随古代的北极探险队冰原探秘，收获了难以企及的，在极难、极险、极静、极洁环境中的知识和阅历。

↑ 山区土草小屋

→ 港湾城市一角

回归祖国的返程中，由北而南，从空中看北欧—西伯利亚—大、小兴安岭—华北。其绿的状况、绿的色彩差异明显，由“绿而碧”，“斑而苍”，到“暗而槁”，“浅而疏”。对于我这个从事生态、绿化的工作者而言，既感慨又汗颜，更愿呼吁“地球村民”共建共保生机盎然的绿色天涯。

冰水草林，类型对比

——南美由亚马孙至南极门户

2009年，我已年近80，却不意间使“画外村”的计划进入了一个小高潮。起因是我每年自作贺年卡，向亲朋汇报兼祝贺。沈孝辉老师回电时提到，今年几位“绿家园”环保界的朋友，去南美巴西、阿根廷生态旅游，问我愿否同往？就这一句话，开启了我走向“画外村”的新征程。

亚马孙“水中森林”，是我这个从事生态、林业的人，梦寐以求的、心中的绿色圣地。因为，亚马孙热带雨林，是全球的绿色之肺，从呼、吸、制氧、提供绿色资源，以及生物多样性等方面，均是极为典型而奇特之地。但它位于地球之南、遥远的赤道地带，我原想大概此生无望与其相会了。沈老师的这句问话，推开了我的心扉，我毫不犹豫地表示“愿与同往”。于是有了南美巴西、阿根廷的生态观光之行。

当我看到行程计划时，我忽然感到，这是一趟热带地域的“冰、水、草、林”的生态之旅。我想，此行不但是对崭新而奇特的生态类型的观光，而且可与我的高原的“冰、水、草、林、脆”五大生态类型对比。

远赴巴西的里约热内卢，这座南美的大城市，三面环山，外围绕水，大西洋瓜纳巴拉湾的自由海风，扑面而来。滨海的沙滩上，几座突兀的山峰：一是高出海面396米的面包山，酷似一只法式长棍面包倒插在水中；二是高710米的耶稣山，山顶上一座高50米左右的耶稣石雕像，双臂平举，俯视众生，反映他关爱生民、护拥入怀的气度。仅是这里的人文和自然景观就吸引了各方的观光者，游憩于沙滩，跋涉于山岭，巡观于游艇，赏夜景于海天星光之下。

里约热内卢还有一处令我印象深刻的地方：“佩德罗二世”国家森林公园，巴西的一位皇帝、植物学家，

↑“佩德罗二世”公园林荫大道（摄影：汪永晨）

↓玉蕊花（摄影：沈孝辉）

(摄影：沈孝辉)

(摄影：汪永晨)

板状根

把大西洋森林引进了城市。从专业的角度看，我真感到他是一位功德无量的伟大的皇帝。

我们在这个由热带常绿阔叶林、雨林、季雨林物种组成的国家森林公园中，充分地观赏、学习，把它视为热带植被的天然大课堂。对热带植被的一高、二大、三适应性强、四奇特等状况，进行了细致的观察。

其高在树高、灌高、草高，仅草就高达 5 至 8 米。

其大在树冠大、花朵大、果实大、叶片大，仅叶片就长 2 米，宽近 1 米，王莲的叶径竟达 2 米。

其适应性强在板状根、气生根等恣意生长，随处分布，“绞杀”寄主；树干上的休眠芽无处不萌动、老茎生花、结果；藤本植物由冠及地，垂直郁闭；各色野花群聚生长，构成一处处“空中花园”。

其奇特在于奇花异草的种类之多、形态之异，是我们中纬度地带的人无法想象的，真是“刘姥姥进了大观园”！最奇的是一株胸径 1 米多，树高 40 余米的大树，树干由基部向上，密密地萌出小枝，粉色的、奇形的花朵“落英缤纷”。其花之奇，是折叠式的、玉色的花冠下部，着生着近百丝雄蕊。树冠上硕果累累，大如炮弹。待我回国查阅资料、请教专家后，方知就是玉蕊科的炮弹树。大自然真是奇妙无穷！

在这个天然大课堂中，我既是一名老学生，访奇探异，也是一名老顽童，“拈花惹草”，欣喜若狂。作为一名“传道士”，边学边教，有问必答（“知之为知之”地答），既传授知识，又探讨问题。诸如有人提到“原始林”，而我认为作为生生演替的物种，不存在“原始”，而是自然的“原生”。故以“原生林”代替“原始林”，是科学而现实的。

就此，在佩德罗二世国家森林公园中，我们这些虔诚于自然、热诚于环保的人士，开启了一个行中观、游中学、启迪思考、交流探讨的真正的生态观光之旅，把我们的旅游活动上升到科化与净化的高度。

↑ 附生花丛（空中花园一景）（摄影：汪永晨）

← 玉蕊花树干的萌生枝（摄影：汪永晨）

里约热内卢的城市布局，自由而人性。随处可见的“涂鸦”，留优去劣，自生自灭。至于贫民区与富人区虽各有分段，如富人区位于滨海和山上，贫民区位于坡中。而贫民区的扩展之处，政府必将水、电、路接通，体现了人性的关怀。

里约热内卢，还把环保理念与科学原理体现在一些建筑上。如有一位 101 岁的建筑师奥斯卡设计了一座教堂，外形呈梯状，相当于印第安原始部落的草房，四周方格、长方格的梯状通体玻璃窗，接受多面环绕的自然光，所以教堂内除了点蜡烛祈祷外，不再用能源照明。这种既反映民族性，也体现节能环保、利用自然的教堂，被称之为“天梯教堂”。

我们还造访了一座环保明星城市——著名的库里蒂巴，

是联合国审定的第一批世界“最宜人居”的5座城市之一。它位于南回归线附近，小小的、静谧的城市，一座澄蓝的小湖位于市中心。小区建筑有序而合理，低层（2至3层）而道路流畅。尤其是在废弃物和废弃地的利用方面，是真正的物尽其用、变废为宝。

一座水晶宫般的植物园，开阔的花坛、绿地，还有用藤蔓鲜花构成的绿色生物之门，可以说是美轮美奂、灿若水晶。而原来这里曾是一个废弃的垃圾填埋场。

园外还有人在用废弃的罐头盒，手工制作小茶壶、小花瓶等手工艺品。这是一位以自己的劳作行庄严之乞讨的原住民，而且还是一位废物利用的示范者。我们纷纷购买了他的劳动成果，留作纪念。我说：你给了我们快乐，你自己得到的是尊严。

我们还参观了一处环保教学科研机构，周围溪流环绕，木桥小路，各种热带水生生物自由生长，芋叶兰花，高可及人。该建筑约有七八层楼，旋转木梯，可上到各层展室与研究室，颇有规模。而这里原来却是一个废采石场，低处积水成湖，水生动物游弋。废地的利用，发挥得充分而高效。

还有一座露天歌剧院，其中的房屋建材、旋梯、座椅，都是用废旧的铁器重新打造而成，形成了一座别致的、现代的水上歌剧院，音响效果甚好。据说我国的歌唱家刘欢还在此演唱过。

城市的管理民主化，极有特色，全市有5个市长办公一条街。我们参观了其中的一条街，长约50米，宽20米，半封闭式的2层小楼。其半封闭在于上有天棚，构成一带长廊，两边各有办公室10余间，总体可解决三四十个部门的现场办公。从开始的失业登记处，转至隔壁的就业登记处；从无

人造访的“派出所”，到内容丰富的图书室、展览室；宣讲食品营养结构，实行分类垃圾换食品（4 袋分类垃圾换 1 袋食品）；还有低工资平民仓库商店，提供日常食用品 200 多种，折扣 30%，60 岁以上老人和残疾人优先购物。

这个市长现场办公一条街，给我的心灵以深深的震撼。如此管理系统，既全面又人本，既绿色又环保，既便捷又精细，平和安宁，如沐春风。若不是心中有民生，眼中有环保，脑中有科学，是难以达到如此层面的。环保明星城，名不虚传。

至于对南美的冰、水、草、林的生态观光，我们先去往

潘塔纳尔湿地，这是南美的野生动物两大主要分布区之一，大面积的湿地沼泽丛林，给野生动物提供了适宜的栖息地，也给林牧业发展以稳定的空间。我们走访的是集旅游、牧场、科普于一体的一座庄园——“鹦鹉之家”。

在格海多索河中，看两岸高20米左右的丛林，热带特色的多种豆科树种，茎干苍劲，树冠平钝，板根、气生根与藤蔓纠结，而林缘水中，水鸟低飞，我们乘坐的小木船，在

← “天梯”教堂（摄影：沈孝辉）

↓ 垃圾填埋场上兴建的植物园（摄影：沈孝辉）

平静的水系支沟中，穿过水葫芦、浮萍、水上含羞草等浮水植物群落，缓缓地、写意地漂浮着、观察着，在宁静的湿地中，似乎得到了心灵的洗礼。

但是，空中有大嘴鸟，金刚鹦鹉，成群飞过，水中有鳄鱼出没，更有集群的食人鱼跳跃于水面，似乎平静中蕴含着危机，而我却感觉是自由空间中生命的跃动。

我们的导游也曾准备了让我们垂钓食人鱼的钓竿与食饵。食人鱼是肉食性而且是贪食性的鱼，一点肉饵入水，食人鱼即贪婪地争食，所以，除我之外，大家都有收获。食人鱼体长仅 20 厘米左右，鳞片呈金黄色，甚为活跃。三角形的牙齿很为锋利。后来，我在标本中曾经数到食人鱼的牙齿为 28 颗，与人的牙齿数相同，我们曾以此自嘲。

至于我未能钓到食人鱼，衷心感到遗憾的是，在北冰洋上钓鱼，都能有所斩获的人，在“小小的”湿地中，居然钓不到食人鱼，只有“阿 Q”地说，食人鱼怕徐凤翔，不敢上钩。

在大湿地的漂游过程中，我和汪永晨还做过一些观念上的探讨，如问及水葫芦是否是“入侵物种”时，我认为，这倒是水葫芦的生命力旺盛、适应性强的反映，在开阔的水面上，扩展分布迅速，形成了水下厌氧环境，其他物种的生存适应性不及水葫芦，因而长势颓废至难以生存。

同理，紫茎泽兰在我国西南地区的林缘和采伐迹地的干荒瘠薄处，飞籽成群，也被冠以“入侵物种”之名，其实就其本身特性而言，是生命力强、适应性旺，能耐干荒瘠薄的反映。

而由于人类对原生植被的破坏，迹地环境的恶化，给适应性强的物种以生存之机，何来物种“入侵”之说？把人类的斗争意念用之于生物界的生存规律，是一种政治化的强加。

鹦鹉之家（摄影：沈孝辉）

此外，我们在看到水上漂浮着豆科的水生草本植物——“水上含羞草”时，还做了小小的解剖观察，水上含羞草柔嫩的茎，中空，内有白色柔毛，起到有利于质轻、漂浮、拒水和排水的作用。

由此小小的观察，推及到不同生态类型中，物种各有其生存、适应的方式和技巧，反映了生物界的“适者生存”，更反映了自然界的万物，巧夺天工的结构与功能相适应的神奇与幻化。

大自然的天书处处展现于世人，就看人的学习、感悟和造化了。所以，我们在湿地中，在水面上，在小木船里，经历了一番精神的会餐。

大湿地的生态之旅，3 天往返，除了在船上看天、看地、看水、看林以外，还乘野外考察车夜访夜行性动物，更计划随牛仔导游骑马越沼泽、跨浅滩，远行至高五六十米的灯塔，巡视大湿地景观。

已经上马，进入浅滩水域，但不意暴雨骤降，只有败兴而返，躲雨于牛棚中。这里还有一个小插曲。就是在前一天，我遥见天边有一片边界鲜明的“荚状云”，我说，明天可能有雨。所以，在牛棚中，朋友们就戏称我是“乌鸦嘴”，导游刘先生说，昨天晴空万里，你说要下雨，谁也不相信，现

→ 浮水植物一种
（摄影：汪永晨）
↓ 亚马孙河上人家
（摄影：沈孝辉）

在灵验了。我说，“荚状云”要下雨，这是民谚。

离开“鹦鹉之家”时，我还去看了他们的环保教育的展览室、休息台、游泳池等设施，那种恬静的游憩和学习的氛围，与我的灵山小木屋甚为相当，但遗憾的是我们的小木屋因经费问题而萎蔫了。

潘塔纳尔大湿地的“绿”给我印象更深的是在由大坎普飞往玛瑙斯的航行中，只见大地上，一块块辽阔的草地、牧场，淡淡的、润润的绿，四周由条带状的原生林围护。他们遵循着保留 20% 的原生林，而且只放牧，不农耕。所以，绿块、绿带相间排列，自然而壮美。我感慨这是一幅“绿满大地、未见裸土”的自然画卷。

赤道以南 3° 的玛瑙斯城，坐落在亚马孙河边，亚马孙河是世界上最庞大的、流域面积最广的水系之一，由安第斯山脉的西侧东流，汇成 130 多条河川，润泽 9 国，集于玛瑙斯进入大西洋。

庞大的水系及三角洲的冲积平原，构成了全球范围内的绿块、绿水网络交错的巨大的生态系统，也是全球三大热带雨林之一。其中乔木树种就有 4 000 多种，是万种以上动物的栖息地。我简直把它视为生物界的一处“原始部落”。所以，我怀着“近乡情更切”的心情，急切地来拜见它。

我们乘机帆船穿过宽阔的水面，向绿岛、绿环、绿带而去。

首次的拜访是穿行在宽宽的水道上，两侧的居民点，是用竹子支撑的高脚房，犹如植根于水中。房前屋后，小木船往来穿梭，灵活自如，极像我们陆地上的自行车。也有销售生活用品的小船，宛如流动的小店铺。附近还耸立着白色的小教堂，传出隐约的颂歌和钟声，显现出水域上的宗教文化。

孩子们或嬉戏于浅水，或玩耍于岸边。呈现出水上人家的“水上世界”。

对于常态的观绿而言，似乎这属于水中森林的范畴，但是，从专业角度看，这就是热带雨林被肆意砍伐后的迹地。两岸树木稀疏，孤立木星散，而水面上漂浮着绿草、浮萍等，虽有绿色覆盖，却没有森林蓄积。也就是“绿而无林”、“草而非林”。

第一次的亚马孙水上观光，我看到了热带雨林被蚕食的情景，而且是以浅绿掩盖着的惨状。至于水中的动物种群，也是我们关注的对象，盼望着看到该流域的特有种——亚马孙豚。同行的朋友有称看到了，但只是模糊的影像而已。

我们不满足于首次的观光，因为未见水中森林的“庐山真面目”。所以隔日我们又乘摩托艇深入水中丛林深处。水道很窄，两侧林木似华盖，一些大树的板状根、气生根，交互缠绕“绞杀”。

为了拍摄独特的景观，我大呼：“绞杀绞杀，后退后退。”绞杀，是说明要拍绞杀现象，后退，是摩托艇已冲向前方，须后退。同船的朋友，

↑ 原住民保护地一角（摄影：沈孝辉）

→ 会见老酋长（摄影：沈孝辉）

5人小飞机飞行于亚马孙河上看绿岛绿带
（摄影：俞新兵）

也均大呼“绞杀！后退！”我既高兴于大家接受了我那热带雨林特点的教育，也窃笑于让司机和导游吃惊，谁来绞杀了？

这次是真正进入了水中森林的核心区，观察到各式林分和树种，尽情地拍摄和采集、识别。还参观了水中宾馆和水中餐厅，并临水用餐。也访问了一处原生部落，为我们画脸谱，邀我们欢歌起舞。我们还在水中凉亭内讨论了湿地、水中森林及其生存和特性，在现场的观察思考中，我也修正了我既往的一些观点。我曾对国际上对湿地的定义和范畴有些疑议。所谓：“……水深6米以内……”我认为范围过大，已经属于水系了。而湿地应是水与土的结合，绝对的“水中森林”是难以长期存活的。而亚马孙的现实，让我认识到是有这一类特例，但一定是季节性的积水深度。

两次的考察，感觉还未见亚马孙森林和水系的全貌，我们又做了一次低空环水绕林之行。5人小飞机，在水面500米以上低空飞行。众人担心我年近八旬，希望我让出五分之一的“宝座”，而我当仁不让，于是在低空中尽情地观赏到那一团团、一丛丛、一带带绿珍珠、绿宝石、祖母绿般的、鲜活的生命之岛、生命之屿、生命之堤。还看到了黑河与白河“泾渭分明”、并驾齐驱 10 余公里的景观。

这时，我已经情飞天外，情投林内，情入水中。真不知我是人？还是鸟？还是鱼？又恨不得让自己成为一棵草、一朵花、一株小树的精灵，让我投身在这自由的天地中。

南美的水系突出的是伊瓜苏大瀑布，它是世界五大瀑布之一。在宽 8 公里的马蹄形的断层带，有 275 股瀑布，落差 70 余米，溅水 100 多米高。其壮观的程度真是无与伦比，无怪美国的罗斯福夫人说：“我们看到这儿，回过头来想想我们的家，就是美国可怜的尼加拉瓜，简直就像个厨房的水龙头了。”我们从巴西到阿根廷，迂回着、痛快淋漓地纵览了伊瓜苏大瀑布，还在大瀑布中任激流飞泻、荡涤身心，又一次感受到痛快淋漓！

大瀑布区还有一个伊泰普水电站，这是一个坝长 1 500

从麦哲伦岛上观高坝式的莫雷诺冰川（摄影：沈孝辉）

莫雷诺冰川（摄影：李星燕）

米，坝高 196 米的大型水电站，淹没了十几万公顷的土地。当然影响到水生生物、淡水鱼类的生长与洄游。而可贵的是，发现问题，解决问题。建站 10 年后，修了三条鱼类洄游之道，一条是自然式的，一条是阶梯式的，一条是铺石的，共长 10 公里。使 70% 的鱼类可以洄游了。他们还建了一座生态园，把淹没范围内的生物种群、植物群落，尽量移植保存，为其提供生存、发展的空间，成了一所参观游览、科普教育的基地。我们就曾在此学习、游憩。

南美的冰雪生态系统，主要在北南方向的安第斯山脉东侧的沟谷中，这里虽然山体不高，主要属中山，平均高度 2 000 米左右，最高峰山脉海拔 3 600 米，而区域内冰雪量较大，形成了阿根廷的大冰川群，而且多呈高坝式，冰川的冰舌入阿根廷湖，进入大西洋。

我们探访的是阿根廷的莫雷诺冰川，沿途顺阿根廷湖而下，只见湖水呈厚重的、凝固的滞流状态，湖水豆绿色，却像一壶豆浆，其原因是湖水的温度约为 −2℃，临近冰点。我们乘游艇于阿根廷湖上，莫雷诺的高坝在水面以上六七十米，坝宽 5 公里，垂直的冰壁上，纹理纵横，下端多年久质密、

蓝得碧透的竖冰，也有一些弓弧形冰洞，景观圣洁而壮观。

冰坝也断续性地出现柱状崩裂，据说，三五年大崩塌一次，崩塌之前有征兆，届时只能在岛上远眺，不能在游船上近观。

我们除了在游船上近观以外，还攀上麦哲伦半岛，俯看莫雷诺冰川的顶部和纵深，其整体呈放射状，纵深 37 公里，面积 275 平方公里。顶部是千万只起伏的方天画戟式的晶莹的小冰峰，此情此景令人心醉。

我在山坡上往返起伏，从不同角度，更以柏树的枝叶作前景，观赏、拍摄这壮观的“冷兵器”集群的冰川。朋友们还下至坡下，寻找佳景。而我就被这树木与冰川的结合，“冷兵器”组成的“大蛋糕”式的自然美景迷住了，久久地伫立、注视、慨叹！

我想，冰川难道是无生命的吗？实际上，冰川是活的，是有生命的，是有灵性的。它的进退消长，甚至跳跃式的变化，是随着四季的轮回，气温的高低，气流的变向等天象和地气的变幻而变，对人类有启示与警示的作用。

南美生态之旅至此可以说冰、水、草、林系统均已展示。

而与我的高原生态系统相比，同型但异域，故更有特型、特异的景观，如“水中森林”、高坝式冰川等，可算是大自然优惠有加了。所以，我们稍感轻松地向南界的火地岛前进。

沿潘帕斯草原，至巴塔哥尼亚高原。这里的海拔 500 米左右，地域辽阔，起伏平缓，我认为仅可算作高地。原以为这里是北南向的安第斯山脉东侧，坡地起伏，多小型的塌积坡，属荒漠地带。不意这里疏草连片，矮草（高 10 至 20 厘米）和中草（高 30 至 50 厘米）群落的覆被率达 50% 左右。所以，这里无黄土裸露，少扬尘飞沙，我视其为巴塔哥尼亚大荒原。

联想到我们国家西部的荒漠化，这里的区别就在于：疏草均布，又加之人为活动极少，所以，不但未“漠”，更没有“化”（未形成逆行演替）。见此景观，我们似乎发现了一处珍宝，停车欣赏，专注而忘情地拍摄这疏草寒鸦、天澄地明、有风无沙的壮阔景观。同行的小华形容我是“老妇聊作少年狂”，我笑答：“然也，然也。”

而这个大荒原，却明显地庇护了附近的卡拉法特小镇，使它窗明几净。此时，一道清晰的彩虹遥挂于蓝天，美丽得令人无法形容。

我们再往南，到达南美的最南角，南纬 55° 的火地岛的乌斯怀亚。被称为地球的南大门，是通往南极洲的中转站。乌斯怀亚就是世界最南的小镇，因而这里的一切地标都可以冠以“最南”二字，最南的邮局、最南的银行、最南的灯塔、最南的鸟岛……

我们拜访了世界最南的自然保护区“火地岛国家公园”，它位于南北美洲公路的尽头。此公路简称为“3 号公路”，从北美的阿拉斯加开始，沿科迪勒拉山系、落基山脉到南美的安第斯山，全长 17 848 公里。

← 大荒原（摄影：聂晓华）

↓ 乌斯怀亚小木屋（摄影：汪永晨）

我们到达了南端的尽头，这里湖湾木桥，芳草萋萋，海阔天空，万籁俱寂，真是到了“天尽头”。联想到我国有些人忌讳“天尽头”，而我们却对这里的“天尽头”的静、的空灵，珍爱无比。感觉在这里，人和水、天、地、草、树都为邻为友了，心态更为平静、平和了。

在火地岛国家公园里，各类森林中，生物适生而居。地

↑ 荒原小村（摄影：沈孝辉）

→ 比格尔海峡上看地球最南端的灯塔（摄影：汪永晨）

衣类的黄松萝、绿松萝，形成棕球、绿球，悬挂在树上。与我在芬兰林分中所见的满地滚动的球形地衣同类。而海狸在沼泽湿地上，噬树、运木、筑坝，做着它的生物“系统工程”。我们饶有兴味地观察、学习、讨论，为能在世界最南端的国家公园中作生态观光而庆幸。

至于我更感有幸的是：在世界最南端的淡水湖（罗贝湖）畔，看到一座座精美的小木屋，供游人休憩。咖啡的浓香、淡淡的书香，飘逸在木屋内。此情此景，触发了我的“小木屋”情怀，感到天涯处处有生灵，天涯处处有“小木屋”。

在乌斯怀亚小镇，我们专程参观了一个特殊之地，就是过去关押流放犯人的监狱。当我们得知关押在这里的有前沙俄的“十二月党”人和有关国家的革命志士仁人，多属理想家和实干者，当时的独裁者将他们远离故土，拘禁在海角天涯。据说，乌斯怀亚和整个火地岛的建设都是这些囚徒建造而成。

在参观的过程中，我感到了他们的正气和冤气。在一间塑有囚徒模型的小屋内，我与“他”相对而坐。我在想，你的一生是怎么过来的？你从事过哪一些活动？你在监狱里面的心境如何？真使我感到人世间众多的悲怆和沧桑。

在另一间小屋里，还反映了一位医生囚徒的状况。他在窗户上画了一幅阳光明媚、绿树野花、白兔花猫的图画，表达他向往自由、向往自然、追求恬淡美好生活的愿望。令今日的参观者深感悲哀、理解与同情。同时也似乎感到监狱的管理者对知识分子还有一丝尊重，让这幅画伴他的寂寞生涯。

此行最后有 3 天布宜诺斯艾利斯的城市观光之旅，似乎是尾声，但却有 3 个小高潮。我曾以日记文述之。

亚马孙之旅的尾声
——布宜诺斯艾利斯日记三则

时至2009年4月12日，我们的亚马孙之旅已过去18天。这期间我们从巴西里约热内卢的“水围城、城环山”之一瞥，到大湿地、大亚马孙森林、大瀑布、大冰川的“四大”以及不经意间领略大荒原，还有环保明星城——库里蒂巴的探访。原以为95%的精彩内容已展现，观光考察近尾声了。往日旅游的尾声内容有三：市容闲逛，“疯狂”购物，打点行囊，然后“打道”回家（回国）。

而我们的阿根廷布宜诺斯艾利斯3日，却又呈现了3段特色而典雅的音符，或可说3个小高潮。

“古农庄一日游”使我们回归田园

郊野农庄

原先对此安排并未留意，只以为是走马观花地看一个洋“农家乐”。而当我们到达这座距布宜诺斯艾利斯市110公里朴实而辽阔的郊野农庄，参与了大半日的活动后，越来越体会到其“农”的特点，“古”的氛围，“游”的情趣。

农庄无栏无墙，一盏六角形门灯，一间小屋迎进游客，几位高乔民族服装的男女青年热情地邀请游客品尝农庄果品制的饮料和自产的糕点。出了小屋，一株百年老树盘根错节扩展于地表、树干1米以上分叉为六、树冠华盖的阔叶树发挥着“迎客松”的作用，也见证了这座百年农庄的历史。

放眼望去，农庄内几丛稀疏的大树丛，几处分散的农用屋，几圈露天的农具和草卷堆放场。树丛下桌椅散放，供游客自由休憩。分散的农用屋主要是平房，但昔日农庄主的住屋是两层小楼，现为展览馆，可惜当日未开。通透的牛棚是骑马绕场游的集散地。在高乔“牛仔”的带领下，一队队各式人等坐在马背上悠闲地漫游于农庄的田野上，其中就有我们的阿塞同学。

而在一株大桉树下就是等待乘马车的集散地。我和其他几位朋友选择马车游。

对我来说，还有个思想“转变”过程。由于我在西藏曾多次骑马山林，而乘马车是在20世纪50年代初，有过一次在江苏南京的鼓楼至新街口的一段乘车经历。而更以为马车应似电影中所见的“贵族式”。但所见的马车只是普通的、木板的可坐6人的农用车斗。仔细想来，只有此等车方体现出“农”的特点。

露天农具堆放场展览的是昔日各阶段使用的农具，示人以南美农业发展过程。这里还以一节古式的火车厢用作纪念品销售店，各种以农牧产品为原料制作的小饰物、皮制品等五彩斑斓、琳琅满目，购物者游走其中，儿童们攀爬上下。

欢乐的高潮是会餐式午餐。地点就在古谷仓内。一条条原色的木桌凳，对号入座数百人。身着民族服装的男女服务员不断地送来农庄自产的饮料、蔬菜、面点和烤肉。同时音乐、舞蹈联欢开始。主要演员一是乐器手，各式鼓、琴轮番演奏；一是主持人兼歌手、音乐弹奏以及与台下联系互动；一男一女探戈舞者；再加上各国各方即兴上台表演者，就形成了一台活力无限、快乐无穷的欢腾的跨国“宴会”。更令

晓华即兴演唱

我们由衷愉快的是主持人知道有 8 名中国人参加，唱起了我国歌曲“月亮代表我的心”。而我们的晓华同学还上台一展歌喉，赢得全场热烈的掌声！当时我真想向她拥抱致意，只是过分拥挤未能实现。

午餐加舞会，延续了两小时，其后是马术表演。骑手也就是农庄的管理员与旅游服务员。无论男女，脱下服务装，穿上牛仔服，英姿飒爽地飞马穿环，既娱自己也娱他人。

我们坐在一株老樱桃树下，既看马术，也听导游延辉讲他在樱桃熟了的时候在此树下，边看比赛边摘樱桃吃的愉悦气氛。这不禁使我想起 20 世纪进藏途中，在泸定桥西的樱桃沟内，也是边摘边吃新鲜樱桃的情景。

但我的思绪很快拉回来。环视古农庄，真感这“古农庄一日游”游得身心愉悦，游得思绪绵长。想人家的农庄游，把“农”、“古” 、“游”结合得如此妥贴，在节俭、多效与旧物利用中，既体现了节约经营，省力省钱，又介绍了历史原貌。在疏散布局、田园风光的展示中，既保护了自然景观，又提供了一处悠闲精致、回归乡土的生态旅游点，很值得我国“农家乐”活动思考与借鉴。

泛舟“南美威尼斯”，漫步五彩新港区

鉴于布宜诺斯艾利斯市有丰富多彩的景观和民俗内容，4 月 13 日，我们的观光项目早、中、晚各有安排。当日上午我们去了老虎洲，即蒂格雷三角洲（Tigra De Lta）。驱车期间，经过了几条由悬铃木（俗称的法国梧桐）行道树遮阴的小街，使我仿佛回到了我国江南的宁、沪、杭一带，这就是布宜地处南半球中纬度（S34° 多）、亚热带滨海湿润气候对物种多样包容的反映。

老虎洲是一处水网别墅住宅区。我们下车登舟（当然是机动船），进入到柳丝拂水、平波荡漾的水系中，使我又一次似乎置身于杭州西湖的支流岸边。只是这里两岸的建筑均是欧式的。一屋一式，既有中世纪宫廷式的豪华别墅，更有各式农家小屋。但几乎每家都有小码头，或朴素的木板入水式，或露天平台式，或长廊小亭式，更有花坛靠椅布局。码头旁有停小木船的、有机动船的、有豪华艇的，更有已年久弃用生锈倒在破旧的船坞边。但无论建筑格式各异，而每家房前屋后，都是绿草如茵，繁花成丛，针叶阔叶树错落有致。我看到既有当地的气生根盘结的榕树和豆科大树，也有引种的巴拉那杉和南洋杉等冠形各异、绿色深浅的大树，真正的花团锦簇。

私家码头

据导游介绍，富人在此建别墅，季节性住住而已。平民与贫民多长年住此，故绿茵场地、儿童嬉戏，生机盎然。我想常住在此实乃幸事。遇事进城，小船离家上岸，便捷的交通将你带至市内。而平日在这水天一色、绿树成荫之地，咖啡（或清茶）一杯，面水小坐，或小木船闲荡在平湖支沟，真是身心安宁休整的绝佳之地。所以我又联想到旅游观光的时间安排，也应视对象而定。有的景观惊鸿一瞥即可，有的需小坐沉思，有的最好是小住几日方能尽兴。

下午安排我们去一处新港区，与市区的古典式氛围迥异。这里人头攒动，多姿多彩。著名球星马拉多纳及其队友的塑像、画像在商店内、楼顶上、服装饰品比比皆是，小街人行道上更有他们的足迹、手印。大家随意与这些印记合影，反映了他们来自民间，融于民众的欢乐气氛。

新港区最具特色的是五彩房屋，无论墙、窗、门、小楼，东一段、西一片以各色油漆装点，甚至有一面墙中四扇窗就有四色，完全是真实型的玩具屋。小街上更有各类手工制品，绘画家等即席制作、绘画出售，处处呈现出自由的、多彩的、大众化的新潮之港。

而在新港的海湾小店前，有一处典型的街头探戈舞表演。一名乐手，一男一女两名舞者，他们神情专注地舞着，动作协调地舞着，沉浸在自我梦境中似的舞着。我从他们的舞步和神情中，体会到了探戈舞的原发感情——激情、华丽、思乡、忧伤的情怀，而且与附近的新港融洽的氛围是如此地互为烘托。这更让我们想在晚间再欣赏一次高雅而平民的探戈舞。

为何讲再欣赏一次呢？因为在一周前，我们刚由巴西初抵布宜诺斯艾利斯的当晚，曾去一中型的探戈舞厅晚餐并观看演出。只见演员阵容少而精，全队仅约 20 人演出，其中乐队 6 人，从始至终吹拉弹；演唱 3 至 4 人，独唱、对唱、歌剧、民歌；杂耍 2 至 3 人，轮番穿场，光怪炫目；探戈舞者仅 4 对 8 人，独舞、双舞、群舞，既铿锵英武，又柔情似水。我不禁感叹其“无与伦比”。而我们的小导游延辉却说，这还是业余的，而真正的探戈演出也没有杂耍上场。因此激发了我们“再欣赏一次”真正的探戈，虽然一票100美元也在所不惜。

进得大厅，真感到气度非凡，金色的帷幕高贵而雅致，壁上的雕塑飞天，温馨而梦幻，餐桌上烛光摇曳，楼上楼下高朋彬彬，就在这样的气氛中，一场有情节、高技艺的歌、舞、乐综合的探戈“大餐”，给观众以最大的美的享受、情的融入。尤其一对年长的舞者，那位男士举手投足、进退张弛中的炉火纯青与贵族风度，给人以难忘的印象。我想难怪探戈舞被奉为阿根廷的民族精神展示之舞，它反映了民族性的英雄气概和群众性的热情欢快，也透着高雅艺术与梦幻柔情，给观众以极大的遐想空间与精神享受。

典雅的雕塑之都——布宜诺斯艾利斯

4月14日，我们有一天的时间享受布宜诺斯艾利斯的市容。

我们或乘车或步行，经过“世界最宽”的七·九独立大道、科隆大剧院、玫瑰宫（总统府）和布宜诺斯艾利斯大教堂等以及众多的街心公园、广场。有三点印象深刻：

印象之一：主要建筑基本是欧洲中世纪文艺复兴式的古典结构。高耸的尖顶、大理石柱、成群的浮雕透着庄严与艺术气氛。而这些建筑似乎是“鳞次栉比”的，相机画面中往往是三五成群地呈现，难怪布宜诺斯艾利斯又有“南美巴黎”之称。

印象之二：街心广场绿地众多。在树、草、花和喷泉的点缀下，有的广场以供市民游憩健身、儿童嬉戏喂鸽和各式摊贩销售纪念品为主；有的广场上排放着100多只熊的人型模具，着各国民族服装，如着红色唐装的熊就代表中国熊，

引得我们一个个与它合影留念。各国旅游者亦自找“家门”，广场上洋溢着地球家园与本土家乡的和谐之情；而更有几处的绿地树丛为主的园林广场，多种紫葳科和豆科的大树，以及桉、椰、棕等树根苍劲盘结，树冠浓绿开展，花期时更间以各色繁花。如在马尔雅娜斯岛烈士纪念墙后的一大片高台绿地，绿得森然肃穆。而在“女人桥”和高级购物区的宽阔路上，疏植的行道树高大俊朗，柔和的散射光照射着精美商品，也为行人遮挡了过强的光照。

印象之三：给我最深的是布宜诺斯艾利斯市诚属典雅的雕塑之都。据介绍全市有雕塑18300多座。在我们“跑马观花”的过程中，只见广场公园、大小街道与街角、“十字路口”、特色建筑门前，几乎都有雕塑。看来均是历史性的名人，记载着一段段光辉的史诗和悠长的典故。

我绕着高耸的哥伦布雕像的园地走了大半圈，想象着从古至今，多少执著的科学探险家各自的经历、百味杂陈。我个人虽不敢与他们比拟，但亦感同身受，感慨系之。另有一座雕像使我驻足仰视良久：一座骑马的将军雕像，马匹的前足腾空，马鞍上系着一只铜铃。雕塑得精致而逼真，头盔、铠甲，跃马凌空之势，再加上盔顶上停着一只鸽子，给人

以战争与和平的无限遐想。我想这位将军应该是（也希望是）阿根廷的本土英雄圣•马丁（由于对西班牙语一窍不通，未能探问明白）。

对雕塑的观感从另一侧面更使我印象深刻。即我们参观了雷科勒达墓园。这是一座墓地与雕塑艺术的结合，一组组小石屋，一条条小胡同，将墓园排成整齐而幽深的小小区，每家（家族）的石建筑宽 3 至 4 米，比邻而“居”，墙面和屋顶上各有逝者雕像、名称或墓志铭，未见穷富贵贱之分。贵如贝隆夫人，其墓地也就在她的家族中占有一席、署有一名而已，但献花者则络绎不绝；而最近去世的副总统 Leandro N Alem 的墓地也只是独立的石墓塔一座，墓前有一方小小的祭坛，墓后两株树而已。

墓上的雕塑可以直观反映其性别、年龄。令我动情的是一座母亲怀抱幼儿共同读书的雕像，宛如圣母、圣子沉湎于童话境界里。还有一座小女孩的雕像，坐在石屋顶上，仰视天空，其身边长着禾草一丛（不知有意播种还是鸟雀所为），反映出生命的世代茁壮，也是早夭幼儿的不甘与天问。

总之，整个墓园紧凑而立体，艺术而阳光。我曾关注过北欧教堂旁的墓地，石棺一袭，石碑一方，种花一丛。而美国的墓地多石碑平埋地面，碑前花瓶一两只，供纪念插花之用，均属很为节约用地、不影响观瞻，还丰富景观的举措。

而我国近年来出现的扩大墓地、大建冥房等所谓“孝道”，实乃子孙夸富之风泛起，甚至毁林占地，是破坏资源和景观的不文明行为，值得国人对比与反思。

布宜诺斯艾利斯市容的一日游，我们还游到了玫瑰花公园。这是一处富人区范围内的玫瑰种植大场圃。只见安静宽敞的马路上，三三两两的人赤裸着上身在专注地跑步健身。休闲的老人坐在树荫下聊天并作日光浴（也是赤裸上身）。我不禁暗笑：富人之富，其实也很简单，有时只要一条短裤而已。但这里玫瑰园内的香气却散发弥漫于空气中。

我们虽然因玫瑰园未开放而没有能进园参观，但我面对着碧水环绕的大花园，背靠在水畔的合欢树下，呼吸着沁人心肺的花香，对亚马孙之旅不禁生发出了几点感悟。

（1）景观资源与天地人和　我们此次探访的亚马孙大森林、伊瓜苏大瀑布、潘塔纳尔大湿地、莫雷诺大冰川以及巴塔哥尼亚大荒原，实乃地球上的大奇观，往往被认为“天时、地利、人和”集一域，令人称羡。仔细想来，这南美一角诚然利多，但也并非没有不利之处。赤道两侧，大西洋与太平洋之滨，热量、水分均很丰盈，生物多样而速生，造就了一方绿色的天地。但也有水热过量、虫兽孖生之敝，南半球高寒冰封地段和狂风疏草的荒原。至于“人和”问题，往往以人口少作为原生环境维持较好的理由。实际上人口多少只是影响因素之一，而非主因更非全部。关键在人的思维理念，能否重视天地生物之“和”，做到合理利用和保护性开发。如巴西执行的无论牧区、农业，原生林均要保留20%或补植达标，以及丛林沼泽区在雨季弃牧，而不以水利措施来“留牧”。所以，社会决策者若能循法自然、人本精神地服务与建设，则在展现原生资源优势特色的基础上，更进一步“锦

墓地的雕像

英雄马丁雕像

上添花”。

(2)机遇体验与学习交流 此次南美探访真是机遇难求，而对我来说，终生从事林业、生态，对亚马孙之绿更是半世纪的神往。于是我衷心地打算，带着生态的眼光，观察南美的景观资源；带着环保的期望，探究南美原生林中自然和谐的规律；带着对比的反思，准备回国后对生态修复提出个人的商榷与建议。

历时虽短，跑马观花，亲身体验了众多的生态类型和独特的资源。我如饥似渴地看、学、思。感谢自然大课堂，给我这个老学生（78耄耋之人）又一次专注地学习收获的机会。而更有幸的是同行朋友均是环保界的志士仁人（一男七女），而且同是求知若渴之人。于是又提供了我“三尺小小的讲台”，几位高层面的交流的受众。于是我成了一个多类型之人：既是谆谆求学的小学生，又是欣喜忘形的老顽童，更是传自然之“道”、授生态之“业”的“好为人师”者，同时也是经常处于对比、反思、自我折腾得彻夜难眠的苦行僧。因此对我们来说，这是一次真正的生态旅游，“旅—学—游”，“旅”则可算远矣，“学”则极为丰富，“游”则还

倚树沉思

未尽兴，留待来日吧！

(3) 积极行为与高效人生 我们这个小小的观光团，对导游来说，认为"未见过如此兴高采烈的团"，有人说"带这样的团太累了，又看、又问、又跑，而且又要增加冒险的项目"。的确如此，我们见到特型的树花果、根茎叶会大喜过望，又拍摄、又采标本；对瀑布冲浪、生态园、鸟园、植物园、展览馆等均兴趣盎然；甚至二进亚马孙丛林后，还要乘小飞机鸟瞰一番。

渐渐地，我们的眼光更加"生态化"了，我们的思维更加"对比化"了，总是联想到祖国的山川现状，汪永晨"同学"总在对比我国的"三江"，沈孝辉"同学"眷恋着我国的东北林区，我则痴情于西部高原。一个个看得眼忙，思得心苦，而手也不停，不停地拍摄，不停地记录。汪"同学"更是在白天"疯跑"以后，每晚一篇地发文回国，甚是辛劳与高效。

至于我，还想着回国后，遇有机会就想提出个人对生态方面的商榷与建议。同时还策划着实现一个"野心"：继续亚马孙之旅开始的我的"专业的第五度青春"。每年在安顿好家事、老伴之余，偷得浮生半月闲（而且是两次），补点观光考察，一次国内，一次国外，以多看、多学、多思来高效地、愉快地度过我时日无多的夕阳人生。中青年朋友们，还肯带我这人老心不老者"玩"吗？

访古探幽，时空穿越

——土耳其、埃及之行

2010年春，我又与“绿家园”诸好友进行了一次“穿越时空”之旅。由北京横空西向，至欧亚大陆交界的土耳其的伊斯坦布尔。再长途南溯，至尼罗河中上游的阿布辛贝，朝觐举世闻名的古埃及金字塔。

这期间亲历了多少青少年时代从地理课上得知的遥远而神往的河海水系——博斯普鲁斯海峡、达达尼尔海峡、爱琴海、红海以及尼罗河、地中海，等等。目睹了历史书上讲述的亘古而神秘的土耳其特洛伊木马、埃及的法老金字塔等中世纪金戈铁马的古迹遗址。

面对5 000年上下的悠悠史诗，真有穿越时空、神游故国之感。同时更颠覆了以往印象中非洲等于沙漠，古老等于消亡的片面观点。

对于土耳其，以往片面的印象，仅是干荒的沙地、特洛伊木马的传闻。而亲自造访后，对土耳其在地理位置上的关键作用，气候、植被类型的温润而多样，民族、宗教文化的兼容与并存，以及特洛伊木马史诗般的传闻和古迹，有了较为深刻而温馨美好的印象。

土耳其的伊斯坦布尔是国际上唯一横跨欧、亚大陆的城市，欧、亚两块大陆，以长1 560米、宽33米的大陆桥相连接。这座大桥也是世界上最长的悬挂式桥梁之一，横跨马尔马拉海峡，北方的黑海和东西两侧的爱琴海、地中海交汇于此。宽阔的水面上，舰艇、游船往来穿梭，水鸟或集群飞翔，或休憩于水面、岸边。两岸城墙、古堡、寺庙、宫殿，错落排列，是一处集自然景观、人文风情和水陆要冲等旅游价值的观光胜地，世界各地游客云集。

伊斯坦布尔城内，有著名的蓝色清真寺和圣•索菲亚大教堂，以及托普卡旧宫，反映了悠久的历史和宗教文化的兼容。蓝色清真寺被誉为清真寺中的世界之最，以21 000多块蓝色和白色的瓷砖建成。穹顶上蓝光闪闪，很为壮观。六座尖塔构成宣礼塔，宏大、端庄，是伊斯坦布尔的地标性建筑之一，更是圣徒们朝拜和游客们向往之处。

圣•索菲亚大教堂也是东西方的游客以及当地人经常去顶礼膜拜之地。教堂圆顶高55米，穹顶跨度33米，四周马

欧亚大陆桥（摄影：俞新兵）

圣•索菲亚大教堂（摄影：汪永晨）

赛克装点的圣母、天主、神灵、天使等的画像，由地及顶，仅脸部就长达 11 米，高大伟岸，形成俯视众生的庄严之势。

托普卡古宫内，议事殿金碧辉煌，珍宝馆藏珍蕴宝，既有中世纪的宗教用具，也有皇家使用的珍稀饰物，甚至还有中国瓷器馆。殿外，古树苍劲，绿地、花坛，游客众多。

伊斯坦布尔市内，宗教气氛浓郁，中小型的教堂、清真寺遍布，高 20 余米的方尖碑耸立，还有蛇形的青铜柱等，至于城市建筑、旅游设施、市民生活，既有古韵，也很现代。是一座集访古、归宗、观光、休闲为一体的城市。

荷马史诗里的典故，体现在“特洛伊木马”的景区中。在爱琴海之滨，建了一座木结构的、二层楼高的木马，供游客登上二楼（进入马腹），做一次“特洛伊木马”之旅。而我们却志在访古。看到旧时的断垣残壁、古道石径犹存，当地人言之凿凿地指着宽宽的坡道，告诉我们：特洛伊木马就是从此处进入城中的。引得我驻足遐思，想昔日的金戈铁马，而今的遗址沧桑。

这里还有一座古音乐台，半弧形的石阶构成了露天剧场。我们散坐其中，既稍事休息，又神往着天籁之音。有意思的是：一只小花猫跳到我的身上，安静地蹲伏着，使我不禁感慨这个古迹之地，生灵寂寞，寻求慰藉。

土耳其有绿毯式的草原和成片的橄榄树，还是阿月浑子（开心果）的主产地。从起伏的低山丘陵地带，延伸至远方。我们沿途感受着温润的地中海气候，领略着绿意盎然的草原风光。经爱琴海湾，告别了土耳其。虽然只是惊鸿一瞥，但思绪中却留下了时空跨越、古今交融的美感。

埃及是古文化的发源地之一，给人们最深刻的印象是金字塔和狮身人面像。埃及的金字塔的确众多，大、小金字塔有 100 多座。

开罗近郊的吉萨区，金字塔集中而典型，子孙三代的胡夫塔，第一座“祖”塔，建时高 146.5 米，现高 137 米，是最高大的金字塔；“子”塔比其父的塔低 3 米；“孙”塔高仅 66 米，但其后还间隔排列有其妻、子的 3 座小金字塔。

在苍凉的瀚海中，胡夫金字塔群颇具规模，游客众多，更有白帽白袍的当地人，牵着骆驼接待游客。

近观金字塔，深感工程浩大，每块石头平均高 1.5 米，宽 2 米，厚 1.2 至 1.5 米，平均块重 2.5 吨，一座大的金字塔所用石料约达 300 万立方米。我们依石而立，更显得金字塔的宏伟以及人类自身的渺小，但金字塔的建筑又体现了古人类的伟大、艰辛与智慧。

著名的狮身人面像，也让游客仰慕，它全长 74 米，高

↑ 特洛伊木马进城的古道犹存（摄影：汪永晨）
↓ 古战场遗址（摄影：汪永晨）

20米，仅“人面”部分的大小就相当于“白宫”。这是为纪念远古的第一位国王美尼斯而建，雄踞于苍劲的盆地中心。只是其鼻端已被时光所侵蚀，留下了岁月的沧桑。

埃及的神庙众多，而且多沿尼罗河两岸建立。说到尼罗河，也是我们此行观光的重点。可笑的是，我常常将“尼罗河”错称为“尼洋河”，因为尼洋河是我在西藏朝夕相见的“门前清溪”，对它的感情已经融入我的心田。

尼罗河是非洲的河流之父，全长6 650公里。其流域从南纬的4度，到北纬的31度，润泽着源流沿岸的各国土地和人民。历史性的泛滥农业，就是源于尼罗河的消涨节律，

← 狮身人面像

↓ 第三代胡夫金字塔（摄影：汪永晨）

并因此触发了先哲们对几何学的研究与应用。

此后，为了保证农业生产的稳定性，于1960—1971年修建了著名的阿斯旺大坝，坝长3 830米，宽40米，坝高110米，使尼罗河水回水500公里，形成了纳萨尔湖。因之，尼罗河流域由泛滥农业进入了灌溉农业，这

丈量大石块

是农业生产必由的进展之路。

但是，对于尼罗河水的分配与建坝，众说纷纭。还因此成立了相关的“阿斯旺大坝副作用”研究所，最后结论是利多弊少。据此也引发了我的一点感想：能够直面副作用而进行探讨，是对待问题的科学的态度。

我们沿着尼罗河的主干道及其支沟看到了大片的农田、湿地以及茂密的莎草丛（莎草是当地工艺品的主要原材料），一片原生的田园风光。我们还在尼罗河上乘游艇夜游，两岸的建筑与灯光也颇有现代气息。甚至还乘海盗式的小帆船漂流于尼罗河上，更使我感觉到投身于尼罗河这条人类的母亲河的怀抱中了。

此行的又一目的是参观神庙，阿布西姆贝尔大小神殿，面对纳萨尔湖，依山而建。神殿前，有四位法老的雕像，高达 30 余米，气势恢弘。殿内神器古物众多，目不暇接。

而更有意义的是：侧旁较小的神庙内，一处长 60 米的甬道尽头，供奉着四位神像，每年春分、秋分凌晨 6 时左右，阳光直射至四座神像中自右向左的三座神像身上，历时 20 分钟。至于西侧的第四座神像，始终处于阴影中，这位塔赫神，被当地人认为是阴界之神。我听到如此特异的宇宙空间、光学、季相的景观描述，感叹古先哲对光学和几何学原理的精妙运用。

著名的卢克索神庙，是以大石柱遗址为特色的一处景点。在此范围内，有直径 2 至 3 米，高度为 23 米的大石柱 134 根，顶部还有莲花状的雕饰。据说，此遗迹已经矗立了 3 000 多年。令人吃惊的是，如此粗壮的石柱，历时久远仍巍然耸立，毫无倾斜之势。古代建筑的奠基之功力怎不令人惊叹！

尼罗河上的“草船”（摄影：汪永晨）

我们还到了一处帝王谷，是多代帝王与王后的陵寝集中之地。更有一处开放的地下陵墓，深入地下45米，甬道长210米，盘旋曲折，有的区段需要跪爬前行。我又“童心大发”地参与了这次“历险”，尽头的小地宫中，一只空石棺庄严肃穆地置于中央。当时我真想躺在这只石棺内感受一下，但仅是想想而已。因为历史文物，不该随意触摸。

访古的参观可以说获得了酣畅淋漓的感官收获。此后，我们还在红海边休闲了两天。于是，我们兵分两路，多数朋友去海滨浴场，而我和王老师两人，申报乘潜水艇入红海。这是我第二次入海，第一次是在夏威夷入太平洋。两次入海的深度都是150米左右。

又一次水下近观鱼群的自由翻飞，而我们这些乘客却被禁锢在钢铁的“鱼腹”中，也被鱼们通过玻璃窗近观了一番。

最后，我们到达了亚历山大港。这是一个辽阔而又被弧

地下墓道

形长岛环抱的优良港湾。世界七大奇迹之一的法洛斯灯塔遗址，“漂浮”在湛蓝的海水中。游人在海滨随意地观光、垂钓、休闲。我们则沿海滨作“闲庭信步”。

老皇宫和夏宫都沿港湾而立，在闪光的尖顶的映衬下，洁白的宫墙显得安详而超脱。我对夏宫前的草亭和岸边的旗形树更情有独钟，静坐观海。待到夕阳入海时，见云天海域，被照射得风情万种、光影幻化。

此时，我的思绪中既有观光丰足的回味，又有国内外特色对比的思考。对于埃及不朽的石文化，主要体现在石艺建筑方面，其古、其宏、其经久不损，印象深刻。而回顾我国的石文化，真感到是全球独一无二的，蕴涵着文风、秀气的碑刻石文化。展示了我国数千年的诗、词、歌赋、书法佳作，真是万古绝唱！

金碧辉煌的地窖（摄影：汪永晨）

我国的古建筑多为土木结构和木石结构，偌大的宫殿在改朝换代时往往被付之一炬。而我国历代的文学珍品有些被装点在自然的山石中，如武夷山系中连续的书画石刻“长廊”；有些被镌刻在大小石碑上，如著名的“三绝碑”（文绝、书绝、刻绝），在我国就有10座，散布于各地的遗址、古迹中，其中我最激赏的“三绝碑”是位于湖南郴州白鹿洞的秦观文、苏轼跋、米芾书的石碑。真是永垂千古的石文化精品。

我们对于本民族的石文化的特色和精髓，怎能数典忘祖、熟视无睹呢？

雪山碧水，科艺沁心

——阿尔卑斯山系、多瑙河流域之旅

2010年夏秋之交，我两次访欧洲，总的是向往欧洲的文化艺术，但两次的侧重不同。

仲夏访南欧的意大利、法国、瑞士及两座袖珍国（梵蒂冈和摩纳哥），此行并非要寻法、意的都市香风，而是冲着欧洲的脊梁——阿尔卑斯山和浮在亚德里亚海滨的水城威尼斯而去，同时也瞩目于联合国教科文驻地的诸多景观。流连而返，但意犹未尽。

梵蒂冈 是小而精的独立的主权国，位于意大利罗马城的西北角。国土0.44平方公里，总人口是由神父、修女和卫兵组成，共有1 000多人，可算是全球最小的国家，但却有世界上最大的天主教堂，是天主教信徒心中的圣地。圣•彼得教堂，由284根圆形的大石柱所

阅读着的圣者

包被，还有方形石柱 88 根，形成了一个椭圆形的大教堂和露天广场。

教堂大厅内，古典、高雅、虔诚、净化。殿内和露天广场上，石雕像比比皆是，传达着虔诚向天和静心学习的气氛。

广场——即国家

→ “罗马假日”场景之一
↓ 罗马斗兽场遗址

由埃及运送的方尖碑高 25.5 米，重 320 吨。还有精致而巨大的喷泉，润泽着广场的各个角落，在阳光照耀下，似珍珠普洒大地。更有精致的园林景观环绕着圣地，烘托出一片生机。

在如此环境中，不由得人们心灵和精神进入到净化、皈依的状态。

意大利 形似一只长筒高跟靴，位于亚得里亚海和地中海之间。罗马古都还保留着古斗兽场和凯旋门遗址。教堂、图书馆庄严、肃穆地矗立于树丛、草地间。我们还去了一座很小的教堂，原来是《罗马假日》电影中，公主把手伸入狮口中的一个场景。

海神群像

城市的雕塑吸引着各方游客，如水神群像，场景壮观，栩栩如生。鲜花之城佛罗伦萨的“海神广场”，耸立着几百座雕像，形态各异，其中的大卫塑像，更是举世闻名。

水城威尼斯 是我仰慕已久，印象中一座恬静的、温馨的，甚至带有虚幻意味的、“漂”在水上的城市。而当我眼

繁忙的“贡多拉”

见时，却是一座阳光明媚、人声鼎沸的热闹小镇。

环水之地，桥梁众多，据统计，共有大小桥梁350多座，连接着100多个小岛、10多条运河，构成了一个水系网络。其中，大型的石拱桥长23米，位于城区中心，熙来攘往。而突出的是一座长10余米的“叹息桥”，据说，这是被判终身监禁的囚徒必经之桥。对于囚徒来说，真可算是终身的叹息了。

而我饶有兴趣的是想多经历一些“水上胡同”的小水道，多参观一些“胡同”里的房舍人家。乘“贡多拉”小船，穿梭于“水胡同”与河道间。看到房舍外墙水渍斑驳，记录着水位的起伏，也预示了威尼斯的前景。至于水中树立着集群式的木柱，据介绍，他们坚硬如铁，耐水湿，不腐朽。反映了古代木材防腐技术的精湛。

对于威尼斯的惊鸿一瞥，算是实现了我的一个向往。感

一声叹息
禁锢终生

觉威尼斯的水城似乎是一座贵族的宫殿，但是趋于衰老。想到我国的江南水乡苏、锡、常等地，却是平实的、温馨的、诗意的，“小桥、流水、人家”式的乡间民居，却有着民众的、草根的、生意盎然的、世代绵长的兴旺之气。

摩纳哥 是地中海畔的一个山城袖珍小国，国土面积1.95平方公里，还小于美国的中央公园。但这里植被属于南亚热带类型，绿得阿娜多姿。一座皇宫耸立在高高的山崖边，面向大海，四周花团锦簇，既宁静又繁华。

街道上的赌场、游乐场火爆兴旺，是一处国际性的小金库。蜿蜒曲折的山道上，车水马龙。曾经发生过葛瑞丝王妃

↑ 矗立于山巅的王宫
→ 海边的小山国

车祸香消玉殒的悲剧，不免使我们慨叹人世之沧桑。

瑞士 是位于阿尔卑斯山高端的雪山之国，欧洲的脊梁——阿尔卑斯山的最高峰 4 810 米的勃朗峰就在瑞士境内。瑞士既是欧洲的中心，更是世界公园。草地和牧业是它的主体，山体的中部，有落叶阔叶林和暗针叶林。山麓地带湖光山色，繁花似锦。

我们作了一次阿尔卑斯雪山与冰洞之旅。当我们乘高空旋转缆车时，突降冰雹。冰雹砸在这个世界第一的高空缆车上，发出了轻柔的“琴声”。坡面的冷杉树枝上覆盖着积雪，云雾雪岚绕树飞升，当登上海拔 3 000 米左右的峰顶平台时，远处几座海拔 4 000 余米的雪峰，一览无余。

我又下到阿尔卑斯山体内的冰洞中，作了一次冰洞长廊的“探访”。据说，此洞长 40 公里，有柱、有棱，有主道、有支沟，倒也是一次奇特，但并不寒冷的行走。

街心花园

山麓地带，小镇悠然。峡湾处，戛纳电影节的会场竟然静静地安卧在绿树繁花中。这个名震全球的会场，规模不大，大概相当于我国的县级电影院吧。

但红地毯依旧，令人回想着那些走过的名人，而今安

穿行于阿尔卑斯山腹中的冰洞

↑ 通往瑞士途中——戛纳电影节场地 其规模相当于我国城镇的小影院 但这个红地毯上走过多少世界性的名人啊！

← 联合国广场上的高13米的缺腿木椅——反地雷宣言的纪念物

← 联合国总部各成员国国旗飞扬

↓ 日内瓦湖上高300米的喷泉

在？可见规模不在大小，关键是质量、品牌，则可流芳后世。

沿途，又去了一处我向往已久的地方，就是联合国教科文组织等集中之地，它位于日内瓦湖畔，湖中喷泉水柱高130米，岸边有鲜花组成的花钟，高雅宜人。联合国大厦内，飘扬着“万国旗”，广场上有一只高12米的三条腿的木椅雕塑，以纪念反对地雷协议书的签订。

附近还有一些粮农组织、教科文组织的办公地，依然是绿树繁花，依然是高雅宁静、依然是雕塑林立（读书者、弹琴者）、悄然。我在这样的氛围中，静静地思索着、行走着，真期盼着全球有更多的如此和谐的温馨之地。

瑞士的风光，更体现在硫森湖区，这是一个坐落在阿尔卑斯山麓的下陷盆地的大湖，附近的一座卡佩尔木桥，长200米，桥头一座六角形的教堂，廊桥的顶上，覆盖着树皮，布满了青苔。桥上、桥沿遍栽、遍垂鲜花，是名副其实的“花桥”。

我们还乘船游览于湖上，湖周的山坡上草地、片林，一座座别墅错落有致，我想，别墅的主人，生活在雪山环抱，湖水澄蓝的草坡上，不但自身的生活闲适，也给游客提供了一幅雅致的山水画面。

法国　是此行最后一站，这是个以建筑和艺术享受为主的地方。天空中纵横着航班尾气划出的白色长练，标志着各方游客纷至沓来。

我们首先造访莱茵河，宽宽的河面上，横跨着37座石桥，座座石桥都被装饰得精致而华丽。但遗憾的是，河堤都被“石面”化了，未见到我所向往的河岸缓斜、浅草青青的景色。

埃菲尔铁塔诚然雄伟，塔高320余米，可以登1 710级阶

↑ 夜晚的埃菲尔铁塔

↓ 埃菲尔铁塔上看不协调的高层建筑

↑ 夜晚的凯旋门

← 塞纳河上的晚霞

梯，我站在高处，环视巴黎，道路、建筑和绿化的布局，自然而规范，极富整洁的美感。但有一处“黑点”，就是一座210米高的黑色方柱形建筑，是56层的“蒙巴纳斯”。这座现代化建筑，与原有古典风格的建筑群极不协调，甚为刺眼。故当局决定再不让随意兴建破坏原有风格的建筑了。仅此一“点”，似乎留作反面教材。我想，这样的思路和做法，是值得我们借鉴的。

夜色下的巴黎圣母院

巴黎市区，著名的景点是香榭丽舍大道和凯旋门。我既在白天，又在夜晚漫步、观赏在这些景点中，瞻仰了巴黎圣母院和协和广场上的方尖塔、喷泉、雕塑等。在熙熙攘攘的人群中，我品味着、享受着、思考着，常常联想到我国的奇山幽水和乡风民俗。中外各有特色，也可交融，这就是旅游的功能了。

法国的艺术是观光的重点之一，卢浮宫是藏珍蕴宝之地。真是如入“山阴道上”，但是其中的“三宝”最为珍贵。一是断臂的“维纳斯”，二是“胜利女神”，三是“蒙娜丽莎”，尤其蒙娜丽莎的画像前，永远是人头攒动。而我却最欣赏“胜利女神”，她身形似船，双翅若飞，而颈部以上没有体现。总体的形态上，呈现出奋进的气势，也给观赏者提供了遐想的空间。

卢浮宫更是一个东西方文化的结晶。卢浮宫前，一座玻璃金字塔，由 793 块大玻璃构成，仿佛是从天而降的一颗璀璨的宝石。把东方与西方、古代与现代，巧妙地结合起来，起到了锦上添花的作用。东方的智慧与艺术，在这里也充分地得到展示。

凡尔赛宫内的园林布局

凡尔赛宫，也是巴黎的一大奇观。从外到内，真的是金碧辉煌。那一座座宫廷殿堂中，四周展现的油画、雕塑和长卷，既反映了若干名垂千古的历史场景，也凸显了诸多艺术家不朽的杰作，令人目不暇接。

但是对我来讲，更欣赏的是后宫 100 公顷的园林，那些艺术型的、几何图案的、园林绿化布局，其中还装点着一座座雕塑。自然与人文，花草与艺术，显示出天地融合的豪爽、

街边小憩

辽阔和细致柔和之美。我久久地站在窗前，向外瞭望，身后的人群似乎都隐没了，而我仿佛融入了森森的花木之中。

一般外出旅游，购物也是一些人的项目之一，离境前退税是必经的手续，在所谓的“老佛爷”商店内办理。我无意购物，而是利用这个时机，在巴黎歌剧院旁的咖啡吧中小坐。一杯咖啡，一客冷饮，充分地享受、休闲、观光，笑看街景人流。

回顾西－南欧的五国之行，对湖光、山色之情，田园、艺术之爱，算是小有满足，但又意犹未尽。于是又计划着，以多瑙河流域为主的中－东欧五国之行。

初秋与“绿家园”的朋友们，再访位于阿尔卑斯山北麓、欧洲中－东部的波兰、捷克、斯洛伐克、奥地利、匈牙利等多瑙河沿岸5国。领略了温润氤氲之气笼罩下的平畴沃野、绿地密林、碧流小溪、住宅花丛的自然宁静与生机。慨叹于

波兰——科学之城 波兰大学校门

宗教建筑艺术的历史悠长而精致，尤其赞佩他们对科学文化先贤的崇敬：哥白尼的地心图，居里夫人故居，以及音乐大师肖邦、莫扎特、贝多芬的雕像、故居、公园，处处飘忽着交响乐的旋律。

波兰 其首都华沙，位于维斯瓦河湾流之滨。

华沙是一座绿化之城，浓荫郁闭、绿地似毯。全市有公园 65 处，人均绿地面积达 78 平方米。

华沙是一座既古老又经“二战”摧残、毁损达 85% 至 90%，后经重建的一座英雄的城市。为了复原并发展重建的需要，当局在教堂内、街道旁，对比性展示毁损前后的市容，广泛征集重建的方案。我们参观的广场叫国王三世广场，是

↑ 地心图
← 波兰——英雄之城 人鱼标志
↓ 哥白尼塑像

纪念定都华沙的国王。广场中心一座高 30 米的石柱，上有国王雕像，高 2.75 米。广场虽不大，但布局井然，建筑精细、华丽、庄严。

波兰还是一座文化之城，高等院校有 14 所，又被称之为“大学城”，华沙大学就在街道上，两个门牌（26 号、28 号）内的范围。校园绿化整洁，教学开放有序。

市区内处处体现着对科学先驱的尊崇，教堂前的一座雕像，是一位沉重的背负着十字架的先贤，反映出思想者虔诚的信仰和为生灵请命的精神。宁静的街头，竖立着哥白尼的雕像，地面上展现着他的“地心图”。

居里夫人家位于小街边，二层小楼，楼道上展现着居里

绵延的
绿色藤蔓
（摄影：
汪永晨）

夫妇的实验设备与成果。楼上一座简朴的实验室，分析仪器也极为普通，想象不出令人震惊的成果竟然是出自于此！

我在她家门外的丁字路上沉思：居里先生就是在这石子路上被马车撞倒的。据说，当居里夫人得知噩耗后说，“天哪，他当时在想什么呢？”我也真的惊讶，嘚嘚的马蹄声居然没有把思考中的居里先生拉回到现实中。

波兰有浓郁的音乐氛围，公园内，肖邦的侧面塑像，反映出他的精神世界。一只音乐长凳，内储他的多首乐曲，一经点触，乐声悠扬。音乐天才肖邦英年早逝，他的心脏被庄

← 居里夫人家住所兼实验室
↓ 居里夫人家门前（摄影：汪永晨）

→ 肖邦塑像

↓ 肖邦故居

盐晶岩层多变的形态（摄影：汪永晨）

严地放在教堂内，位于大厅左侧第二根柱子里。缠绕着的红丝带，是标志，也是纪念。

我们还拜访了肖邦的家园，在葱茏的古树中，白色的小平房里，放着他昔日弹奏的两架钢琴，仿佛余音犹在。

在波兰，我们还参观了一处盐矿，这是一座位于科尔巴金山北麓的富盐矿。矿深九层，深327米，长4公里，宽1.5公里。目前开至第三层，约130米。我们拾级而下，我数了370多级台阶。途中既看盐层变化，也看到盐钟乳的发育过程，更有盐晶制成的雕塑、展品和纪念品，把地下矿坑开辟成了一个盐业生产和工艺的博物馆，供游客参观。

而更令我欣赏的是，矿外的广场是一个林木森森、绿草如茵的大公园，毫无通常矿区的迹象。

我们还参观了一处极有教育意义的地方，就是“二战”中的威斯康星集中营，一般各国的旅游者均去参观。在参

← 运送囚徒的铁轨
↓ 焚尸炉烟筒

观的过程中，大家都极为肃穆地、静静地观看那些残酷的、反人类的行径。运送囚徒的铁轨、林立的岗楼、阴暗的囚室、小山般的囚徒的眼镜、成袋堆砌的囚徒的头发、高大林立的焚尸炉，都默默地揭示着这段历史的罪行。这是对参观者的一次深刻的不忘

不忘历史——威斯康星集中营

图书大教堂

历史的教育，是反战的教育，是保护与珍爱和平的教育。

捷克 一提到捷克，往往想到的是金色的布拉格。布拉格位于伏尔塔瓦河流域，是捷克的首都，也被称为“百塔之城”。

城中教堂比邻，塔尖错落。高97米的圣·尼古拉大教堂，耸入云端。邻近的圣·威图斯图书大教堂，更是尖顶群聚。宗教氛围与艺术雕塑互为映衬，整个城市都沉浸在幽幽钟声和勃勃生机之中。

查理大桥是横跨在伏尔塔瓦河上的一座长520米、宽10米的石桥，桥上共有30座雕像，精美而有寓意。

从查理桥端遥望对岸，宽谷盆地，橙红色的房屋，积聚于盆底和缓坡上。在夕阳的照射下，一片璀璨。我想所谓“金色的布拉格”，大概就指这里吧。

在市政广场上，除了教堂、商店林立外，更有捷克的标志之一的“天文钟”。正点时，高层的窗户大开，12 位门徒巡视一周，金鸡报时。此处吸引着各方的旅游者，等候钟鸣，集中观光。说道钟鸣，有一个传闻，在古代某城被围困时，双方约定午间 12 时鸣钟攻城，过时罢战。而该城提前

于 11 时鸣钟，全城人民得以免除了一次战争的涂炭。此后，11 时鸣钟，就成了该城的传统。

我们还去了克鲁姆洛夫古镇，此镇的特点是大树林立，伏尔塔瓦河流经小镇。彩色的高塔、城堡廊桥和花街把小镇装点得温馨而灿烂。我们穿行在小街上，坐在河岸边，感受

↑ 伏尔塔瓦河大桥

↓ 桥上乐队

↑ 火刑塑像
← 广场天文钟

小镇风情，是一处极佳的休闲之地。但听说当地要集资将高塔油饰一新，我感到这略有斑驳的古塔和当地的自然风光倒是很般配的。

我们又去了一处以人骨教堂为特点的小镇。这是一个家族的墓地教堂，后来收集、扩展了几千具人骨，教堂内所有用具都是人骨的各部分组成的，但是，并无阴森恐怖之感。

↑ 奥地利醉人的湖光山色
← 莫扎特故乡的塑像

室外墓碑肃立，鲜花遍布，寂静而优雅，把对宗教的信仰和对逝者的尊重，用艺术和鲜花来表达。

奥地利　是欧洲有名的湖光山色的音乐之国。萨尔斯堡小镇，让我们见识了惊人的湖光山色之美。清晨的卡姆古特湖，朝阳透过云层射向湖面，使周围的山体、村庄、尖塔，恍若仙境一般。我们如醉如痴地摄影、观光，久久不忍离去。

这里是莫扎特的故乡，有他母亲的住所和他的雕像。小镇上家家窗前屋后，鲜花簇拥，藤蔓悬垂，宁静而温馨。连湖面上似乎都水波不兴，大小船帆静静地停泊，而黑、白天鹅悄悄地游向岸边，仿佛来向游人致意。

我们还去了贝多芬故居小镇，也在施特劳斯公园中看树

← 小约翰·施特劳斯像

↓ 金色大厅外夜景

演奏会

观景，拜见了这些音乐先哲们庄严的、传神的雕像。一次次沐浴着古典音乐的洗礼。

我们还慕名“欣赏”了维也纳“金色大厅”的音乐会，由于在电视上多次看到维也纳新年音乐会那华丽、壮观的场面，乘兴而来。

但是“金色大厅”中，既没有鲜花，也没有泛出金光。20余人的小型乐队，就打发了我们。反映出商业社会的冷淡交易，音乐的高雅感大大贬值了。我们败兴而出。

倒是“金色大厅”外的一幕夜景给了我一个补偿式的愉悦感。举头望去，临近中秋之月，高悬在天空，衬映着一座高耸的巴洛克式的教堂尖塔，颇有一丝幽深宜人的韵味。不禁使我想到收获有时在“局外”、在“无意”间。

美泉宫是著名的国际性的绿化、美化与艺术结合的旅游胜地，参观这里给了我们很大的享受，美得令人眩晕，绿得精致而葱茏。宫殿、石雕、广场、喷泉、绿地，构成了恬美、舒畅的氛围。而更突出的是大幅度的、几何形图案的花卉布局，把整个园地织成了五彩缤纷的大花毯。绿荫郁闭的小路，曲径通幽，鲜花藤蔓的棚架，引人入胜。难怪电影《音乐之声》在这里取景、拍摄，美景加音乐，互为映衬，铸成了不朽的经典。

还有一处景观，更令我铭记于心，著名的茜茜公主的雕塑静静地坐落于美泉宫深处的一隅，那洁白的大理石雕像和座前的红色蕉花，映衬出她高雅的仪

↑ 美泉宫广场

← 美泉宫中深处的茜茜公主塑像洁白而安祥

态和火热的胸怀，四周宁静而洁净，我采了几朵小花放到她的座位前，是对这位历史人物的一种悠悠的情谊，更是对这个安静而高雅的环境的欣赏。

斯洛伐克 是一个古朴的袖珍国家，位于多瑙河的弯流处。我们造访的那一天，原本阳光明媚，忽然眼见着薄雾轻轻地飘忽着袭来，把我们裹在朦胧的氛围中，走向了一座古堡，这是古王朝废弃的一座古堡遗迹。而他们国家却尊重历史，留下荒寂，作为旅游观光的一处景点。让游客通过古堡的颓窗，洞观多瑙河，发远古之忧思。

地垮多瑙河两岸的斯洛伐克城市

与古堡相对的是不远处的一处巴洛克式的宫殿，殿内殿外都洁白、高雅而宁静。山麓下，堂皇的教堂倒是花团锦簇。古代和现代，相依并存，更联系着多瑙河对岸繁华的城市，反映着斯洛伐克的精致与多姿。

匈牙利　是常常使我联想到“蓝色的多瑙河之波”的国度。匈牙利的国土分列于多瑙河两岸，所以，多瑙河上桥梁众多，坚固而华丽。最著名的有 8 座，其中有皇后桥（即茜

茜公主桥）、皇夫桥以及链子桥。链子桥是这 8 座桥中最古老的，是跨度最大的铁索桥，长 375 米。设计师为著名的桥梁大家，设计得很为精致，桥头还有铜狮子“坐镇”。设计师视其为得意之作，曾说：“请大家仔细审查，如发现设计上有错误，我就跳下多瑙河。”结果，无人发现错误，不意一个小孩看出狮子嘴中没有舌头，设计师即跳入河中。

匈牙利的布达佩斯也是雕塑众多的城市。广场上，有雅典娜女神及其护卫的雕像，也有反映成吉思汗骑兵远征的英雄群像，还有一只大鸟衔着一个戒指和一头公熊叼着一把长剑的雕像，据说，鸟衔戒指是为了促成王子与公主的定情；而熊叼长剑，我估计是劝主人免开杀戒的故事。总之，雕塑是装点城市的艺术，而温馨的、温和的、诗意的内涵是城市精神的反映。

多瑙河之波，温柔地起伏着，清澈的河水，映照得天地澄蓝，我们巧在中秋之夜荡舟多瑙河上。那个氛围，真让人生发出诸多的诗情画意，我即兴感言：“灯光桥影，灿烂缤纷，如梦似幻，恍若飞升。”倒是如实反映了当时的情景。

抓着宝剑的雄鹰

展示故事情节的雕塑——衔着求婚戒指的鸟

雅典娜女神雕塑群

广场上的英雄雕像——怀古成吉思汗

我又想到《浮生六记》里“风生袖底，月到波心，俗念尘怀，爽然顿释”，是我当时心境的写照。但不能释怀的是：思念家人、思念家庭、思念家园、思念家国。期盼“但愿人长久，千里共婵娟”。因为当时我老伴范自强尚健在，时隔一年，斯人已逝，已无人与我再共婵娟了！

欧洲10国之行，感到它们之间既有大同，又有小异。同在：同属中温带与北温带之间，同在一个山系——阿尔卑斯山，同在一个主流水系——多瑙河与伏尔塔瓦河，同样人口较少，同样注重建筑、艺术、音乐、科学、自然、环保等。异在不同的民族、不同的生活习惯、宗教信仰也小有异同。

气球飞升，壮观迁徙

——东非肯尼亚、坦桑尼亚掠影

东非之旅，对我而言，原本是一个遥远的向往和期盼。但当“绿家园”的朋友们在2011年计划前往时，我当然欣然随同。在我的思绪中，主要有3个重点，一是从西藏高原的藏羚羊的迁徙和候鸟的迁徙，进而急切地想参见东非大草原上有蹄类动物大迁徙的壮观场景；二是对闻名已久的赤道地区的最高峰乞力马扎罗的向往；三是想拜见被称之为“地球美丽的伤疤”的东非大裂谷。

意外的是：这次东非之旅，是个集野性之旅、朝圣之旅、寻根之旅、探秘之旅、生态之旅为一体的多彩之旅。

我们此行，从肯尼亚到坦桑尼亚，经历了8大国家公园和自然保护区，对草原之辽阔，对生灵的集群和食性的链接，感受到心灵的震撼，真是难以尽说。

肯尼亚　我们首先到达大裂谷缓坡地的纳库鲁湖区。纳库鲁湖是一个咸水湖，湖中盛产蓝藻，是火烈鸟的食源。因而几十万只火烈鸟群聚于此。或静卧于湖面，或翱翔于低空，形成了遮天蔽日的粉红色的“云彩”，映得我们也如醉酒般地面色红润了。

纳库鲁湖还有450多种鸟类，其中鹈鹕的数量也很多，鹈鹕特有的长喙和悬垂的皮囊不停地运动着，同时变换着群体的队列，在岸边形成了一道独特的风景，很是吸引眼球。

湖区动植物组分丰富而独特。旋钮相思树成林成片，林中可见长颈鹿出没，大树下还有闲卧的雄狮，白犀牛家族和

← 旋纽相思树的荚果（摄影：陈金华）
↓ 探访马赛村（摄影：汪永晨）

黑犀牛个体，活动于林缘草地，树上还有猕猴在攀腾跳跃。

纳库鲁湖岸还有一带峭壁，也就是东非大裂谷边缘的一处断块，名为“猴子岩”。居高临下，湖景和丛林尽收眼底。这些生物种群和生态景观，就使我们首次领略了东非的自然野性之美。

我们还去了纳瓦沙淡水湖区，在冲锋艇上与大群的河马擦肩而过。登上湖心的新月岛，又进入了一片丛林环抱、绿草如茵、木屋星散的世外桃源。近旁，成群的长颈鹿在悠闲地游走，朋友们还与它们作了近距离的接触。

沿途走去，东非的特异地段景观一一展示在我们的眼前。

在大裂谷宽阔的河谷边缘，突出地反映了一段“地狱之

← 整体待飞（摄影：陈金华）
↓ 火烈鸟振翅（摄影：沈孝辉）

门”景观，是大裂谷留存的塔形、独峰和断崖，构成了“地狱”的大门。三座独峰是坚硬的熔岩核心，未被剥蚀，雄险高耸。沿断层的侧面沟谷向下，进入“地狱”，最窄处仅有两三米宽，呈“一线天”之状，游客们都纷纷上下攀升。

附近更有曲折的袭夺地貌，反映了远古时代地层断裂、火山喷发、继而洪水（或冰川）冲击的过程。对我来说，看到如此典型而奇妙的地史变迁，感到学习了、印证了教材中的内容、思绪上的向往，有一种冥冥之中接受了天地之教化的激动和感恩之情。

“地狱”之途，山石陡峭阴湿，道路诚然难行。上下几百米就算是下过一次“地狱”又返回人间了。

此后，还跨越真正的赤道线，当地用水桶和漂浮的小

柴棍，让游客观察小柴棍在北半球和南半球不同的“指针效应”。在北半球，指针顺时针而动，南半球则是逆向而动。

东非地带一年有两次雨季，11至12月和翌年的4至5月，5至11月是旱季。因而形成了大群食草类动物逐水草而迁徙的节律。我们这次东非之行，主要目的就是参见动物大迁徙，因而选择春季、雨季与旱季的交替之际拜访。

沿途，我们既观草原的地形起伏、水分变化而呈现的多类型的草地，有高草、中草、浅草、疏草，以及因火山细灰覆盖的寸草不生的形似黄沙布铺地的类型。因为这是影响动物的种群和数量、分布与迁徙的基地（食源）。

在马赛马拉大草原上，我们坐在专供游览的半封闭的巴士中，观看了多少生物界的悲欢、链接的正剧啊。

狮子集群式的包抄，将捕猎到的牛羚先供幼狮享用，母狮还在一旁守望、护卫。而我们这些为“观战”而来的

← 宏观的袭夺地貌（摄影：汪永晨）

→ 岩层裂隙（地狱之门）（摄影：汪永晨）

二三十辆巴士车群围绕四周，人群有的静静地拍摄，有的激动得大呼小叫。我想这种生死、血腥的捕食过程，实际上是动物生存规律——食物链的反映，按理人类是不该惊扰它们、围观它们的家庭盛宴的。

十余只至数十只的大小象群，头象威武，幼象恋母，还边走边吃奶，家族之浓情，胜过人类。

而大草原上的主角——牛羚和斑马，各显其能地配合，牛羚善于识别湿润的草原之风，决定迁徙的方向，斑马能够记忆熟悉的迁徙之途，常作线路的先锋。所以，草原上斑马与牛羚常常结伴而行，声势浩大。这里要阐述一点的是：牛羚又被称之为角马，实际上，“角马非马”，“牛羚非牛”，而是“羚”，是黑尾白须的羚。

为了更宏观细致地观察大迁徙前的集结过程，我们乘热气球从空中俯瞰。这里又出现了一次在亚马孙观水中森林乘

温馨的一家（摄影：沈孝辉）

小飞机前的插曲。朋友们为保安全，劝我不用乘热气球。而我认为低空遥观热气球是最佳的工具之一，而且还举出我的科学知己黄宗英也曾乘热气球“望长城”，她当时年已 70 高龄。通过我的有理有据、坚决“申请”，终于和朋友们一道赴热气球之约了。

清晨，在参星和上弦月的映照下，我们爬上热气球下的篮筐，迎着朝阳，缓缓地在半空中巡飞。草原之辽阔，马拉河水系之网状流淌，牛羚既遍布草地，又呈队列地绕一株旋钮相思树奔跑。

我们在热气球上，尽情地饱览与拍摄这些罕见的场景。我更站到座椅上，力争捕捉好镜头，当时心情之舒畅与豪迈，真是无以复加。

而当热气球落地时，还有一个小插曲：原来两隔的篮筐，落地时侧翻，变成了“两层楼”。因为出乎意料，“楼上”、“楼下”的朋友，都哈哈大笑。愉快地结束了这一次具有“探险”意味的热气球飞升、低空观赏草原上动物大迁徙的集结过程。

↑ 食物链之一环
(摄影：陈金华)
← 俯瞰马赛马拉草原
↓ 集结中的羚群
(摄影：沈孝辉)

迁徙中的先头部队——斑马

看过了大迁徙前的集结过程，我们去马拉河口，等待“迁徙大军”过河。这里似乎是主要渡口之一，不但观众在等待，河里的鳄鱼也时隐时现地在等待，附近的猕猴也在等待——与观众抢点心、水果吃。但是此次等待没有结果，据当地朋友说，可能还要等两三天，待集结的大军数量足够时，才会集群式过河。我们无法长等，只有带着遗憾告别马拉河口。

我们还去了肯尼亚南方滨海古城蒙巴沙，这是珊瑚礁构

恩戈鲁火山口的温性雨林（摄影：沈孝辉）

↑ 初生的悬垂气生根

← 草原边界的荆状水泉（摄影：沈孝辉）

成的古堡港口。昔日繁华的景象尚存，四只大象牙（模型）构成了往返主干道的“拱门”，把草原与滨海这两个地史类型联结起来。更有古炮台、古教堂与出售特色工艺品的商店，高档的餐厅、宾馆，将历史与现代联结而共呈。我们在面海的凉亭长廊中享受了海鲜大餐，又恰逢汪永晨“同学”的生日，餐厅还送了蛋糕。大家边用餐，边面向海湾观景。此时，

猴面包树

汪“同学”又按“大巴课堂”的惯例，要我给大家讲点什么。

坦桑尼亚　我们又去了恩戈罗·恩戈罗火山口国家公园，这是一座直径达18公里的浅盆式火山口。我想，它可算是地球上最大的一只“盆”了。“盆沿”高约500米，“盆底”中有起伏的小火山口和泥火山，有水系湖沼，有岛状丛林，还有小丛气生根密集悬垂的榕树和貌似枯枝的粗壮的面包树等奇树异木。

在如此变化多型的地域内，数百万只有蹄类动物和各种鸟类栖息于其中。“盆沿”中部的沟谷中，还生长有茂密、湿润的温性雨林，这个全球最大的“盆”啊，生态类型丰富而独特，生物种群灵动而兴旺。

我们住在盆沿上的一座设施完善的宾馆中，既能观日出、日落的奇幻之景，又能面对温性雨林藤蔓花果的学习之机，真是人生之幸事。

峰顶丛林（摄影：沈孝辉）

我们也去探访了居住在“盆沿”上的马拉人，他们的生活方式既简朴又原生，是人类祖先生活的写照。几户人家群聚一处，刺状灌木作围栏。小小的圆顶泥屋，低矮的门，门内笔直的通道，侧面住房几间。原来这是他们为防狮豹袭击的措施。刺栏是第一道防线，矮门是第二道防线，通道是第三道防线。即使狮子进屋，冲进通道，也难以伤害侧屋内的人，反而会被人所捕捉。

乞力马扎罗是赤道附近最高的山峰，海拔 5 895 米，终年积雪，是非洲的第一高峰，被誉为“非洲屋脊”。又通过电影的传播，被众人仰慕。

当我们朝向乞力马扎罗而去时，由辽阔的草原远眺天际的山影，进而到达山麓的莫西镇时，迫不及待地在露台上遥望，担忧地议论着雪线的退缩，急切地计划着去考察。我们的大部队由山麓起步，经气生根繁茂的榕树等热带常绿季风

乞力马扎罗远眺（摄影：陈金华）

雨林，进入古藤老树的密林中，充分享受了非洲山地垂直带的自然景观和奇花异草。遗憾的是，我和唐锡阳老师，都年过八旬，为了不拖累大家，未能一观乞力马扎罗的胜景，因之植被状况难以阐述。

在乞力马扎罗山上，大家住在尖顶的小木屋中，设施简洁，但在山区有如此住宿环境，对于往返野外的人而言，也可以安之若素了。

至于此次东非之行，感觉当地的很多方面都反映出了生态环保理念的体现，如自然保护区内的道路，多是沙土铺就

的生态路。而住宿环境，也很简洁、自然。在保护区内，住房有三类，一类帐篷式，一类木屋式，一类宾馆式。但无论帐篷还是木屋，虽然简单，却简而不陋，都有卫生间和淋浴设施。而且，融入自然，安适休闲，别有情趣。

我想到此次是为参见东非动物大迁徙而来，潜意识中还有对比我们西藏高原动物迁徙的规律而来。此次所观的场景恢弘而特异，印象极为深刻，也获得了极大的启示。我就向大家介绍了我对动物大迁徙的四大类型概括思路。

第一，生存迁徙——动物为其生存觅食，逐水草而行的长途跋涉，如我们此次所见……

第二，繁殖迁徙，如我国高原的藏羚羊，生育前迁至“无人区”深处，为幼仔出生后即能吃到大雁迁徙经过时的排泄物，准确地与大雁迁徙经过的时间同步，而且往往集中在一两天内生育，同时提供给大雁以胎盘这个高营养的食粮，生物界的迁徙过程中的互补规律，充分体现。

第三，避灾迁徙，如发水前，蚂蚁上树、老鼠出洞、动物攀向高处；或火山、地震前，一些生物的避灾迁徙。而人类对避灾的灵敏度已经退化了。

第四，扩展迁徙，这主要反映在生物，尤其是人类，为扩展地域、掠夺资源而进行的“迁徙”。

这次对“迁徙”问题的思考和交流，自我很是欣慰。因为，只有看了、学了、思考了，才有专业收获，才能与大家交流、探讨，真是学海无涯，更无年龄之限。

东非之行，使我这个年老的学子，有一点激情澎湃。我曾说：我爱东非的天空，沉静而绚丽；我爱东非的大地，辽亢而多姿；我爱东非的动物，自由而灵动；我爱东非的植物，坚韧而茁生；我爱东非的人群，简朴而纯真。

湄公河畔，净心休闲

——老挝沿河阡陌之行

2011年新春甫过，“绿家园”的朋友们，进行了一次“短促突击”的邻国之旅，经春城昆明，赴南国风情的老挝。出境前，适逢祖振声先生70大寿，使此次出行，有了一个温馨愉悦的开端。迎接我们的导游，开宗明义就说，我们此次是休闲之旅。

邻国老挝，与我国山水相连，植被同类，风情近似。沿我国云岭山脉而下，构成了老挝北部的山体。海拔2 820米的普比亚山，被视为东南亚的“珠峰”。我国的澜沧江南下老挝境内，为湄公河。我们环山沿河，领略南国风情。南国春早，稻田层层。

第一站是琅勃拉邦，这是澜沧古王国之都，也是佛寺之

遥观东南亚“珠峰”（印支屋脊普米亚峰，海拔 2 820m）（摄影：陈金华）

地。全市有 30 多座寺庙，香通寺是东南亚的第一寺，与古皇宫毗连。庙内古树花坛，宫廷装饰，金碧辉煌。我更有兴趣的是：庙堂侧面的山墙上，大幅的生命树绘画，以五色琉璃镶嵌，反映出生命（生物）系统演进的过程。树上有各色动物，如猴子、象、鸟等，把生命起源、轮回进化、人与自然的关系等朴素的体现。庙内的佛像和围栏的龙雕上，多装点有“千手千眼”，好像在透视众生和大千世界，教人向善。

附近有海拔 200 米的普西山，也是处处供奉着坐佛、立佛、卧佛。古菩提树，虽然处于落叶时段，但是，树下完整的心形叶，反映出长长的“滴水叶尖”。正是这一形态特征，

生命树

在佛教界被喻为有“净水点化、普度世人”的佛法功能。

我们在琅勃拉邦休闲了两天。傍晚，在湄公河边，静观日落。我看到河面上两条小船，平行静卧，在夕阳的照射下，由金光镶边，到暗影沉沉。这种静谧、诗意的氛围，似人生的写照。我见景生情，即兴赋诗：

两条平行线，各自走天涯。
交叉又曲折，大自然是家。

每天清晨，这里有一个僧侣化缘祈福的仪式，游人也与市民一道参与，既随缘，又观光。而僧侣们既接受净化的食物（米饭等）的布施，也把布施来的糖果反赠给儿童。这种庄严、安静的仪式，成了一道人性的风景。

我们南下到万荣，这里是热带季风雨林地区。在达光西大瀑布景区，古树蔽日，藤蔓悬垂，瀑布叠水，让游客得到的戏水和休闲的快乐。朋友们或游泳，或跳水，而我只有“濯足万里流”的浸浸水而已。

南松河，有“小桂林”之称，是石灰岩喀斯特地貌的初期阶段。但这里旅游项目安排得非常丰富而休闲。既有两岸茅屋、茶舍的闲坐观光，也有水中漂流泛舟的享受，更有勇者的高空悠荡和“蹦极”的运动。不失为一处休闲的好去处。

↑ 互赠斋礼
← 湄公河观落日

南松河上泛舟（摄影：宋莉莎）

老挝首都万象，是我们此行的最后一站，这里是佛塔之城。在宽阔的广场上，金碧辉煌的庙宇内，一座边长 60 米的方坛，四周塔群拥绕，中心塔高 45 米，庄严而独特。称之为塔銮，的确颇有金銮殿的意味。

在广场的对面，有一座法式的凯旋门，高亦达 45 米，反映出西洋艺术与佛教氛围的并存，这也是一处休闲观光的

丈量根系（摄影：陈金华）

上佳之地。

对我而言，短短 5 天，既观光休闲，又探访了东南亚的一处景观植被。足迹过处，学于自然，收获于心。

佛国兴衰，生命长盛

——柬埔寨“树包塔”奇观之旅

2013 年初春，我有幸对东南亚的热带雨林—季雨林类型又一次补点观光。有感于俞新兵在行前做足了“功课”，并仔细落实了生活行止等事宜，使此行顺畅而丰收。

我们与常规的旅游（3 日寺庙游）有别：一是时间较长，6 天；二是重点两项，既鉴赏寺庙建筑与雕刻艺术，还对植物生命力——气生根“树包塔”奇观进行较细致的观察；三是小而自由，一行 4 人，新兵、金华、红梅三位，还带领了我这个芳龄 82 的“老天真”。于是我们似乎乘上了古代的马车（当地的 4 人敞篷摩托车——“突突车”），走走停停、既鉴赏又思考、既人文又专业，自由而写意地穿行于东方佛国柬埔寨庄严的寺庙和生机盎然的热带丛林之中。真有一种多重的交错感——神界与民俗、古代与现代、东方与西方、自然之力与人文精神的时空之交错。

对于宗教寺庙的参观，我原本不甚在意。但此次柬埔寨

吴哥之行，深有感触以至震撼。在通王城（大吴哥）的范围内，数十座林立的大小寺庙，其中有3座给了我强烈的感知。一是吴哥寺（亦称小吴哥），是寺庙古迹中规模最大、保存最完好的一处。

抵达的傍晚，我们即首次造访。我的第一印象是广域与纵深，但基本未见有树，只有稀疏的几株棕榈和灌丛，似乎有所失望。而再一细看，就明了这是一处以石料为基础的建筑群，石阶、石路、石围栏划定了这个集古都、宫殿、寺庙、陵墓为一体的“石城”。石围栏的前端还高耸着雕有7个蟒头的盾形石碑，大概蟒蛇是当地的图腾吧。

寺门以西向为主，含有朝向西方极乐世界的期冀。当晚我们主要徜徉在西塔门外的石广场上，观落日与宽阔的护城河，穿行在塔门两侧的悠长石廊和林立的石柱间。仅此匆匆一观，对吴哥寺石建筑的规模之恢弘和建设过程的艰辛可见一斑。

翌日晨，我们又来吴哥寺，计划看日出以及细观吴哥窟的宗教文化、雕刻艺术。这里的主殿占地面积40 000平方米，三层回廊拥绕，五座莲蕾状石塔，四方矗立，中心主塔高65米。由西塔门经600米的参道而入殿，参道两侧各有一个圣水池。北侧的半池睡莲，花开正艳。而南侧是一池清水，只有池畔白马一匹，但却使五塔及倒影清晰，形成“十塔胜景”的极佳角度。

落日余光中的吴哥寺（摄影：陈金华）

在主殿范围内，无论殿内殿外，门、廊、檐、柱上，均精工石刻，史诗般地反映历代典故、战地场景、人文风情、佛事朝拜等柬埔寨特有的民族文化。面对这数百年、数十代匠工的辛劳、艺工的精巧而形成的神话景观，怎不令人震撼。

而当我们参见了巴戎寺，看到了54座莲蕾式的、以水平岩层石砌的山体，拥立成群，其中心岩峰高40多米，统视群峰。每座石峰上，四面均雕有高4米的佛面，反映着佛心的慈、悲、喜、舍。

当我们攀着陡窄的步梯，登上最高层平台时，环视216尊佛面，那舒眉、睑目、微笑、沉思的面容，传递的不仅是神奇的“高棉的微笑”，而更使我感到是佛心的彻、悟、净、明和悲天悯人的博大胸怀。在夕阳的柔光映照下，似乎笼罩

“根包塔”的千姿百态，反映了生命力的神奇瑰丽（摄影：陈金华）

着一层薄薄的金辉。此情此景，真正震撼了我的心灵，更有感于当时的建造者们虔诚的信仰精神乃至不顾生命安危的奉献之情。

我们还参见了著名的“女王宫”，此命名就很有趣，因为并非女王之宫，而是国王赠给国师（男士）的家庙。但范围不大，建筑袖珍，雕艺精致，似有女性之美（因“女王宫”建筑艺术堪称极致，也有传是出自女艺术家之手而命名），故传称为“女王宫”。

更匠心独具的是：三座坐东朝西的塔形神祠，建材用的是紫色砂岩，园地土路还客以红壤，这样就形成了早迎朝阳，晚沐夕照的金光熠熠的神奇景观。而我在参观中更看到一株高约 80 厘米，近 1 米多的古树桩，已经石化（即硅化木），

是珍贵的历史见证。园地的另一侧更留存有一株大树的半侧树皮，高约3米，顶端却萌生出多株幼条，预示着茁生的前景。

仅此初觏，我不禁同感于国际舆论界为吴哥的宗教艺术被落选“世界七大新奇迹”所表现的惊诧与不平。而且我更感到它在石文化方面的独特价值。从举世来看，埃及的金字塔石文化、柬埔寨的吴哥石文化和中华的诗文碑刻石文化均属于人类文明的珍宝，应保护、发扬而传诸后世。

联想到先哲所说：“比人更长久的是建筑，比建筑更有力的是自然”。而我此行“朝圣之旅”的重中之重就是朝自然之圣，瞻仰植物的生命力——“树包塔”奇观。这类奇观突出反映在塔布笼寺、圣剑寺和崩密列的遗迹中。这 3 个寺原建于热带林中，树木、动物保护较好。而当建筑成为废墟、古迹后，树木依然自然地生长扩展，不但占据了主体而且成了主宰。从我们踏察式的观察中，就感到了树木与建筑遗迹的交织及影响，是以多类型、多形式、不同阶段的作用，反映出植物生命力之强、之坚、之韧。

通常被简称为“树包塔”奇观，准确的主要是“根包塔”。仔细看来，在类型上，有气生根的包被、绞杀；有板状根的挤压、崩裂；还有蔓生性植物的附着、缠绕。从形态上，如蟒似网、如须似帘、似墙若柱，或由顶而下，或横走髯虬，真是千姿百态。其不但“包塔”，还见缝插“针”（根）、见物钻缝、铺天盖地地对门、窗、廊、壁、裸石等，均包被以至穿透，让貌似柔弱的根端扎入土壤、吸收营养，以求生长扩展。

至于不同阶段的反映，也大有体现。有的细根初附，须发悬垂，预示着扩展的前景；而更有被缠的寄主植物已窒息、腐朽，外包的网状根却茁壮地生长着，这就是长期影响下，“内枯外荣”的后期阶段，展示出生物生命力之韧，自然界演替规律之悠悠长存了。

而通过这次的朝圣之旅，也深切地感受到当地人长期对自然的崇敬和保护，使物种生命力和演替趋势得以自然地、充分地展示。如任侧根延伸、细“帘”飘摇、“绞杀”进行，而不去人为干预。更有对连根树一枯一荣均予留存；藤树同穴而生；树皮、倒木任其萌枝、附草等现象。让我在对恢弘的景观震撼的同时，更为生命的细节而柔情婉约，尤其对保护自然的善心由衷地感戴。

从而更感悟到信仰、精神之光恒定地与时空同在，而与信仰何“家”、附于何“道”没有必然联系。因为教义与精神是相通的：佛家之“慈”与善心同在；道家之“规”与天地同在；儒家之“仁”与文明同在；而自然生命力之“韧”与生灵同在！

此次东南亚佛国之旅，既圆了我专业补点观光之愿望，在心灵上又有意外的收获，同时也有了几日的放松休闲。行程中趣事颇多，尤其巧遇“突突车”司机保罗，柬语类似此音，我立即联想到尼罗河上惨案的侦探保罗。这位司机性格开朗，介绍热情，而且很有爱国情怀，以他们国家的各类特色为荣，边讲边笑，至纵声“假笑”，引得我们四人也同声大笑。

行进中还遇到过一群猕猴，跳上我们的“突突车”，抢食花生米、饼干和买到的莲蓬。在我们的身上、肩上、头上跳上跳下，甚至翻查背包，极为活泼可爱。给此行增添了一场生动的生物交流之趣。

几天的食宿过程，在野外、路旁、树荫下、帐篷中，还充分享受了异国情趣的饭食和新鲜果汁。而住宿的宾馆，不论星级等次，基本上都有游泳池，有大有小：有园林中数百平方米的，也有路边、屋旁十几平方米的，被我戏称为“水缸”，但都算有个周边躺椅、水边嬉戏的休闲地，符合热带地区野外旅游后水中纳凉的需求。

令我最为欣赏的是临别暹粒前的午餐。一家以丛生竹覆盖的店门，厅中竹椅、竹桌，而且装饰用具均以竹制品为主，竹棚顶吊挂的日光灯管都以细长的竹筒为罩。而厅边几格小水池，漂浮着睡莲等水生植物，繁花点点。几盆棕榈，几串吊兰，都栽种于棕树干和附生着气生根的树段中，别具雅趣。

更巧的是：该小店此时本不营业，但由于我们四人对该店的欣赏，专为我们做了菠萝饭，使我们独享这竹舍小店的诗风古韵的氛围，似乎回到了我国古代山水画中的意境，给我们留下了温馨而宁静的回忆。

附录

星光一束

“高原梦未央”书稿的主体部分虽基本写就，但意犹未尽。因有关的一些承大自然、大高原之教而生发的专业感悟、生态理念，在主体章节中还未能尽述。自感这些属于我的心血之炼，很期冀向同行、前辈求教，向学子青年传道的点点生态星光。

鉴于我已年过八旬，时日无多。“唯恐不日人故去，星光陨落袅轻烟。”故不揣冒昧，摘录“星光一束”，以求完善与扩展。

我常常深夜自醒，我之所以有今天，“饮水思源”，“源”自两方：大自然之教是根源；社会各方之助是培植。

我所承受的“各方”之助，有同行、师长的励志；有汉、藏民族的情谊；有社会舆论的理解；更有知己亲朋的关爱……

一介书生，何德何能，得此大爱？我想是我的痴情高原、奉献生态、护卫家园的赤诚之心得到了各方的认可与怜爱，才开启了我这一番高原生态研究的事业。如此大恩，何以为报？只有继续竭力于传道授业，力行环保，一息尚存，不落征帆。

浅谈“生态平衡”与生态协调（节选）

徐凤翔

摘　要：近年来，“生态平衡”一词已在我国广泛流传。这反映了一个积极的现象：由于生态失调带来的生态性灾难危及人类正常的生产和生活，生态问题开始得到了普遍的重视；同时，在大地规划布局或采取技术措施时，人们也能够愈来愈多地考虑到调节生态关系，避免生态失调等方面的因素。但是，对“生态平衡”的含义，目前的理解还是很不一致的。有的认为维持自然状态就是“生态平衡”，有的认为植物演替到“顶级群落”是“生态平衡”，也有的认为系统的输入输出相等是“生态平衡”，等等。可见“生态平衡”是牵涉到社会生活和生产决策的一个重要概念，似乎可以用它来标志规划布局的最终理想状态。实际上，这一概念是不确切的，也是不科学的。因为，自然界不存在生态“平衡”，人类社会也不需要生态“平衡”。而既符合自然界进展演替规律，又符合人类社会需要的生态关系应当是协调关系，故用生态协调来代替生态“平衡”的概念是确切的、科学的。

……

首先，要弄清“平衡”的含义；其次，要看看生态关系包括哪些内容；然后再来讨论生态关系究竟能不能“平衡”。

平衡是指一定的时空范围内，某物质或能量在对应方面的“量”呈均衡状态。这就是说：(1)平衡有它的空间性，要在一定范围内；(2)平衡有它的时间性，对活的、动的物质来讲，平衡出现在发展运动过程中的某一阶段（或曰变化中的一个“点”）；(3)只有同质的事物才能谈得上平衡与否；(4)“平衡”是个“量”的概念。

……

从平衡的含义和生态关系的内容可以看出，在如此复杂而综合的关系中是不可能出现某一系统（地区）的总体性的生态“平衡”的。因为平衡与否是指一定的系统（不论范围大小）而言，自然生态系统基本上都是开放的系统；即使最大的生态系统（生物圈），也只是对物质基本封闭，而对太阳能却不封闭，仍然是个接受系统。开放的系统就意味着有交流。交流（输入、输出、循环）的量总是随着错综复杂的关系而变化不等。

……

生态协调有四方面的标志：（1）种群结构的制约性……（2）能流物流功能的有效性……（3）生物的适应性与进化性……（4）环境的调和性……

可见，生态协调既体现了种群结构规律性的消长关系，又反映了生物与非生物环境之间相互作用的效应。既有能量关系，更有质（各组分、要素）的在一定幅度内的调节组合关系。既是自然界的高效状态，又是人类社会所希求的理想场所。

在生态系统的发展进程中，完全的协调是短暂的、罕见的；大量而经常的却是不同程度的失调。程度轻微的失调可以通过自我调节迅速趋向新的协调，并且可以推动生态格局与种群结构的多样化与进化。严重的失调则会导致生态性灾难。

……

生态失调主要表现在以下几方面：（1）种群结构的恶化……（2）环境资源的退化……（3）生物产量、质量的降低……

生态失调虽然主要是人类造成的，但不能说人类干预自然必然造成生态失调，简单地保持自然现状就意味着生态协调了。事实上，自然的、现存的并不一定是合理的、有益于人类的……对于人类来说，生态协调与失调的标准应以是否能满足人类社会目前或将来的生产、生活需要为出发点。

生态协调与失调，造福抑遗患，关键均在于人，决定于人类是否能正确地认识和处理人与自然环境资源之间的保护、利用、改造的关系。如果违背自然规律，对自然资源一味地巧取豪夺，则导致生态失调是必然的，人类不但自食苦果，且会贻害子孙后代。

……

人类——生态系统的主宰，应该为建立区域性的、总体的、符合规律（自然规律、经济规律、社会结构与发展规律）的、新的、动态的生态协调系统而努力。

（本文刊载于《南京林学院学报》，1984 年第二期）

生态能建设吗

汪永晨

最近，笔者和生态学家徐凤翔一起，走进了亚马孙森林。今天的亚马孙是一条大江，水量之大，水色之清，让人羡慕不已。从空中看到的亚马孙，让笔者眼见为实地明确了一个道理：大江大河与森林植被息息相关。今天的亚马孙两岸，无论是干流还是支流，都是茂密的森林。江水，就像是树海中亮亮的丝带。

徐凤翔很感慨地问大家：生态是人类能建设的吗？像热带雨林的三大特点：层次多、生物多样性多、适应性强，特别体现在根上，气生根（根不是扎在地上，而是飘在空中），气生根以榕树最为典型。还有热带雨林里的“绞杀”现象，这些是人类永远也建设不出来的。

生态建设是这些年来保护环境中人们常说的一句话。但这句话的内含到底是什么？徐凤翔认为，防护林工程、种草种树、造水坝是建设，但生态是系统的、全局的，讲建设不合适。生态可以修复，可以保护，也应该保护。现在，往往把一些工程性的东西也叫“生态建设”。从严格意义上讲，这是不了解“生态”是什么造成的。

生态关系非常复杂，牵涉天、地、生物。为什么不简单地讲天、地、人？因为生物包括的范围有植物、动物、微生物，也包括人。人只是生物里面动物中的一种。人以前夸大了自己的地位和作用，往往没看到人在生态范畴里的位置在哪儿。事实上，生态是天、地、生物三方面多因素的相互关系。

在亚马孙的一条支流里，我们看到水葫芦在河里自由漂浮，花也一朵朵、一串串的。笔者说，这里的水葫芦真漂亮，在我们中国就成了外来入侵物种。徐凤翔不同意我的说法。她说自己做学生、做年轻教师时，专门到南京的玄武湖去打水葫芦作饲料。后来提出哪些物种是外来入侵物种，像水葫芦会造成无氧状态，鱼和其他生物无法生存。

但是，这个状态是怎么造成的？是物种本身吗？是物种利用入侵方式来的吗？实际是，物种有一定的适应性。扩展的物种是生命力旺盛的、适应性强的，它在自然条件差的情况下也能生存。而乡土物种却受到了破坏，像天然林被砍伐后的裸露地，生命力强的物种就来了，这怎么能怪物种本身？这是我们自身的环境差了、恶化了、水体污染了。

在亚马孙的这片水域中，我们还发现，如果河岸两边是垂柳依依，植物茂盛有树荫的话，水面上就不会有水葫芦的覆盖。而水面裸露的河里，不但有水葫芦，还有其他浮水性的物种。徐凤翔说，这就是适者生存，就是生命力旺盛。对我们来说，关键还是要综合治理环境，而不是简单地认为哪些物种是外来入侵，哪些物种是有害的，哪些是有益的。打个比方，我们治水，就不仅要治水，也要治两岸。

还有就是对“原始森林”的提法，徐凤翔认为，可以说原始社会部落，但说原始森林不准确，森林是不断繁衍生息的，应该叫做原生林。

（本文刊载于《新京报》，2009 年 4 月 25 日）

论生态文明的自然哲理性与人文社会性

徐凤翔

文章论点有三：

（一）生态的内涵与重点——天、地、生物及其相互关系与运行规律。

（二）感悟自然规律、生态理念，升华至哲理、文理，是精神层面的生态文化，启示着生态文明的行为规范。

（三）生态文明举措贯彻在道理、法理、伦理等，于人文社会中，标志和推动了社会的发展。

生态文明作为我国全面建设小康社会奋斗目标的新要求，是科学型发展、节约型建设、保护型开发、提高全民性素质的积极而明智的举措。

生态文明的自然哲理性

主要精神是对天、地、生物敬畏和珍爱，倡导顺应自然、和谐关系。遵循自然界运行的哲理。

生态文明的人文社会性

在生态文化精髓孕育下的生态文明行为，是推动社会实质性进步与发展的综合措施。其内涵与效应均应符合生态规律，其规律体现在人文社会性方面大致有：道理、法理和伦理三层面。

道理——是宏观的天、地和万物之间关系之理。摆正人在生态系统中的位置，既是依存与天、地和万物之间的一员，又是具有智慧的、对环境与生物有影响的一个组分。所以人的思维与举措均应本着善待自然家园、谨慎自我行为的明智者。

法理——是管理调控社会各方机制与关系的约束性准则。在政体方面，要通、顺、明、和，而不能阻滞、倨傲。在产业结构和消费模式方面，应该切实遵循资源利用的节约减负。循环合理。在社会法规管理方面要清明、透明、有序、有度。营造和谐、和平、公正愉悦的社会氛围。

伦理——是人与人、人与社会、人与家庭之间的道德规范。尊老爱幼，友悌关爱是生物生存发展的规律，更是人类社会和谐健康的情理之举。

如果进而涉及个体，则还有：

情礼（理）——是人的修养层次在道德文章、言谈举止、文化素养、心态情操、社会责任等方面的自觉、习惯性行为。

构建生态文明社会，努力做到两个最大化，两个最小化，即资源利用、生产累积的效率最大化，社会和经济效益最大化。对环境的污染与破坏最小化，人际关系与社会关系矛盾的最小化。

2009 年 4 月

感悟生态哲理　调节身心健康

徐凤翔

生态　生态哲理　生态文明

生态——对生态内涵完整性的思考

所谓生态，含两大方面，三大类群。

两大方面：非生物环境要素与生物界。

三大类群：生物界中动物，植物，微生物。而人是生物中的动物中的一种。如何看待其他生物，如何看待人与自然的关系。“人”与“天”不是对应的双方，而人只应该皈依“天”。

生态哲理

任何一个学科的发展均归之于“文”（传播）、“史”（发展）、“哲”（理念）。生态学的内涵其精髓即是生态哲理。生态哲理有“五性”：自然性、规律性、相关性、功能性、系统性。

生态哲理的综合内涵也就是指导生态文明的理念。

生态文明

当今社会倡导生态文明，也就是在生态哲理的理念指导下的行为准则和道德法规。人类社会应该在社会实践、生产实践中，奉行生态哲理，铸造生态文明。

人生　遵循规律　身心健康

人生有过程，有阶段，有结果。其中有顺有逆，有苦有乐，有健有康，又长又短。但人生的历程中曲折是一定的，时光总是向前。所谓“生生不息”，实际是生死轮回，人与生灵的特性就是生命力与适应性。

遵循规律：人的行踪轨迹要勇于面对，人的需求要积极而正当地输入（学习）和输出（奉献）。人的心态应感恩自然，关爱生灵。

身心健康：

身健要注重“适”字：适时，适地，适当，适应。

心健关键是“自”字：自净，自控，自疗，自动。

生态健康：

对人群而言，身心俱健，少欲有求。

对社会而言，生态文明，和谐发展。

对系统而言，天地生灵，恭泰进化。

重视与慎待京西的生态屏障

徐凤翔

……

对待京西山地植被的原则为：（1）重草、重灌、重乡土（树种）；（2）以促进自然恢复为主，有效的人工修复为辅；（3）山体中部以上以发挥生态涵养功能为主，低山地带努力建造乡土植物与经济植物结合的、健康的半自然生态系统，以保障综合经济发展与持续。

……

所谓生态屏障，顾名思义，是某一地区或宏观的物位，由于其存在，减缓了区域性的生态问题及危害，发挥着综合的生态效益，保护着一定范围内的生态环境、生产生活条件，促进区域性健康、持续发展的功能实体。

……

京西山区坡段多属于贫瘠干旱的石质山地，生态环境脆弱，而天然次生植被多处于逆行演替的阶段。若外力再干扰破坏，则衰退快而恢复慢，故更要重视保护，以逐步发挥并增强其生态屏障功能。

运用生态学原理，保护与恢复山区绿色植被，发挥与增强山地生态屏障功能。

门头沟历史性的生产史与为社会的奉献史，反映在生态问题上可以概括为两个字："挖"、"砍"。挖煤、挖石、挖沙；砍树、砍灌、砍（啃）草。向社会的直接贡献是大了，但带来的生态问题也较大，而本应发挥的生态屏障功能却遭受了削弱与破坏。

当前如何真正认识与谨慎对待山地生态屏障的功能？期望切实地端正理念，确立原则，科学规划，合理实施。

……

植被灾后修复重建与物种生态功能的利用

……

植被灾后修复需具备的生态理念：

"以人为本"的理念，植被综合生态功能服务于人；

"切合实际"的理念，地域生态特点与植被修复组分的适应性；

"长远规划"的理念，考虑植被演化进程与区域性"顶级"群落；

"生态修复"的理念，自然可组织修复性与人工促进自然更新修复设施。

……

山林野地的修复重建，应以节约有效的适地适种（宜树则树，宜灌则灌，宜草则草），保乡土、补缺空的修复为主，不宜"行列式"栽种、"贴膏药式"植草、"去杂"建纯式等做法。

……

关键是物种生物生态特性与地域地理、气候特点能否一致，故适应当地生态，选取相应物种，落实在：树种、草种、花种……

教训：若选种不符合规律，则“种而不活，活而不长，长而不健，长而小老树”。

如何活、如何长、如何发挥生态功能？首先认识区域性生态环境特点与生物的生态功能，科学合理地利用物种的生态功能，结合区域性综合生态环境，有利于植被之修复。

充分认识、合理利用物种的生命力与适应性——物种的生活、生态型。

……

植被灾后修复重建中，规划时要宏观着眼，实施时要精细着手，森林式规划、园林式布局、园艺式管理、节俭式修建。真正出发于：心中有人本，脑中有生态，行动重实践，实施重节俭。

……

生态六字（句）箴言

藏传佛教的六字箴言是“唵嘛呢叭咪吽”

相当于“南无阿弥陀佛”

个人奉行的生态六字（句）箴言是：

天——遵自然之规律

地——探大地之破损

灵——念生灵之艰辛

诚——怀感恩之诚意

俭——俭家园之财力

行——行实效之措施

徐凤翔拜识

师长励志

熊文愈教授是我国著名的森林生态学专家，现已高龄98岁。他自1953年回归祖国后，从事森林生态、竹类生态的教学科研工作已60年整。成果卓著，桃李遍布。在南林，我有幸忝列于他的教研室长达30年，深感他的道德文章皆堪称师表，其提携之恩、诗文熏陶，铭记在心。

1978年我援藏前，熊公曾作长诗相送（在“攀登天梯”中），此后又多次诗词励志。

答徐凤翔教授赠大作《中国西藏山川植被》一书及附诗

熊文愈

高山流水好知音，绿树红花更有情。

林海苍茫久向往，几回痴梦与君行。

1993 年

清平乐
记徐凤翔教授赠其专著《西藏高原森林生态研究》

熊文愈

高原林草，幸有君来早。
踏遍青山人未老，风景这边独好。
谨严朴实学风，钻研探索追踪，
珠玉篇章满卷，攀登科学高峰。

1995 年

沁园春
读徐凤翔教授大作《西藏野生花卉》后记

熊文愈

举世无双；高原西藏，雄浑苍茫。有峡谷高峰，幽深险峻；冰川雪水，源远流长。寒、凉、温、热、干、润、湿、潮，上下纵横巧组镶。惊奇迹，叹自然威力，地史沧桑。

适者生存顽强；演化发展，奇异辉煌。赞坡萝谷蔓，娇姿劲态；山花野草，丽艳芬芳。翠微苍苍；层林尽染，五彩缤纷似幻乡。天独步，创人间仙境，生命天堂。

1999 年

凤翔教授同志

熊文愈

喜马拉雅巍巍，雅鲁藏布洋洋。
江山如此多娇，林海这样苍茫。
高原生态奇特，科研成就辉煌。
木屋驰誉中外，森林女神之光！

2002 年 5 月

知己心声

古人云：人生得一知己，死而无憾。而我则无憾多多。能够得到如许多的知己对我之钟情高原、痴情生态的理解支持，真是人生之大幸。尤其是文艺界的黄宗英同志，会倾情助我这个科学的苦行僧，共建了精神的和现实的小木屋。

在她的报告文学《小木屋》中，既反映了一段高原野地考察中我们共同的经历，更记述了她与我的初识与相知。

小木屋

黄宗英

……

“开始了很久了吗？”生态平衡会议日程进入大会发言，我进入会场时，又晚了。俗务缠身，做不得学问。我悄悄溜边进去找座位，一位女同志挪了挪身子，我坐到了她旁边。

我们的荧幕上，需要这样的眼睛——蕴蓄着知识者的专注的内在的坚定。

她先是概述森林与人类发展之关系。我心里直替她嘀咕：“不必要！下边坐的都是专家。”接着，她又讲到全世界应该在哪几处建立高山生态定位站，西藏东南是一处。“嗳，你管全世界干嘛？”我替她着急。然后，她对“生态平衡”一词提出异议，她说：“符合自然演替规律与人类社会需要的生态关系是协调关系。我建议以‘生态协调’，代替‘生态平衡’。”嗬，口气不小！谁理你？喊了几十年的生态平衡还行不通，谁还顾得过来协调？何必如此“叫真”！

她建议在藏东南建一座“定位站”，定点观测、分析生态环境和森林，以及林区农、牧业之间协调为林区生产综合分布和技术措施提供理论依据。

徐凤翔说：“我要求有关领导、有关方面郑重考虑建站。可以因简就陋，先盖一座小木屋。我愿意长期参加这一工作，把自己的一切，献给西藏的森林！”

发言就是发言。一个普通的知识分子的发言的力量，在天平上占不占、占什么样的砝码，那就要看“国内的、国际的、区域性的、总体的、符合规律的——自然规律、经济规律、社会结构及发展规律——新的、动态的生态协调的需要。”以上，这位女生态学者的观点，所涉及的都是她八竿子挨不着边的。她怎么没测测自己在社会生态环境中的位置？唉，在1979年百废待兴、万机初理的时刻。

当大会闭幕，代表们纷纷返回时，我不意在嘉陵江畔又遇上她。我们并肩漫步。我兴致勃勃地说：“这一带的画面很有特色。彩色胶片偏黄些，就更显得深沉。”她锐利地盯了我一眼：“还不够黄？江水多浑浊！含沙量增加了，水位大大下降；上游的森林砍伐得太苦了，都‘剃光头’了。生态失调的苦果……”三句话不离本行，彼此彼此。

“回西藏吗？”我问。

"回西藏。"她用力抿了抿嘴唇。

我久久望着浑浊的江水，心里打着旋涡。

"我希望……有一天到西藏去看望你。看望你的多美多美的林子。"我不能轻率允诺，许愿总要还愿。作为作家，我心里揣着个"踏遍中华"的小小念头。可是西藏从地理、风俗、语言、气候，从那使我这血管性头疼患者畏惧的海拔高度——按照我国规定：黄海平均海面作为全国高程的基准面来测算，上海除西部残丘外，其余多为海拔5～10米。而拉萨是3700米，还是拉萨下游谷地……我，我始终还没敢把它列入自己的行程。

她瞄了瞄我，笑了笑。我明白：她不相信我会去。她也不在意我去还是不去。

"我想，咱们会在西藏的森林里再见。"我伸出右手。

……

纸上我自做主

三年了。从1979年秋到1982年秋。这是一个变革的年代。我听说，中华人民共和国林业部批准了徐凤翔的单项研究课题！即：她可以征得南京林学院同意，去西藏考察，经费以节约为原则……这种例子可不多——由国家部门直接支持一个知识分子的向往。徐凤翔不必再像蔡希陶（云南植物园的创始人），在旧社会先去种烟叶、卖烟叶……

虽然她还属单飞的季候鸟，年年来西藏，还没"小木屋"，也算得上时来运转的了。说不定哪一天，又一个贺老总，又一个周总理，像当年跑到蔡希陶面前那样，问徐凤翔："你搞研究需要多少土地？这片山，够了吧？还需要什么条件？"于是，小木屋在林子里出现了……咦，我怎么也做起小木屋的梦？

"黄老师，你打听徐凤翔老师吗？她就住在招待所南楼。"听到谁这样说了，我拔腿就往南楼跑，来不及看一眼、谢一声"传音天使"。

"你在找谁？也是电影明星吗？"

"只能说……可以是；应该是……应该成为我国荧幕上的角色。"

"是什么人物？"

我想说生态学家，没学过这单词。"她是……森林的情人！"是的"她疯狂地迷上了森林，整个中国。"

当我与徐凤翔故友重逢时，她正在汉族的、藏族的、修表的、开车的、烧饭的、钉鞋的、采购的、探亲的一群人中。小小的旅社客房里，她正闪着大眼睛向大伙讲森林。她对谁都只讲森林。森林神供在她的心龛中。她是森林神教的传教士，经她布道而成为该教信徒者不少。迷了，中魔了！

中魔了！吗呢叭嘛哄——南无阿弥陀佛哟！三年啦，也已经深深中了魔的我，怎么办？

我呢？我的好朋友曾送我一副对联："天下岂能由我，纸上我自做主。"思前想后：老者老矣，如侯学煜；死者死矣，如吴素萱；生者……虽说徐凤翔也只能再干半个云杉龄级——十年吧。果真有十年，也……满足了。让每个科学研究工作者能获得专心致志于专业的十年，我们的国家奖焕然一新！！！于是，我决定先在绿格稿纸上，为她搭一座小木屋，以祈福祛灾。我把花灯笼挂在我的书桌前，点亮了心之光……

……

不醒的梦

才结凌的山道，心肠菩萨般的慈祥，几番劝阻、几番“恫吓”，软话“硬”话像连发的炮弹；徐凤翔全然不听，固执地非走川藏路不可，还非要走险而远的老公路线。

部队领导说：“你们从波密往拉萨，只600多公里。我们派专车送你们。到了拉萨，民航买不到机票，用军用机送你们。”

飞机上是难以详测树木的。所以徐凤翔固执地要行1838公里到成都：“部队不是也在送老兵，迎新兵吗？战士能走这条路，我们为什么不能走呢？”徐反问。

“你们不同。”

“为什么不同？”徐凤翔是火箭也拉不回来了。

“那我们得请示上级。”

“别请示。我已经联系好车了。”

“昌都运输队吗？人家11月25日起也不发车了。”

“为我们发一辆！”

“又去咕叽了？”

在拉萨第一招待所，听徐凤翔讲树而中魔的司机冯随科，向运输站挂钩；经不起徐凤翔左咕叽、右咕叽，运输站领导答应放一辆车，并一叮咛、二嘱咐、三命令冯师傅——安全第一，绝对保证不出事。天底下哪有绝对的事呢？

我呢？说实在的，我真想在波密孵到明春雪化时节；路况实在是险。我在哪儿写作都一样。可今番……我……豁出去了。有权的帮权场，有人的帮人场。为了小木屋的梦，奉陪了。

徐老师又只身“闯”入波密县委会，要求给县委领导同志讲一讲森林生态。县委领导班子里只一两位汉族，其余为藏族，还有一位僜人。可热情啦！徐凤翔开讲那天，县委会议室里笼起一小盆炭火，大家聚精会神地听着。徐凤翔又眼睛一闪一闪地，从开天辟地、森林与人类之起源，从全世界、全中国的森林讲了一遍，更深情夸赞波密的森林多么美、多么美，保护森林有多大的好处，破坏了森林将造成多大的灾难……县委领导们也中魔了！！连续三天开车来接徐凤翔，带着她察看全县的森林，请她选“小木屋”的基址，并说：“只要上级批下来……”啊，事实证明：我们的部队、我们的干部、我们的人民，不是不需要科学的！不是不欢迎科学家的啊！！我……我不相信小木屋的梦不能实现，在我的社会主义的国家。

徐凤翔和我终于坐在“解放”牌卡车的驾驶室里，带着部队炊事员起大早为我们蒸的馒头、炸的油饼上路了。

这部卡车呀，可真是老了。历年所花费的修车钱，早够买两辆新车的了。它又刚刚中修过，漆的到挺鲜亮，可是，在山路上一颠就露馅了：刹车不灵，离合器也不灵、盘底的螺丝四个掉了三、防滑链挂不上去。冯随科——也是命中要随着科学吧，在冰峰、雪岭、浓雾、月夜，他载着我们，险中有稳，稳中显险地驰过、蹭过、转过、溜过了大玛拉山、雀儿山、二郎山等一重又一重天险。险情就不说了，徐凤翔什么山道没走过？尤其这条道，她是熟路。

可她一路手心常出汗，说："我不该让你和我一起走，出了事，我可怎么承担得起？"我说："我出事，你也出事了，谁也用不着承担。"冯师傅说："唉，我驮着总共120岁的两位知识分子，这回是超载了。"一路上说说笑笑。徐凤翔兴致勃勃，一会儿叫停车，下去采标本；一会儿下去拍照；一会儿到河滩上取水样……冯师傅也不辞艰险地随着科学工作者攀岩、下谷、上树、涉水……

悬崖深壑之夜，是这般静、这般静。连会车也极少。车灯的光射出去，我们往往会发现：远远的，一个、两个、三五成群的小黑点。迎面一步一长跪、五体投地、叩着头走来。车近了，黑影站住。车过了，从反光镜中看到黑影又跪下了。有时，有一群黑影，缩在岩边睡着。那是虔诚的朝佛者。他们就这样地向拉萨——神住的地方走去。走两个月、三个月、半年。如果初进藏时，我第一次见到此情景，曾震慑地呆住了，并悄悄地流过眼泪……

"我不如他们虔诚……"徐喃喃地说，她的眼睛凝视前方，眸子里蕴蓄着内在的坚定。

我懂，我承认："……远远不如……"

我们——一个一个，一群一群，一批一批知识的苦力，智慧的信徒，科学与文化的"朝佛者"啊，我们也是一步一长跪地在险路上走着。凭是怎样的遭遇，我们心甘情愿，情缘甘心。

1983年3月12日

又见"小木屋"

黄宗英

我的笔怎么这么笨？！它写不出我此时此刻奔逸的梦幻、堆积的往事、腾跃的梦幻、好多好多天了，我端着这本大画册，翻过来倒过去，夹上许许多多粉红、天蓝、米黄的小贴纸，并找来方便秤称一称，足有3斤重，好压心。

记得是20世纪80年代初，我在成都以记者身份参加一个科技方面的会议。我旁边坐着一位娇小的、文雅的、留着孩儿发的幼儿园老师模样的女子，在规规矩矩记着什么，轮到她上台发言时，她仿佛焕然变了一匹生马驹。这位1978年开始援藏在高原生态研究所工作的女老师，"趵蹄浅草"急述西藏的林贮、林分、带谱、群落……她迫切地道出，青藏高原是在地球上与南极、北极齐名的世界三大极地之一，那里的森林生态理应引起国人和世界的瞩目。她又娓娓动情地宣传：要将自己的青春和毕生心血献给这一片为揭开科学秘密的处女地。

人们怎么相信这位金陵窈窕女子能否经受得住高原缺氧、雪岭危崖、生活极不方便、经费从来短缺的种种磨炼和摧残呢？

1984年我有心在西藏觅寻徐凤翔的仙踪足迹，在密林中、帐篷里草写了以她为主人公的报告文学《小木屋》；回来又冒险率摄制组拍摄了同名专题电视纪录片。但是徐凤翔入藏已有7个年头，我们所表现的只不过是她的考察生活点滴，更不可能涉及结果。偏于基础科学的生态研究不是“三年桃，四年李，当年的棉花絮棉袄”般可见性强的学科。研究者要耐得住漫长的，乃至终身的，甚至于几代人的寂寞。和这样的人做朋友，也得有耐心烦儿去分担、咀嚼这一个月又一个月的寂寞，是谓“朋”也。

越野的鞋带换了一副又一副，数得彼此一根又一根头发也换了色泽，我惊愕地看到了《西藏山川植被》这老厚一大本。老天开眼了。300多画面，其中95%以上是徐凤翔拍摄的。在此之前，我虽然常看见徐凤翔背个不怎么样的照相机，攀云钻隙地拍呀拍，却没有想到她会拍出来那么多令人叫绝的摄影佳作！

在这本摄影集里，西藏不仅仅是千里冰封、险石峻岭的西藏。15年来，徐凤翔考察了西藏的18个主要林区，境内行驶12万余公里。三进墨脱——位于喜马拉雅山南坡的唯一不通公路的县。青壮居民只在夏季背背篓翻越大瀑布般的直坡走出来易货而市。年逾半百的徐凤翔一次不怕死进去了几乎出不来；还要二进、三进；滑溜索，走藤网，激流狂吼……十五载哟，几番死里逃生，几度濒死而复生。披肝沥胆以鲜灵的画面（及尚未出版的学术论文），向人们显示了西藏竟然是我国第三大林区。她用照相机在海拔八百到三千、四千、五千米以上，记录了地史蕴蓄的奥秘，捕捉到自然狂草的壮观，细绘出生物竞发的旖旎。胶片感光感性，显影资质萧朗，丰神疏远，别具一品。徐凤翔不是专业摄影师，可天底下又还有哪位摄影师，能倾15年光阴，柔情倩倩踏遍西藏山山岭岭沼泽幽谷，以薄薄一命换来偌多壮丽、奇丽、美丽、绮丽的风光呢？

抚摸此构架印刷皆佳的大画册，欣慰泣泣。我由衷地感谢——我以什么身份感谢呢？对，以地球人的身份感谢江苏省金陵科技著作出版基金管理委员会。基金会本身也才挂牌开门，就会同江苏科技出版社以慧眼胆识和实际的补助，在1992年初相中了徐凤翔的摄影资料，立马当时拍板编纂评审付印。好大好迅猛的手笔！出一本好书，胜塑一尊金身。翌年，这本汉、藏、英3种文字释图的摄影画册就出版发行——“开光”了。阿玛米巴米洪，善行善德，做了件大好事。地球人这厢有礼了。若干年来，我碰到搞美术的、摄影的、文学的……及海外的朋友，我总会问：“你去过西藏吗？”又说：“不去西藏你会后悔一生的。”如今有了这本画册，地球三大极地之一……西藏栩栩灵动的生态环境离人们近了，离世界近了。

（本文刊载于1993年12月27日的《人民日报》）

小木屋在召唤

黄宗英

在医院里，在病榻上，虚汗淋淋的我醒了。我怎么支楞着身子睡呢？好累。我梦见自己在雪峰雪岭上攀援，这不是梦，我希望。我日夜都想伴着高原生态学家徐凤翔（女），在雅鲁藏布江大拐弯进行考察。唯愿这不是梦，只要徐凤翔获得考察经费，我是无论如何要跟去的。一个人若失去对自己潜力的自我调动，生命就停滞了。我将脱我病服，披我裘氅，率我摄制组随徐凤翔迂回于南迦巴瓦山山谷间，以表示我们艺术家对科学家的敬慕之情。科学与艺术是人类智慧的并蒂莲，我们渴望把八年前开始的《小木屋》电视专题片的篇章续下去。正是：一息尚存，不落征帆——像徐凤翔的实践着的誓言。

《小木屋》象征着科学的殿堂——提供科学家进行科学探索的条件，是科学家献身的小庙。

回溯在20世纪70年代末，我在成都邂逅徐凤翔，听她述说要留在西藏（那时她是南京援藏教师），她要在海拔3000米的林区建立科研站，哪怕只是一座小木屋。于此，我的作家的感情雷达就开始追踪她。80年代初，我随中国作家代表团去西藏，我打听她，寻觅她，跟随她去了波密林区，同宿在林中帐篷里，为她敲冰造饭，之后，我写出报告文学《小木屋》（获当年全国优秀报告文学奖）。次年，在中央电视台阮若琳同志和林业部的支持下，我们和美国卢燕女士的摄影师一起双机配合拍摄，并在拍摄现场，在驻军协助下，为徐凤翔搭建了一座象征性的小木屋。摄制组伴徐凤翔出生入死，车阻雪峰之巅，命在旦夕，千般险万般苦尝遍，摄成《小木屋》电视专题片，颇具震慑力，并获得美国国际电视节铜牌奖，这是中国电视片第一次在国外获奖，彼时徐凤翔已进藏7个年头了。像虔诚的佛教徒叩长头似的，心甘情愿。情愿甘心。不甘心的只是业有未竟，事有未成。

徐凤翔最近出了一本大型摄影画册《中国西藏山川植被》，是汉、藏、英3种语言释图版本，精美绝伦。她的学术文集并渴望出版。她现在是西藏高原生态研究所所长，《小木屋》衍化为小白实验楼，可她还要在63岁花甲之年再去勘察雅鲁藏布江大拐弯沿岸地带。

青藏高原是地球三大极地之一。西藏是中国的第二大林区。徐凤翔历15年之考察，三进无路可走的墨脱，濒死复生，取得了藏东南一带大量的科学数据和成果；只差拿下雅鲁藏布江大拐弯，这一片神秘的土地的生态概貌就算揭示出眉目了。如果63岁的徐凤翔此刻不去拿，再拖延，她也拿不动了；如果今番她不能去拿，而后再一个15年、17年……还不见得有人能去拿下她工作了15～17年拿下的课题。一个人往往就是一个课题，是科学探索的规律之一。那么，这一生态史之空白留待何年何月又谁人呢？

徐凤翔不是探险家，我们摄制组更不是探险队。近来，由于《南方周末》（1月28日）头版头条记述了中日考察队队员武井义隆于1993年9月10日下午4时，在雅鲁藏布江漂流失踪未得生还的实景，一时间仿佛天下之险莫过于雅鲁藏布江大拐弯。屡立战功的专业探险队难以征服的地方，两位老太太还要去，岂非痴人说梦？！其实各专业研究的内容千差万别，中日考察队搞雅鲁藏布江漂流、搞飞行器摄影，徐凤翔决不会去搞。她的课题是在雅鲁藏布江大拐弯一带搞生物多样性及其成因（生态环境）的调查，是在陆地上，与漂流、飞行器不是一码事。更何况，她的小队从1992年开始，已经做过了从东久至雅鲁藏布江顶部的先期工作，已经默默地苦苦地探索过了，只是经费时而难以维续罢了。但岂忍就此罢了！！！当然还需要探索再探索。试问天底下可有完全保险的探索？！一部人类文明史相当于一部人类探索史。历史每前进一步都在征服一个未知数。

南迦巴瓦峰在呐喊，雅鲁藏布江在咆哮，“小木屋”在召唤。当今之世，集结起一支信奉“献身教”的队伍，也是苍天厚土之德了。我当然也是仅此一回了，下回搬座金山来我也爬不动了。

1994年2月6日

为了我们共同的青藏高原（节选）

马丽华

我个人对于青藏高原生态状况自觉不自觉地关注，则伴随着我的全部西藏岁月。二十多年前进藏之初，当我走向藏东林区，看到火灾迹地上依然笔挺的树干，仿佛高举焦臂朝向苍天呼号；看到原始森林中一片片“斑秃”的采伐迹地，惨白的树桩令人怵目惊心……那类情景屡见于当年日记，不由地心生疑问和质问。

不仅森林，还有比森林更大面积的高寒草原，还有湖泊湿地，同属于生态构成，共同影响着青藏高原生态环境。进藏之初草场退化现象已见端倪，只不过尚不及当下的显著并加速罢了。而彼时西藏正大力发展畜牧业，藏北牧业在拥有的“量”上走到了它的巅峰。正是在那时，有人忧心忡忡地向我指出了牲畜超载、草场沙化退化的严峻事实。

那时的全民素质普遍不高。多怀着盲目的热情，况且是以“建设”的名义。在那样的一种社会背景下，1978年，徐凤翔出现了，肩负着重大的使命逆流而上。作为一个专职的林学家、生态学家，徐凤翔并不是一个消极的生态保护主义者，她所主张的是科学的、合理的采伐，以理性的态度让自然资源造福人类。只是面对有害于生态环境的不良现象，较之常人她有着更为深切的危机感和忧患意识。为了启发地方决策者的生态保护意识，为了建立生态定位研究的“小木屋”，奔走呼吁多年。

但是根本的、关键的作用来自国家决策者的明智之举，把生态保护作为了基本国策之一，以行政的、法律的手段推行。所以说，科学家的努力是重要的，但要将科学思想付诸实施，决策者比科学家更重要。

……

（本文刊载于2003年第1期的《人与生物圈》）

再造“小木屋”

马丽华

我们从古希腊罗马神话中得知，古典诸神中有位森林女神名叫狄安娜。她的神庙就坐落在罗马附近内米湖畔的丛林中。这位女神不仅是树木和野兽的保护神，同时还是人工培育的植物和家畜的保护神。她的祭坛香火不断，守护祭火的是些贞洁处女。从狄安娜那里演绎出来的故事，古典而浪漫。

我们有我们现代的森林女神——辛娜卓嘎：徐凤翔。这一来自百姓的美誉经由电视报刊的途径不胫而走；她的神庙最初就坐落在藏东南山林的那间小木屋。这座小小的科学圣殿，经由黄宗英的秀丽文笔而名满天下。狄安娜只是美丽神话，我们的科学家面对着的和向我们提示着的，却是严酷但仍不失美丽的现实。

徐凤翔在藏 18 年。徐凤翔时代可以堂皇地进入西藏当代科学的编年史了。这位秀丽的江南女子，从秀美的江南走来，走向给予她大艰辛、大喜悦的西藏高原。穿过藏东南密密的大森林，走向更加辽阔的藏西、藏北崇山峻岭和漠野草甸的生态圈中。她的身后，她的前方，是她所开拓的西藏高原生态研究与保护的壮丽事业。从“小木屋”到高原生态研究所，从对森林生态的研究到对高原生态的本底调查。18 年间，她六渡藏东“三江”——金沙江、沧澜江、怒江，三进与世隔绝的秘地墨脱，七进原始森林中的岗乡，纵横山南，穿越藏北，在后来的几年中，她则对世界最大的峡谷——深达 5382 米的雅鲁藏布江大拐弯倾注了最深切的关怀。我们得知她的行程足有 12 万公里之多，还骑马，徒步，过溜索，过藤桥，61 岁那年登上海拔 5400 米的珠峰大本营……我们还听说过她遭遇过的许多险境，飞石区，沼泽地，夜遇狼群之类。但这一切艰难困苦似乎都能够想象和忍受，我唯独对她那一类遭遇，如在一天之内，居然被 400 多条蠕动的软体动物山蚂蝗附体感到闻风丧胆。

就这样，她的足迹布满各主要生态类型的高原面，她为西藏留下了一系列的生物资源的新发现，一系列的有关生态研究的论文和论著，一系列的有关生态资源保护、研究、开发的课题，留下了一批献身于同一事业但年龄上优于她的人。

她把辉煌的金秋生命奉献给了她所情有独钟的西藏，西藏大地也给予她丰厚的回报。她开创的事业获得了社会的承认并且深入人心并且后继有人，前不久，65 岁的徐凤翔荣誉退休，——当她说到她是如何“愉快地交了班”的时候，她的眼睛对于自然规律的无奈。18 年无愧无悔，她应该满足与欣慰地回到阔别已久的锦绣江南，与家人团聚，安享晚年了吧。

但是不。有一个难解难分、挥之不去的西藏情结，有一个与她生命等值、是她欲罢不能的事业和责任。择枝而栖，她命定要选择一处地方，再塑造一座西藏的山林，再建一所生态研究所，再造一间“小木屋”。

这就是北京灵山——西藏博物园。

将近半个世纪以来，徐凤翔做着 3 个不醒的梦：“绿色之梦”、“高原之梦”和“环保之梦”。眼下，他开始了她的“灵山之梦”。

……

虽然她拥有过如此博大的时空；她面对过以地球时间的代和纪来计算的山体地层、古老物种；她经历过数以十万里程计的西藏空间；她遥想着我们地球一个千年、又一个千年的绿色之梦……如今，我们这只远翔之凤，终于栖落梧桐。我为她悲壮，但这归宿无疑是最好的。

……小木屋已成为一种象征。是徐凤翔所标举的一面精神旗帜。每与她长谈，总觉得到灵魂的触动。早想为她写一些文字，又每每在热泪盈眶中难以竟稿。你只能努力用精神世界的最高层面与她交流。

她说她不是森林女神，不是神明，她只是森林之女、高原之女。

是这样的。我们都是自然之子。是西藏人。

我们还是那样的人，是尊敬的黄宗英老师13年前在《小木屋》结尾处描写的那样的人——

“我们——一个一个、一群一群、一批一批知识的苦力，智慧的信徒，科学与文化的‘朝佛者’啊，我们也是一步一长跪地在险路上走着。恁是怎样的遭遇，我们心甘情愿，情缘甘心。”

杞人说梦

大漠的叹息

作为一名年老的生态环保工作者，又是多年在西部高原考察跋涉的人，自然地有对西部的怀旧情结和对生态状况时空对比的热忱。近年来，我策划着、行动着对西部一片片地域的生态回访。

2001年，几位钟情西部的志士肩负着向国内外青少年进行“保护青藏高原，合理开发西部”的生态环保宣教使命，对西藏的珠峰雪域、藏北草原、藏东林区三条线路进行了生态对比考察。高原、高山、雪岭、天湖，峡谷急流，古树密林，旧貌新颜，展示与思考，警言与建议，融入了一篇篇文章、一幅幅画面和电教片中。社会反响给予我们以鼓励与期盼。

2002年8月，我们“挥师”（仅是数人的小组）新疆，进入了无垠的大漠。我们由东天山博格达峰下逶迤西行，经赛里木湖区、伊犁林区、巴音布鲁克湿地，直至边界阿拉山口风区；北从阿尔泰山上的绿色明珠——哈纳斯湖、沿北疆水系、贯准噶尔盆地，越岭穿沟进入南疆，探访塔里木盆地的流动沙丘、塔里木河岸的疏草胡杨、直达“火盆”吐鲁番，历时3周、行程8 400余公里，只绕行了半壁新疆。有时，数小时乃至一整天，仍然行进在同一土地类型（沙漠或戈壁）、植被类型（雪岭云杉林或疏草荒漠）范畴中。

我们带着关切的心情、生态的视角，直面现实，考察探索，在有限的时间和所及的范围内，取得了大收获、引起了大震撼、激活了大忧虑。收获在于明确认知了全面多样的新疆：既非仅是戈壁沙漠，也非到处瓜果飘香；震撼在于新疆的奇美与极致：有冰、水、草、林的自然生命活力之美，也有干、荒、风、沙的严酷生境塑造出的苍凉警世之“美”；忧患在于新疆脆弱的地域范围之广（荒漠化面积占全区的60%以上），严酷的生境程度之烈（阿拉山口的最大风速可达55.0秒/米，吐鲁番盆地的年均降水量仅有16.4毫米），而更为担忧的是在理念上还没有真正重视新疆生态环境脆弱的严重性、系统性和蔓延性，而却沉醉于局部地域之美和一些资源（如石油等）之“丰”，还将脆弱的景观（雅丹地貌、古城遗址等）用作旅游资源正在大力开发。

面对风沙漫卷、焦渴贫瘠的大漠，我仿佛听到大地父亲史诗般的悲歌和声声叹息。

地史悠悠　沧海沉浮

新疆地域，被形象地描述为“三山夹两盆”。但是，山——绿少黄多，坡脊狰嵘；盆——沙石荒滩，水流如丝。当今的景观淀积着悠远的地史沧桑。

……

“三山”是新疆现代地貌的框架。居于新疆中部的天山，以2000余公里的山体东西横亘，把新疆清晰地分置为北疆、南疆和“两大盆地”。天山山脉在多次的造山运动中，既有古夷平面被整体抬升而成的台原地貌；又有一系列突兀的高山，海拔6000米以上的山峰有15座，最高的托木尔峰7435米；更有断陷盆地如伊犁、巴音布鲁克谷地和断裂而成的高山平湖赛里木湖、天池等。天山给新疆带来了多样的生态环境和植被类型。

位于新疆北缘的阿尔泰山，是额尔齐斯河流域典型的断块山系，山体高度中等，友谊峰海拔为4374米。但由于纬度偏北（达北纬49度），在水分状况上受大西洋和北冰洋的润泽，现代冰川发育完整，是国内现代冰川主要分布区之一。山体坡面上草原、森林呈规律性地分布。……

在新疆南缘，昆仑山系由西向东，分布着一系列的高原高山：帕米尔高原、喀喇昆仑山、昆仑山、阿尔金山、祁连山，山系的平均山脊线均在5000米以上，8000米以上的高峰4座，其中乔戈里峰8611米，仅低于珠穆朗玛峰，位居世界第二。

南北中的三列大山分隔出两大沙石漫漫的“大盆”。南疆的塔里木盆地受昆仑山系和天山山系包围，为全封闭型的内陆盆地，其“盆”面积达53万余平方公里，盆内的塔克拉玛干沙漠是我国最大的沙漠，也是全球第二大流动沙漠。盆内的气候特点是高温、干燥、大风几乎均达“极值”。而北疆的准噶尔盆地被天山、阿尔泰山及准噶尔西部山地断续包被，盆地的西部有数处地势较低的垭口，形成半封闭性的内陆盆地，其“盆”面积为38万平方公里，盆内的古尔班通古特沙漠为我国第二大沙漠。但由于大西洋气流能从西部垭口进入，再有阿尔泰冰川水系和天山北麓水系的影响，准噶尔盆地的水分状况较南疆盆地为优，虽然也属典型的干旱气候，但一些地段旱而不干，故准噶尔盆地的沙漠多属固定、半固定沙漠，形成了亚洲腹心的灌木荒漠集中分布区。

这新疆的大山大盆，承载了大自然万钧的造化，经历了地史的漫长磨炼。独特的景观，极致的生态，是当代面临的严峻现实。

生境严酷　胡杨呻吟

胡杨是世界上最古老的一种杨树，是“第三纪的活化石”。胡杨能抗热、抗寒、抗风沙、抗盐碱、抗干旱，被称为“五抗”（实际是耐受力强）树种，而且具有较强的根蘖萌生能力。新疆是全球胡杨最集中的分布区，在极度干旱风沙的塔里木河流域，汇集了我国胡杨林的

90%，形成了独特的荒漠森林类型。

塔里木河流域的胡杨林在20世纪50年代后期还拥有近780万亩，而由于水源枯竭、滥垦滥伐和病虫害等因素，时隔20年，已减少了360万亩。当我们来到塔里木河岸地带胡杨自然保护区，攀上99级台阶的铁塔，举目四望，只见起伏成层的流动沙丘包围着"硕果仅存"的胡杨疏林老树，以小湖为圆心的胡杨丛林形成了沙漠包围中的一块独特的绿地。苍劲中透着坚韧的生机。

但是胡杨对严酷生境的耐受性也有一定的阈限。如在耐旱性方面，能耐大气干旱，但若地下水位低于8米，根系长期无水可吸，则干枯而死。若羌阿尔干地区近10万亩胡杨疏林就因断水而成沙漠上的"木乃伊"，它残留的"泪水"（枯叶）中都饱含着40%盐分！

值得庆幸的是，新疆有关方面制定的对胡杨林"保护、改造、利用、发展"的方针如顺利实施，胡杨林将会在荒漠地带发挥它不可替代的生态作用。我认为，实施胡杨林保护工作的关键是，对现有健壮的、处于严重生态脆弱地段的胡杨林应予以封禁保护；对残次林分进行去病留好、萌蘖更新、人工补植等的改造措施；至于对胡杨的采伐利用，亦非绝对禁止。因为胡杨的实生林40年后开始心腐，60年后大量林木均出现心腐。所以在不降低荒漠林生态效用的情况下，适当、合理地利用成熟、过熟林，同时亦促进了胡杨林的复壮；在河滩、地下水位适宜的地段更要发展营造胡杨林，以使胡杨林恢复并持续扩展。

青山绿洲　润物有情

在新疆内陆荒漠地带，有水则有生命、有绿色，水分条件宜草则草原、草甸滋生；宜林则林木葱茏；盆地沙滩，水系流经之地则绿洲、农田，瓜果飘香。在水的润泽下，新疆的绿色被覆虽然范围不大，但也成带成层地装点着山体，如丝如辫地纵横于大漠。

新疆的森林虽然覆被率不足2%，但却很有特色。新疆森林主要分布于阿尔泰山和天山的湿润沟坡。位于新疆北缘的阿尔泰山，大西洋西风环流挟着湿润气团沿额尔齐斯河进入山区谷地，形成较丰沛的降水，一般迎风面年降水量多为600毫米以上，局部地区高达1000毫米。所以在阿尔泰山区的阴坡、半阴坡多分布着寒温带针叶林和针叶、落叶阔叶混交林。组成了我国唯一的古北界欧洲—西伯利亚植物分布区。

当我们进入阿尔泰山区，探访哈纳斯湖及禾木沟时，林区的景观和湿润空气已经掸去了我们从荒漠盆地带来的浮尘，只见阴坡沟壑，新疆落叶松、新疆云杉绵亘成带，疣枝桦和欧洲山杨等阔叶树以其浓淡变化的绿色混生其中，与阳坡、半阳坡的草原、草甸对坡相映，或交错分布。林缘草地上更有点点白色的蒙古包星散布局，这种幽静的绿色之美使我们频频下车伫足，观察拍摄。而当地的朋友讲，林区的季相变化各有特色，当秋季桦木杨树变色时，林内金黄闪烁，冬季雪压树冠时又是一片洁白的童话世界。

在阿尔泰山区的北侧，与俄、蒙交界处，耸立着一座海拔4374米的友谊峰。山体虽不高，但由于地处北纬49度地带，冰川地貌发育得极为完整，在冰川移动、强烈刨蚀下，上段形成了湖面9.5平方公里的阿尔库勒湖，下段汇集成面积45.73平方公里的冰碛湖——哈纳斯湖。哈纳斯——蒙语“美丽而神秘之湖”，如一弯新月纵卧在深切割的峡谷中，湖面海拔1374米。当我们登临哈拉凯特山岗2030米的“观鱼”亭，站立在落叶松苍劲疏生的峭壁上，放眼对坡，绿草如茵，俯视湖水，由于水深达188米而澄蓝碧透，真慨叹哈纳斯不愧是阿尔泰山区的一块璀璨的“祖母绿”。而哈纳斯湖还有其独特的生态现象：由于峡谷串流、湖湾相间的谷盆地貌，以及两侧的植被，使湖面上氤氲着回升的水汽晨雾，在山谷风的轻拂下，于湖面上摇曳徘徊，当晨曦照射时，常巧聚而呈“佛光”的影像。而湖区的出水口以下，还连绵有大小湖319个。湾流小岛、古树山花，实为我国寒温带一块旅游与科考的资源宝地。

哈纳斯林区是新疆山地森林的“绿块”，而天山北麓则是新疆山地森林的“绿带”，尤其中天山以西，以雪岭云杉为主的森林绵延向西，组成了新疆山地森林分布最广、蓄积量最大的林区。记得我于30多年前探访新疆林区时，先去了东天山的天池林区。当时的林区景观幽静秀美，天池的高山平湖，海拔5 445米的博格达峰雪山倒影，绕湖漫坡的云杉林与如荫的草地，给我留下了专业的、风光的美感。而当我再沿天山西去，经水天一色的赛里木湖，进入果子沟林区时，只见群山起伏中，荒漠干旱区山地森林特点显著的雪岭云杉像一株株如椽的绿色大笔耸立在阴坡沟壑。记得当时在伊犁林区的考察中，我是带着陶醉的心情放马驰骋在林缘草地和急流小溪，为倒木上更新出一系列十余株云杉幼苗而欣喜，为马鹿在大树后与我近距离对视而爱怜。我们日出进林，直至仲夏夜近11时（东西时差至少两小时）返回帐篷，那种纯洁的山林的气息，是我温馨的回忆之一！

新疆除了山地森林外，平原绿洲的天然林和人工林亦是大漠中作用显著的绿色被覆。既有天然的落叶阔叶林，又有珍稀的资源野果林，还有各色种类和适应性极强的灌木林以及人工栽植的河岸、村旁的林带林网。它们虽然比重不大，也没有太多的材用价值，但在固土护岸、荫蔽农田村落等方面，是不可或缺的。而其中胡杨林的存在与兴衰，以及梭梭、红柳的分布、生长最为引人关注。

新疆的灌丛多由荒漠植物组成，虽然稀疏低矮，但在固沙护土方面作用很大。尤其梭梭和柽柳（红柳），具有极强的耐盐渍，耐风蚀，耐沙埋，萌蘖性强，易于更新等特点。“红柳包”现象就是固沙阻沙的良好开端。而成丛的红柳在花开时节（多数种红柳一年开花结实两次）粉色、紫色的穗状花序点缀着河岸荒滩，丰富了色调单一的平沙大漠。

新疆的天然草地面积有5725.9公顷，除内蒙、西藏外，位居全国第三，具有重要的护坡保土、牧业经营的作用。其类型有草原、草甸、荒漠、沼泽等多种，著名的巴音布鲁克湿地，是景观独特、产草量较高的草甸，亦是候鸟的栖息地，故有“天鹅湖”之称。

综观新疆的绿色被覆，层次分明、特色显著，给荒漠区增添了绚丽的色彩，但是，荒漠区的绿，亦因其生存环境严酷、分布生长艰辛而更为脆弱，故人类更该珍惜、保护、培育与扩展珍稀的绿块、绿带、绿地与绿洲。

至于荒漠区的脆弱性，我们再从生态的视角，历史的兴衰来看待独特的地史景观和古迹遗址。

地史为鉴　护土保疆

新疆有多处特异的地貌景观和大漠遗址，是不可多得的旅游资源。但实质却是大地的创伤、人类文明兴衰的见证。其警世作用应予以足够的重视。

对于这些景观，我也是先由好奇、震惊、赞赏，而后通过苦苦的思索，从而愈来愈强烈地以惊呼、警钟与警世为己任，期冀有关方面重视大漠生态脆弱的严重性、人文历史演替的悲剧性。

我们追着夕阳，飞车在准噶尔盆地东侧的古尔班通古特沙区，奔向“五彩城”。其景观的奇妙真令人瞠目。一层层海相沉积的水平岩层，红、橙、黄、灰、褐等色岩体层次分明地横向排列，在夕阳余晖的映照下，金光闪耀，五色纷呈。这一片面积约 20 平方公里、高近 30 米的雅丹地貌，一个个突兀的岩层残体，有城、有郭、有堡、有台、有塔，以及各种象形与变型，真是造物主的奇功。此后我们又探访了乌尔禾的“魔鬼城”（风城）等雅丹地貌区，只是“五彩城”的岩层更鲜明地反映了海陆沉浮、气候植被更替、泥岩互层的地貌。

雅丹地貌的成因概言之，一是岩体的软硬交叠和粘胶结核体的存在，二是风沙的打磨刨蚀，去软留硬。通过历史长河夜以继日的剥蚀，可以将厚数十米的沙层扬弃迁徙，留下点点星星的“硬骨头”。风的刨蚀能力之强在博乐附近的“怪石沟”更是得到了充分的体现。这是一处陡峭的花岗岩山岗。大小不一的岩块，多层面的凹陷洞穴，我直感地讲其为风成。而同行者质疑说为何四面皆有刨坑？这倒引起我仔细地观察、查询。得知此沟在经受阿拉山口强劲的西风湍流交换的作用，飞沙挟石地旋钻打磨，其刨蚀程度之烈、造型之奇，真是叹为观止，“怪石沟”之称名不虚传。

新疆还有多处垂直节理、向斜或背斜岩层剥蚀后形成的断层岩壁，形态各异，千仞耸立，从景观来讲，可作为旅游资源，被视为奇美。但是在荒漠地带，这些断岩残丘，几乎是寸草不生，更显得苍凉而无生气，仿佛大地之父赤裸着肋骨毕现的身躯在荒漠上苦苦挣扎着、护卫着他的万物子民！面对这些大自然严酷因子反复打磨下残存的景观，我们真不忍将它们作为“美学”来客观地欣赏，而应该痛惜它、保护它、接受它的地史教育。

新疆大地孕藏的地史资源既有煤炭、石油等供能源之需，还有“硅化木”（石树）化石。这个独特的化石群，分布于准噶尔东侧的将军戈壁一带，反映出的是距今约 1.3 亿年前暖湿地带的树种如多种蕨类、金钱松、落叶松、几种杉树、柏木以及银杏等，这是和恐龙同时代的一些物种。从其性状来看，在地史异变过程中，森林巨木被淹埋时树体中的有机酸分离析出，增加了地下水溶液的酸度，将炭物质置换而使木材石化。这一片原生状态的 1000 多株硅化木化石群，有的主干完整，年轮清晰，有的根基直立树皮纵裂，是极为罕见的地史珍宝，既是独特的旅游景观，又有科考价值。应予以高度的重视与保护，但遗憾的是任其流失，真是饕餮天物！

新疆有着众多的人文宗教遗址，这反映了各个历史时期的文化特点。目前被正式列为国家重点文物保护单位的有 14 处，含故城、佛寺、古墓葬和古建筑。我们怀着对人文历史和昔日生态生活状况的探究，参观了交河故城。……

我们还参观了拜城的克孜尔千佛洞，这个距今1700多年的佛教石窟在中国佛教史上出现最早，其佛洞、壁画、彩绘等丰富多彩，极具特色，被认为是“东西方艺术合璧之最”，可见当时人文、艺术、宗教、环境的结合状况均佳。该千佛洞衰落于公元9世纪。

至于著名的楼兰古城，在西域文明史上有重要的战略位置。楼兰古国建于公元前2世纪，古城仅存在了400年左右，但在当时却建成了一座以宗教为中心，具有政、教、军、民等城市应有功能的人文地域。

我面对着这些遗址故域，仿佛见到了昔日的繁荣景象，也依稀幻化出战火刀光下生灵涂炭、家园残破、脆弱的生态环境趋于恶化和大漠的声声叹息！将这些人文与自然景观作为旅游资源加以利用展示，既可为当地建设服务，又可满足人们的求知与游乐之需。但如何看待这些景观史迹？不能只想到“天赐资源，尽量利用”，只顾设卡收费。而应该是保护性的展示和知识性的导游。如划定禁入区，禁止取走岩画、硅化木等文物，进行历史沧桑和地史演变的知识讲解教育等。这样才能在保护的前提下利用人文地史资源，提高旅游质量和持续发展。

我们是怀着爱之深，忧之切的心情，希望能唤起多方面切实地慎待脆弱的生态，以地为鉴，以史为鉴，护土保疆。

摘自《人与生物圈》

中国高原生态纵览

前言

华夏西隅，登高纵览：观高原无垠，雪峰高耸，飞流直下。在这举世最高、最广的大高原上，感大自然造物之美，藏珍稀于幽谷；叹苍生滥伐无度，毁资源于脆弱。而今自然灾害频仍，人为索取不绝，绿荫褪色，大气增污，浊浪翻滚，沧桑变幻。更令人堪忧者：社会阶层多陶醉于建设之快速，沉湎于消费之繁荣，游乐于伤残之山水。而较少为生态危机忧患，为保护生态竭力。

想吾世人，应直面神州，自思自检，及时醒悟，善待自然。于开发建设中切实重视自然生态的恢复与保护。以维护负重之大地，留存薄产于子孙。

据此，我们，一群尊崇自然、关爱高原的山野书生，“杞人忧天”，愿以多年来考察高原之所见、所思，将高原之奇美、珍稀；脆弱残破；生态对比；问题、现状；如实展示，企望引起公众的共思、共忧与共保。至祝至祷。

2004年8月

生态与（社会）生活（节摘）

自20世纪下半叶以来，“生态”一词，受到了人们普遍的重视与应用，“保护生态环境”、“学习生态知识”、“打造生态区”、进行“生态建设”，等等，频频地见于报章杂志和人们的言论中。

这是大好事，反映了生态意识的日益普及，更预示着生态保护、生态恢复以及运用生态规律和合理利用自然资源等方面的工作正在不同深度地展开。但是，仔细考虑一下，生态是什么？生态的具体内涵有哪些方面？生态与人类社会的关系怎样？“生态”能“建设”吗？恐怕不同的人对其理解和深浅是不尽相同的，甚至还存在着一些误区。

对于广大民众来讲，当然无须从专业的角度深入探索生态科学的内涵，只要对生态知识有个基础的了解，在日常生活中能够按生态要求以自律就好了。

但是对于社会建设的决策层面和广大青少年群体（新世纪的社会主体）来讲，我们多么希望他们能够有比较准确、明晰的生态知识；直面生态现状的忧患意识；身体力行的环保举措；遵循自然规律的生态策划方略。

这几方面，生态知识是基础理念，而关键是要有保护国土苍生与修缮地球家园的使命感，用生态的眼光来看待与分析当前出现的生态环境、万物生灵、人类行径等问题。

生态灾难在大范围层面上、在我们眼前彼伏此起，怎能不引起人类的敏锐忧思？

……

多年来，以人为中心的自然观和生态观统治着人们的思想，人类为了满足自身的需要以至超额享受的欲壑，恣意地利用环境资源与生物资源，造成了很多区域性的环境破坏污染、生物物种被滥加杀伐的恶性事件，而且形成了严重的恶性循环反馈贻害自身的状况。

……

生态　生态系统　生物圈

要讲生态，就得弄懂生态，方能用好生态的原理、规律，确定正确的措施。何谓生态？如果从直观的词义来说，生态——即生物生存的状态。这是最言简的了，但含义还不清不明。生态的内容包含了两大组成结构和它们之间的相互关系。一是生物，二是生存环境（栖息地），三是生物与生存环境的相互关系。可见：生态就是生物和生存环境相互关系的统一体现。

研究生物与环境及其相互之间关系的科学即是生态学，所以生态学从其本质意义上来说也就是自然界与人类社会的关系学。

生物是生态统一体中的有生命的部分（动物、植物、微生物），而动物中更包含智慧的一个物种——人类，其智慧既可发挥正效应，也可有负面效应。

……

我国的生态现状与生态危机

近百年来，全球面临的生态危机遍及多方面而且日益严重，概括起来，就是人口、环境、资源三大问题，几乎全球各地域和国家都直接或间接地受到影响和威胁。我国的生态危机也十分突出。

过去国人往往以我国“地大物博，人口众多”而感到自豪。当然国土面积是算大的，但其中山地、高原的比例占到2/3，而这部分中生态脆弱区（高、寒、干、荒、风、沙、陡）也占2/3以上。物种和资源的家底原本也称得上丰富多样，但人口“众多”得至近代，已经近乎恶性膨胀，耗用资源的程度惊人。

而我国又属于自然“灾害”多发区，高寒地带的雪灾、塌方、泥石流；干旱、半干旱地带的风、沙、旱灾；众多水系下游的洪涝灾害；一些地区还属于环太平洋地震带的范畴，时有不同程度的地震发生。所以有史以来，真正风调雨顺的年景远少于“灾害”年，而20世纪以来“灾害”发生期更有明显的缩短趋势。

除了自然力引发的灾害外，历史的与近代的人为对环境与资源的破坏，或加剧了自然“灾害”，或直接造成了生态的退化和危机。人口蕈集、大气污染、水土流失、水污与水荒、土壤沙化与植被荒漠化等问题甚为明显。近年来，我国各层面正视生态问题，着手生态环境的保护与治理，效果亦开始显现。但生态现状总的是：局部原生良好，部分治理恢复，但面上仍然污染退化严重，有待尽快认真改善。

……

珍视家园　切实行动

纵观人类的发展史，实际上就是人类与生态环境相互作用、相互影响的发展史。长期以来，人们从各个方面、以种种方式，肆意攻击攫取、践踏着他们赖以共同生存的生态环境，放纵地对大自然施加种种压力，随心所欲地破坏地球生态，给当今社会带来了多种生态危机，威胁到人类健康的生存与社会发展。当人们渐渐从惩罚中反省，从警示中觉醒，用行动来弥补时，亡羊补牢，犹未为晚，环境家园就得到了明显的改观。

……

节约资源，减少污染，宏观着眼，点滴入手，珍惜生命、保护地球家园，为实现人类社会的可持续发展而努力，我们提倡社会性地从“我”做起，从拒绝浪费和污染开始，从改变自身的不良行为做起。

我们很支持“5R”的环保原则，即：节约资源，减少污染——REDUCE；绿色消费，环保选购——REEVALUATE；重复使用，多次利用——REUSE；分类回收，循环再生——RECYCLE；保护自然，万物共存——RESCUE。

……

21世纪的家园——是荒漠还是绿洲（节摘）

前言

在21世纪到来之际，我们翻开过去的一页，似乎总在考虑一个与己切身相关的词——家园。它促使我们去思索，是思索百年来人类的发展、科技的昌明、喜事捷报频传呢，还是思索人类在大自然的家庭中做了哪些对天、对地、对自身、对子孙有益的事？又干了哪些破坏自然系统、反馈惩处自身、贻害子孙未来的事？面对21世纪，是昏瞶自得，继续掠夺自然以饱物欲，还是深沉反思，“亡羊补牢”，为恢复与保护自然——人类的家园而切实行动呢？

21世纪，是当今青少年的时代，他们的人生舞台基本上贯穿了这个世纪，他们将在这个世纪为共同生活的热土修复些什么？“装点”些什么？当然他们也要考虑自身生存环境的改善。说到这里，禁不住我这个从事绿化、生态工作近半个世纪的人满腔的愤懑与羞愧，我们当代人留给下世纪是怎样的生活环境？我们对大地、海洋、天空干了些什么？我们怎样对待祖宗（大自然与先人们）留下的“家底”？我们又如何超额预支了后代应该拥有的资源？

扪心自问，当代人本不应该如此奢侈掠夺，给下世纪留下污染的天空与海洋、贫乏的资源与疮痍的土地。所以我们不但愧对祖先，更是负债于子孙。转嫁了若干危机让后代来负荷，来修补，来改善。

是否危言耸听了？当代人多习惯于总结大成就，轻述小问题，还美其名为“交学费”！我们为什么不能直面现实，承担世纪的责任？为什么不能以“亡羊补牢”的态度，参与一些补偿行动呢？

具体地看，当前，可以说是家家户户为自己的小家、为自己的子孙在积累财物、装饰家居，但是我们为什么不能打开自家的门窗，把眼光放到远些、更远些的大家园中？“皮之不存，毛将焉附”这个道理古人已知，而我们怎能忽略了外界环境来“独善”小家呢？1998年的特大洪灾和2000年春的沙尘暴，应该深深地唤醒中华民族。当我们看到一片汪洋中露出的零星屋脊时，切肤痛感到大家园的安危是小家存在的基础。

灾难甫过，伤痛犹存，重建家园不应该只是建“家”，而更应该重视建“园”；防护措施不仅要保护源头的植被和治理水域，更要重视社会性的生态知识、忧患意识、环保职责的教育，通俗地说，也就是不仅要“头痛医头、脚痛医脚”，更要“治疗心灵”。而我，作为一名年老的绿化、生态工作者，又一次强烈地激起了以生态环保教育为己任的心愿，并向下一代谈谈我对21世纪的自然、家园、人类的一点所见、所闻、所思以及对未来的慨叹与企盼。

年轻的朋友们，让我们共同清醒地、严肃地面对现实，以我们“地球人”“21世纪公民”的气魄，热忱地、奋力地参与到修补、恢复、保护、改善自然大家园的行列中！

西域之孤旅

前言

……

记得2009年冬，应“绿家园”之邀，参加“江河十年行”的考察活动。我以“归家”（西藏是我心中的圣殿，我的第二故乡）重访的热切之情随行。边走、边看、边思、边忆，收获和感悟颇丰，更结识了多位精英好友。其中有一位印象深刻——他常为拍摄一个镜头奋不顾身，在光影使用上也有独到的视角，出了不少很值得品赏的好片；他还天生拥有一副好嗓子，途中常纵情放歌，因此被我命名为“帕二”（帕瓦罗蒂第二）；他更对我这个“芳龄八十”的同行者细微照拂，情深谊重。让我别后总难忘怀，时常念及——对了，他就是李国平，那位在西部行走者中以侠义与无私助人著称的“拼命三郎”。

别后几年相见，我们欢叙于北京东城的一个小咖啡屋中，他出示近作给我品赏。这一看，引起我三大感叹：一是他所涉地域之广，所攀海拔之高，所摄景观之幻与奇；二是他令常人难以企及之不计艰辛、不惧险恶、不避风雪、不论晨昏，尤其是——不畏孤独；三是我由此忆及自己30年前，近20载春秋，于高原深处留下的足迹与缠绵情思，感同身受，感慨万千！

……

至于“孤”，我的“孤”有别于“帕二”彻彻底底的“孤”。因为我的考察小组的几人中仅我一名女士，故我的“孤”是相对的；而“帕二”是一人一车在高原深处，他的“孤”是绝对的。我也曾填写一首词时说：“沧海知己众，何惧影单？碧水青山，坎坷荣辱等闲。”

个人知己“众”否？我感到非大“众”，但是也有“小众”；即使在形单影只时，也是“小众”。我们共同为一个事业行走在大地上，或在地球家园的各个角落，因此“孤”而不单。

“小众”的责任何在？责任在于召唤万千“大众”珍视、爱护、参与、修复我们的大自然，保护我们的大自然。

从当今全球来看，巨大的资源消耗正在改变着大自然的“健康”，这是现实。如果我们每一个人都从自己的专业和认识出发，呼唤人类在理念上多一些对自然的尊重，多一些按自然规律办事的观念，多一些节能减排的措施，那么我们对自然资源的耗用就能维持得长一点，留给后人享用之物就能多一点。这应当是我们作为社会人最基本的使命。

中国西域的辽阔大地，虽地广人稀，但是作为这个星球的制高点，它影响着全球，同时也受着全球各个方面的“包抄”影响。所以，“帕二”所拍摄的这些美景、奇景、瞬息万变之景，正是在唤起我们珍视、保护它们的情感与力量。“帕二”正在尽个人一己之勉力，化“小众”为“中众”，进而争取为“大众”，这是社会之幸，家园之幸，自然之幸！

徐凤翔

后记

HOUJI

这本《高原梦未央》真是“未央宫中日月长”，10余年的酝酿于心，一年多断续地述著，历经三稿。第一稿是小友刘慧君于2011年暑假期间，助我这老、笨、不会使用电脑之人，在我的“净心斋”中，听我口述，再参照我的《林海梦回》一书，整理而成的。但是，由于我还是习惯性地以专业论述为主，未能反映我的人生和专业考察的“景中之情”的初衷。

更有突发事件的是：9月下旬，我的老伴范自强先生，糖尿病并发，猝然离世。中夜，当送别他后，我一人在家，真有万念俱灰、心神离体的感受。那样，这本书的后续问题也就未卜了。而凌晨的曙光和窗外的鸟鸣，似乎在唤醒我，对儿孙和社会的关怀、教育之责，不能就此颓废。大自然的教化，在帮我过坎，引我向前。

2011年岁末，在好友宋丽莎的“圆中园”家（我命名为“梦回坞”），真诚的志愿者李红，义举助我，听我口述。我回首人生，犹如魂归西藏高原。而且，对考察之学、之险、之思、之情，做了一次全方位的阐述。动情之处，常常潸然泪下。李红既慨叹我那曲折、丰富的人生经历，又感谢我引领她进行了一次精神上的高原探秘，同时还怀着知识分子的同感与同情，更领略了专业上的享受。这第二稿，“景中之情”浓了，“景中之思”深了，

但失之过细，而且太口语化。

时至2012年3月中旬，正待重整文稿时，我突有病变，经诊查为肠道肿瘤，需要手术。我认为只是去掉一段隐患，故等闲视之。但当被推进手术室前，思想上还是有一闪念：万一告别人生于手术台上，我的这本书稿就是半成品甚至废纸一堆了。

幸好这一坎又安然度过。于2012年8月下旬，应责任编辑陈金华之邀，在她家开始了第三稿的著述。她家高居5层，我视其为“无尘阁”，既谐音，又誉人。3个多月来，她对我无微不至的照顾，使我想到了古代中国“文人相敬”的古风犹存，这样的责任编辑我还是从未遇到过。

在如此温馨的氛围中，使我得以每日凌晨启动思维，煎熬精炼。白天，与转车换乘、单程一个多小时赶来的李红并坐于屏幕前，字斟句酌，反复推敲，甚至标点符号均力求准确，基本上一次成文。这一次的文稿，既源于以往，又脱离以往。使我的“景中之情”更浓，之思更深，之理更明，之爱更切。

这样的“折腾”，对年过八旬的我来说，似乎“疯狂”，而自感却是年轻；似乎自讨苦吃，而自感“痛苦”并快乐着；似乎过分“迂腐”，而自感诗意盎然；似乎“说理”过多，而自我认为将生态理念传诸后世，留待后人评说，是科学工作者的责任所在。

因此，似乎“剪不断，理还乱”的人生、科考历程，通过自我折腾，三易其稿，人生之情虽剪不断，但还是理得清的。

我感觉有三条主线：

一是大自然、大高原对我的培植之恩。是现实的教育，使我识事理，明规律，发深思，促升华，净心灵。皇天后土，恩情绵绵。我深感没有大高原的恩泽，就没有我后半生的高原生态研究事业，就没有今天的徐凤翔。我只有竭力展示、传道，以报培植之恩。

二是社会各界、亲友知己对我的知遇、支持之情。那些鲜明的影像，始终印在我的脑海。我难忘：林海深处的老乡、边防哨所的官兵、睿智亲民的领导、细致关怀的挚友、理解支持的家人，以及爱心惠我的“草根”民众和如此真挚助我的志愿者及责任编辑。没有这一切，就没有今天的这本书。我深感还不清的感情债，只有努力做好当前事，以答谢于万一。

三是我对生态理念的学习、遵循、传播之责。在这本书稿中，有关专业观点、生态理念方面的问题，我遇事即议，有论即发，但求抛砖引玉，阐明自我观点，提供讨论剖析，以俾传诸后世。

本书中还引用了摄影家们的一些精美照片，以置换我陈旧的、不太满意的照片。谨致谢忱。

在本书写作、出版的过程中，还得到太多朋友的关怀和帮助，无法一一细述，谨此致谢。

徐凤翔鞠躬

2012 年 12 月 20 日于“无尘阁”

2013 年 3—4 月于江南之行途中